Afropessimismo

Frank B. Wilderson III

Afropessimismo

tradução
Rogerio W. Galindo
Rosiane Correia de Freitas

todavia

Para Anita Wilkins, pelo seu amor.

*Para os drs. Ida-Lorraine e Frank B. Wilderson Jr.,
por moldarem minha mente.*

Para Assata Shakur e Winnie Mandela, por tudo.

I

Capítulo um: Para o Halloween lavei meu rosto 11
Capítulo dois: Sugando ossos de vértebras 29
Capítulo três: Hattie McDaniel está morta 67
Capítulo quatro: *Parque da Punição* 169

II

Capítulo cinco: O problema com os humanos 219
Capítulo seis: Cuidado com as portas 261
Capítulo sete: Mario's 287

Epílogo: O novo século 347

Agradecimentos 383

Notas 387

I

*Vim ao mundo preocupado em suscitar um
sentido nas coisas, minha alma cheia do desejo
de estar na origem do mundo, e eis que me
descubro objeto em meio a outros objetos.*

Frantz Fanon[1]

*Sou mais valorizado como vetor por meio
do qual os outros podem se realizar.*

Cecilio M. Cooper[2]

Capítulo um

Para o Halloween lavei meu rosto

I

Um surto psicótico não é brincadeira, especialmente se você sabe que não pode chamar aquilo de loucura porque a loucura presume uma mudança de clima, uma temporada de sanidade. Eu gemia. Chorava. O lençol amarrotado sobre a maca arranhava quando eu me mexia. Sentei quando eles entraram no quarto. Ninguém ia me amarrar. Mas não desci da maca por medo de dar motivo para eles. No brilho da fluorescência, eles — o médico e a enfermeira — eram brancos como pó. A maca chacoalhava enquanto eu tremia e chorava. Eles não se aproximaram. Não pediram ajuda, nem para eles nem para mim, um monstro afásico preto demais para que alguém se importasse. Era assim que eu via o jeito que eles me enxergavam. E minha necessidade de livrar os dois de mim eclipsava meu desejo de ser curado. Mas eu não conseguia falar. Nem para dizer que queria protegê-los de mim.

Bombas de fragmentação explodiam no meu coração. Apertei meu peito e gritei. Eles deram um passo atrás? É o seu coração?, o médico perguntou. Eu queria rir. O engraçado da boca é que ela precisa fechar, além de abrir, para que uma palavra se forme. A minha não fechava; se fechasse, eu sabia que não abriria. As articulações da minha mandíbula produziam gemidos ou uivos, mas não palavras. Pensei, *que engraçado isso!* Respondi para ele com as palavras de um pássaro degolado.

Você fica apertando o peito, ele disse. Você está com alguma dor forte, alguma coisa na região do coração? Fiz que sim com a cabeça. Me conte mais, ele disse. Mas senti meus lábios se retorcerem de um jeito grotesco; não queria cair no choro de novo. Ele disse que eu não precisava ter pressa. A enfermeira sacudiu a cabeça gravemente, como se olhasse um filhote com focinho de pug numa jaula. Eu sentia a necessidade de responder ao olhar dela com um latido de filhote com focinho de pug. À medida que minha necessidade crescia, a tristeza dela aumentava. Meu latido e os discos tristes dos olhos dela estavam em rota de colisão. *Au! Au! Me dê um biscoito!* Minha cabeça estava rachando e meus flancos também, mas não no mesmo registro de emoção. Dom Barriga-Da-Risada se ergueu de meu torso e encontrou o sr. Por-Que-Caralho-Eu-Estou-Vivo, que deslizara por meu crânio enfurecido e aterrissara em minha garganta. A tristeza secou nos olhos da enfermeira. Ela voltou a ser a mulher amedrontada de antes. O amor-pelo-filhote se metamorfoseara em sua necessidade de autopreservação contra a enorme massa negra com cabelos emplastrados e despenteados, e globos de fogos de artifício explodindo nos buracos onde deviam estar os olhos.

O médico sentou numa banqueta, com um dos pés na barra inferior e o outro no chão. Mas a enfermeira continuou de pé. Ele massageou uma exuberante sobrancelha com o indicador e esperou. Rir é bom, ele disse. Por que você não conta o que é tão engraçado? Eu queria dizer: tudo bem se eu latisse? Percebi, porém, que ia parecer mais doido se pedisse permissão para latir do que se mostrasse um pouco de iniciativa e simplesmente latisse sem fazer maiores dramas. Caí em um precipício de riso e lágrimas.

Ninguém tinha me levado para a clínica estudantil. Fui até lá por conta própria. Enquanto ficava sentado na maca, chorando, com medo do medo do mundo nos olhos do médico e da enfermeira, só consegui responder a uma das perguntas deles (Tem alguém com você?) sacudindo a cabeça. Como você chegou aqui? Quem trouxe você? Lágrimas cicatrizaram meu rosto em resposta. Você veio dirigindo?, um deles perguntou. Sacudi a cabeça. Eles notaram as chaves do carro na minha mão.

Eles ainda não tinham medido meu pulso nem a pressão. O médico me mandou descansar. Disse que voltava dali a pouco.

Quando saíram, as luzes fluorescentes perfuraram meus olhos como adagas de gelo que ficavam penduradas nas mansões durante os invernos da minha infância. Eu não confiava o suficiente no meu senso de equilíbrio para deslizar para fora da maca e apagar as luzes. Não queria ficar deitado de bruços tendo apenas esse lençol enrugado e descartável entre a parte da frente do meu corpo e um colchão frio, que me repreendia como uma tosse seca caso me mexesse. Portanto, fiquei de costas. Rosas explodiam quando eu fechava as pálpebras contra o clarão.

Será que estava me barbeando hoje de manhã quando surtei? Eu estava de barba, então não, não estava me barbeando. Mas eu sabia que tinha começado no espelho. Estava lavando o rosto quando uma estrofe de um poema me veio à cabeça. Começou com uma sensação de calor no rosto e um aperto no peito. O mesmo que eu sentia na infância naquelas manhãs em que não conseguia encarar o dia de insultos em uma escola fundamental para brancos afastada das águas de um longo lago pontilhado por salgueiros. Minha carne zumbia como se minha camiseta fosse feita de insetos, e a pele das minhas costas se rearranjava do mesmo modo que fazia quando minha mãe fechava a porta atrás de mim toda manhã. A memória daquele menininho apavorado que respondia pelo meu nome gemia nos meus ouvidos como o eco de remos num mar calmo, deserto. Remei para a praia, onde todas as dores da minha infância estavam à espera.

Sou um aluno de pós-graduação de meia-idade, eu disse para a imagem que o espelho arruinara. Eu. Tenho. Tudo. Sob. Controle. Mas a pontada de dor no meu peito não escutava. Ela queria lembrar e ouvir o poema que, um momento antes, fluiu para dentro e para fora da minha cabeça.

Eu sabia que tinha que sair antes que morresse de infarto sozinho no meu banheiro. Ao andar, parecia querer desmaiar. O apartamento era pequeno, só um banheiro, depois um quarto, uma cozinha e uma sala. Em cada cômodo encontrei algo para minha mão segurar — a porta do closet, o fogão, o encosto de uma cadeira na cozinha, as filas de prateleiras de livros que acabavam na porta da frente. A porta da frente se fechou atrás de mim.

Fui tomado pela vertigem, olhava aqueles sete degraus da descida como se olhasse um barranco íngreme. O impulso de desmaiar e o impulso de vomitar trocavam socos no meu corpo. Carma ruim, pensei, através de olhos úmidos, borrados. Achei que ia apagar. Meu Honda Civic dormia no meio-fio como um pequeno lagarto azul. Minhas chaves arranharam o corrimão de ferro forjado enquanto eu cambaleava na descida. *Vamos pedir doces de Halloween*, pensei sorrindo, *lavamos o rosto e estamos com o uniforme da escola.* Um animal em acesso de fúria insana se debatia para eclodir rasgando minha pele numa chuva de sangue e bile. Ele queria rir. Eu queria chorar. A palma de uma mão pressionou o vidro da janela. Dedos mexeram nas chaves.

"Alguém me ajude", solucei na minha garganta, torcendo para nenhum branco escutar. "Por favor, alguém me ajude."

Agora, deitado na maca, lembrava dos fios de vômito prateados se enrolando no capô do meu carro. Depois, sem saber como ou por quê, eu estava num ônibus para o centro de Berkeley. Eu conseguia me ver me vendo pelos olhos dos passageiros do ônibus, enquanto eu tombava para um lado e chorava de mansinho. *Faça eles se sentirem seguros*, pensei, embora jamais tenha me sentido tão vulnerável. Eu pensaria isso novamente na primeira vez que a enfermeira e o médico entraram neste sepulcro branco em que estou deitado. Faça eles se sentirem seguros, a regra primordial da diplomacia do negro.

Agora, sozinho na clínica, trombones de luz faziam bolhas nos meus olhos e a sala esfriava. Mas se eu os fechasse, uma série de vidas passadas derraparia pelo meu crânio como um trem que houvesse descarrilado sobre um barranco. Cada vagão daquela cascata era uma carruagem de tempo. A locomotiva era o tempo do *agora*, o tempo deste momento na maca. Depois, vinha tombando uma carruagem de tempo que transportava minha vida no apartheid da África do Sul, onde as promessas de Mandela cintilavam e se asfixiavam como os últimos suspiros de postes de luz. Todo o derramamento de sangue por uma nação com bandeira-e-hino, a neblina da mitologia e o amor firme de seus amigos que censuravam a chamada extrema esquerda com: "Agora, camaradas, vocês têm que entender que princípios não enchem barriga". O vagão que despencou no desfiladeiro a seguir era os anos 1980: um compartimento de primeira classe de nervos e úlceras. Eu era um estudante recém-formado pela faculdade que achava que a dor, como qualquer outra coisa na vida, podia ser negociada no pregão da bolsa de valores. Por oito anos, desde a formatura em Dartmouth até emigrar para a África do Sul para combater o apartheid, trabalhei como corretor de ações no varejo. O primeiro corretor de ações negro em Minnesota, segundo me disse o gerente de vendas que com tanto orgulho me contratara.

2

Aqueles oito anos quase arruinaram minha saúde. Um lado do rosto se contraía e tremia. Uma úlcera queimava meu estômago.

Minha médica não foi a primeira a fazer esse prognóstico. Jasmine, uma secretária no escritório central da Merrill Lynch em Wall Street, que conheci num verão durante um treinamento, também disse que eu estava na profissão errada. Ela tinha razão e eu sabia na época, mas o dinheiro é um grande motivador; agora eu tinha a chance de gastar todo aquele dinheiro num longo tratamento caso não fizesse algo rápido.

"Você não é um capitalista", minha médica disse. "Você não tem estômago pra isso."

"Eu quero dinheiro. Eu *preciso* de dinheiro."

"Você toma oito xícaras de café por dia. Sua bochecha pisca igual a uma lâmpada de código Morse. Vai esperar a úlcera ficar do tamanho do meu mindinho, é esse o plano?"

Tentei diminuir o ritmo, o que significa que minhas vendas caíram, e logo ficou claro que era melhor sair antes que o gerente de vendas me constrangesse e me botasse para fora. Arranjei um emprego de garçom num clube exclusivo à beira do lago — que só foi aceitar judeus no final da década de 1960, e só teve seu primeiro sócio negro em meados dos anos 1970. A clientela ia desde Dan Aykroyd e Jim Belushi, cuja entourage deixava o salão de festas precisando de obras, para dizer o mínimo, até as velhas famílias de sangue azul que haviam tentado manter meus pais fora do bairro em 1962. Um dia, entrei no salão de festas equilibrando uma grande bandeja com nove saladas Caesar no meu ombro. A bandeja balançou e quase caiu quando vi os rostos na mesa para a qual eu tinha sido mandado. Eram colegas — antigos colegas — da empresa de corretagem que eu largara dois meses antes. Aos poucos fui lembrando a mentira que contei a eles quando saí. "Cansei de trabalhar pro sistema, meus caros. Vou ver o que acontece se trabalhar por conta própria vendendo ações e fazendo planejamento financeiro." Uma a uma, pus as saladas na mesa. Meu nome explodiu na boca deles, *Frank?*" — uma pergunta envolta em sobressalto. Pedi demissão uma semana depois — o que não fazia sentido, eles tinham me visto, a mentira tinha sido revelada — e fui trabalhar ganhando menos num museu de arte.

Trabalhei como vigia no Walker Center Art, que tinha vista para o centro de Minneapolis, e lambi minhas feridas do Calhoun Beach Club e de oito anos de falência moral como corretor de ações. A Primeira Intifada acabara de começar na Palestina, e eu tinha um amigo muito querido de Ramallah que também era vigia no museu. O nome dele era Sameer Bishara. Ele era fotógrafo e tinha estudado no Instituto de Arte de Minneapolis. Nós tínhamos a mesma política: revolucionária; e o mesmo signo: áries. Duas pessoas que frequentemente estavam erradas, mas que nunca tinham dúvidas. "Se a gente estivesse num avião", Sameer me disse uma vez, "e o avião caísse no deserto e os sobreviventes formassem um grupo, algumas pessoas seriam encarregadas de encontrar água, outras, de achar comida e lenha, e a gente precisaria de uma equipe para construir um abrigo com o que pudesse ser usado dos destroços. Mas você, Frank, você seria o cara que ficaria sentado dando ordens pra gente." Preferi não estragar o prazer dele dizendo que ele mapeara em mim características que se aplicavam igualmente a ele.

A maior parte dos vigias era artista, escritor ou estudante. Mas Sameer era o único que compartilhava minha política de insurreição. Criamos um vínculo rapidamente e mantivemos distância dos outros. Contei para ele dos meus sonhos de faculdade: ir para o Zimbábue e lutar pelo ZANU/ZAPU, ou ir para Nova York e me unir a Assata Shakur no Exército de Libertação Negra. Sameer desejava voltar a Ramallah para contribuir com a Intifada, que considerava mais significativa do que as palestras que fazia para os progressistas de olhos marejados em Minnesota. Ele tinha vinte e cinco anos. Eu tinha trinta e um. Em cinco anos, teria a mesma idade de Frantz Fanon ao morrer sob custódia da CIA. Quando morreu, em 1961, Fanon tinha fugido da Martinica, sua terra natal, entrado para o exército de De Gaulle e sido ferido combatendo os nazistas. Ele também tinha completado a residência em psiquiatria e medicina, entrado para a FLN na revolução argelina, e escrito quatro livros sobre revolução e psicanálise. Eu tinha cinco anos para alcançá-lo — um sarrafo alto posto pelo demônio encarregado de me fazer passar vergonha. A vaidade dos lugares inferiores era meu habitat. Em grande parte, isso valia também para Sameer. Que desperdício, ele me disse, fotografando escandinavos e esquisitões quando devia estar em casa fazendo bombas. Nossos pés eram diferentes, mas tinham os mesmos calos. Fiquei convencido disso quando, certa manhã, ele apareceu para trabalhar sorrindo, embora seu olho direito estivesse ligeiramente inchado e fechado.

"Ontem à noite", ele informou, "um amigo da Palestina e eu encontramos duas mulheres lindas. Brancas, claro", acrescentou baixinho, e não me importei em questionar o "claro" porque tinha certeza de que ele não estava errado. Que "branco" significa belo, obviamente, é a mensagem com que somos alimentados durante toda a vida. Protestar contra isso é como dizer "o problema não é o dinheiro" depois que alguém te deu o troco errado.

Sameer disse que ele e o amigo podiam ter levado as mulheres para casa se três kuwaitianos não tivessem entrado no salão. Quando um dos kuwaitianos passou uma cantada na mulher com quem Sameer conversava, Sameer disse, gentilmente, que ele deveria voltar para sua mesa.

O sujeito zombou: "Você nem tem um país".

Mas ele voltou. À medida que a noite avançava, os kuwaitianos mandaram champanhe para a mesa de Sameer. Depois, todos os três se aproximaram. Eles se ofereceram para levar as mulheres para uma festa exclusiva em uma cobertura no subúrbio de Edina.

"Só vocês duas", o kuwaitiano que Sameer tinha mandado passear disse, "não esses dois apátridas."

Como os kuwaitianos estavam em três e Sameer e o amigo em dois, os kuwaitianos aceitaram a oferta de Sameer de discutir os "detalhes" da festa no estacionamento.

Os dentes do relógio-ponto perfuraram o cartão de Sameer. Fui atrás enquanto ele vestia o blusão azul do museu que todos usávamos. Andamos juntos até a galeria central. Enquanto eu continuava caminhando, para assumir minha posição no nível do mezanino, ele sorriu e sussurrou, "Surramos aqueles kuwaitianos até cansar".

O estopim para a briga no estacionamento não foi exatamente o orgulho de machos que se enfrentam pela posse de duas fêmeas proibidas — embora isso fizesse parte também, claro. O que mais irritou Sameer foi os kuwaitianos tirarem sarro dele por não ter pátria. Achava que estávamos na mesma situação porque imaginava que meu sofrimento era análogo ao dele. Na época, eu não era um afropessimista.

"Também teria batido neles", eu disse.

Uma colina alta coberta de grama ficava ao lado do prédio que abrigava o Walker Art Center. A colina não existe mais, foi totalmente escalpelada, como num tratamento de canal, para dar lugar a um restaurante. Mas quando ainda era uma colina, Sameer e eu almoçávamos lá. Na primavera, quando o frio cessava e o céu limpava, o topo da colina oferecia um panorama dos cisnes brancos que desenhavam o lago do Loring Park. Carros distantes nas ruas do centro da cidade faiscavam como lantejoulas ao sol. E daquela colina dava para ver a cúpula de cobre da Basílica de Santa Maria corroída pela neve derretida e pela chuva violenta até ficar com um brilho verde-azulado que me fazia pensar que as ruínas são o único objeto genuíno do amor. A colina também era um ponto a partir do qual você via a morte acontecer. Logo abaixo dela ficava o Gargalo, um ponto em que três ruas convergiam para se transformar numa só, um lugar no qual algumas das colisões mais horrendas ocorriam. Quando adolescente, ao ler romances de espionagem, eu imaginava o Gargalo como um trecho da Autobahn alemã onde o infeliz espião de John le Carré, Alec Leamas, viu duas crianças acenarem alegres da janela de um carro pequeno; e no momento seguinte viu o carro ser esmagado entre dois grandes caminhões. Foi naquela colina que Sameer me contou do primo morto em Ramallah — que foi pelos ares enquanto fabricava uma bomba. Mas ele não era um homem-bomba. Foi um acidente. Sameer se sentia culpado, como os sobreviventes tantas vezes se sentem, independentemente de quão longe no espaço e no tempo estejam de seus mortos. Ele sobreviveu por estar aqui, e não lá.

Meu amigo desabafou enquanto víamos o mundo abaixo de nós correr sem nem mesmo olhar para cima para demonstrar algum respeito. A certa altura, Sameer falou sobre ser parado e revistado nos postos de controle israelenses. Falou de uma maneira que parecia não exigir minha presença. Nunca tinha visto esse nível de concentração e distanciamento nele. Estava tudo bem. Ele estava passando pelo luto.

"O jeito vergonhoso e humilhante de os soldados passarem as mãos pelo seu corpo", ele disse. Depois acrescentou: "Mas a vergonha e a humilhação são ainda maiores se o soldado israelense for um judeu etíope".

A terra tremeu. A ideia de que meu lugar no inconsciente dos palestinos que lutavam por sua liberdade era o mesmo lugar *vergonhoso* que eu ocupava na mente dos brancos nos Estados Unidos e em Israel me deu calafrios. Controlei-me e disse a ele que aquele era um sentimento estranho, levando em consideração que os palestinos estavam em guerra com os israelenses, e com israelenses brancos, na verdade. Como era possível que as pessoas que roubaram as terras dele e que assassinaram seus parentes fossem uma ameaça *menor* na imaginação dele do que judeus negros, que muitas vezes eram meros instrumentos da loucura israelense, fazendo de vez em quando o seu trabalho sujo? O que, me perguntava em silêncio, tornava os negros (o que *me* tornava) tão intercambiáveis a ponto de podermos ser misturados como uma salada na mente de opressores e oprimidos?

Eu me vi diante da descoberta de que, no inconsciente coletivo, os insurgentes palestinos têm mais em comum com o Estado e com a sociedade civil israelenses do que com os negros. O que eles compartilham é um consenso, em grande medida subconsciente, de que a negritude é um *locus* de abjeção[1] a ser instrumentalizado num capricho. Em um momento a negritude é um fenômeno fóbico desfigurado e desfigurador; em outro, a negritude é um instrumento autoconsciente a ser alegremente utilizado[2] a favor de motivos e agendas que pouco têm a ver com a libertação dos negros. Ali estava eu, desejando, solidário ao desejo de meu amigo palestino, a plena restauração da soberania palestina; lamentando, solidário ao lamento do meu amigo, a perda de seu primo insurgente; desejando, quer dizer, a *redenção* histórica e política daquilo que eu imaginava ser uma comunidade violada a que *ambos pertencíamos —* quando, de repente, meu amigo vasculhou as profundezas do inconsciente de seu povo e encontrou um tênis suado para atirar na minha cabeça: a descoberta assombrosa de que não apenas eu estava barrado, desde o começo, do desenlace da redenção histórica e política, como também de que as fronteiras da redenção são vigiadas tanto por brancos quanto por não brancos, *mesmo enquanto eles estão matando uns aos outros.*

Pior do que isso. Eu, como pessoa negra (se é que *pessoa, sujeito, ser* são apropriados, uma vez que *humano* não é), estou barrado do desenlace da redenção social e histórica, mas, ao mesmo tempo, sou *necessário* para que a redenção tenha algum tipo de coerência. Sem a articulação de uma negrofobogênese comum que se reveza entre Israel e Palestina, a coerência narrativa de seu conflito sangrento evaporaria. A negrofobogênese de meu amigo e de seus compatriotas palestinos é a pedra fundamental, a fundação sobre a qual qualquer edifício de articulação humana (seja amor, seja guerra) é erguido. A humanidade degradada (palestinos) pode ser revistada pela humanidade elevada (judeus asquenaze) e os muros da razão permanecem de pé (não obstante a indignação universal contra as revistas aleatórias). Mas caso o soldado seja um judeu etíope...

A dor apertou meu peito. Sameer e eu éramos antagonistas, não porque como amigos não fôssemos conciliáveis, e não porque nossa política fosse incompatível; mas em função da imagem mental segundo a qual o negro é "responsável por todos os conflitos que possam surgir".[3] Porque a economia libidinal[4] que posiciona a imagem mental do negro como objeto fobogênico satura o inconsciente coletivo; ela me usurpa como *instrumento*, embora jamais como *beneficiário*, das dores de toda nação em guerra.

Eu não era um afropessimista em 1988. Em outras palavras, me via como um humano degradado, via meu sofrimento como análogo ao sofrimento dos palestinos, dos nativos americanos e da classe operária. Naquele momento compreendi que a analogia era um engano. Eu era a contraparte da Humanidade. A Humanidade olhava para mim quando estava insegura de si. Eu permitia que a Humanidade dissesse, com um suspiro de alívio existencial: "Pelo menos não somos ele". Citando Saidiya Hartman: "O escravizado não é um cidadão nem um trabalhador livre, estando excluído da narrativa de 'Nós, o povo' que é o elo entre o indivíduo moderno e o Estado. [...] As práticas cotidianas do escravizado ocorrem na lacuna do político, na ausência dos direitos do homem ou das garantias do indivíduo senhor de si, e talvez até mesmo sem constituir uma 'pessoa', no sentido usual do termo".[5]

Os negros *corporificam* (o que é diferente de dizer que eles sempre estão dispostos a expressar ou que têm permissão de expressar) uma meta-aporia do pensamento e da ação política.

Para a maior parte dos teóricos em atividade desde 1968, a apalavra *aporia* é usada para designar uma contradição em um texto ou um empreendimento teórico. Por exemplo, Jacques Derrida sugere que uma aporia indica "um ponto de indecidibilidade, que aponta o local em que o texto debilita de modo mais evidente sua própria estrutura retórica, se desmantela ou se desconstrói".[6] Porém quando digo que os negros corporificam uma meta-aporia para o pensamento e a ação política, o acréscimo do prefixo *meta-* vai além daquilo que Derrida e os pós-estruturalistas pretendiam — aumenta o nível de abstração e, ao fazer isso, aumenta o que está em jogo.

Na epistemologia, um ramo da filosofia que se ocupa da teoria do conhecimento, o prefixo *meta-* é usado no sentido de *sobre* (*sua própria categoria*). Metadados, por exemplo, são dados sobre dados (quem os produziu, quando, em que formato os dados estão, e assim por diante). Na linguística, considera-se que uma gramática se expressa em metalinguagem, uma linguagem que opera num nível mais alto de abstração para descrever propriedades da linguagem simples (e não a si mesma). Metadiscussão é uma discussão sobre *discussão* (não sobre qualquer tópico particular *de* discussão, mas sobre *a própria discussão*). Na teoria da computação, um teórico da engenharia de software pode se engajar na busca da metaprogramação (ou seja, em escrever programas que manipulam programas).

O afropessimismo, assim, é menos uma teoria e mais uma *metateoria*: um projeto crítico que, ao utilizar a negritude como lente de interpretação, interroga a lógica tácita e presumida do marxismo, do pós-colonialismo, da psicanálise e do feminismo por meio de rigorosa consideração teórica de suas *propriedades e lógicas presumíveis*, como seus fundamentos, métodos, forma e utilidade; e que o faz, de novo, num nível mais alto de abstração do que aquele em que se dá a interrogação dos discursos e métodos das teorias. Como já disse, o afropessimismo é, no geral, mais metateoria do que teoria. Ele é pessimista com relação às afirmações feitas pelas teorias da libertação quando essas teorias tentam explicar o sofrimento do negro ou quando fazem analogias entre o sofrimento do negro e o sofrimento de outros seres oprimidos. O afropessimismo o faz por meio da exumação e da exposição de meta-aporias, espalhadas como minas terrestres naquilo que essas teorias proclamadas como sendo de libertação universal consideram verdadeiro.

Se, como afirma o afropessimismo, *negros não são sujeitos humanos, sendo, em vez disso, estruturalmente suportes inertes, ferramentas para a execução das fantasias e dos prazeres sadomasoquistas dos brancos e dos não negros*, então isso também significa que, num nível mais alto de abstração, as afirmações de humanidade universal subscritas por todas as teorias acima citadas são prejudicadas por uma meta-aporia: uma contradição que se manifesta sempre que se observa a sério a estrutura do sofrimento dos negros em comparação com a estrutura supostamente universal de todos os seres autoconscientes. Mais uma vez, os negros *corporificam* uma meta-aporia para o pensamento e a ação política — os negros são a pedra no sapato dessas teorias.

Os negros não funcionam como sujeitos políticos; em vez disso, nossa carne e nossas energias são instrumentalizadas em favor das agendas do pensamento pós-colonial, dos imigrantes, do feminismo, dos LGBTQ, dos transgêneros e dos trabalhadores. Esses ditos aliados jamais são *autorizados* pela agenda dos negros enraizada nos dilemas éticos dos negros.

Uma agenda negra radical é apavorante para a maior parte das pessoas à esquerda — pense em Bernie Sanders — porque emana de uma condição de sofrimento para a qual não existe estratégia imaginável de reparação — nenhuma narrativa de redenção social, política ou nacional. Essa crise, não, essa catástrofe, essa percepção de que sou um ser autoconsciente que não pode usar palavras como "*ser*" ou "*pessoa*" para se descrever sem usar aspas e sem que as sobrancelhas das pessoas ao redor ameacem se erguer, foi paralisante.

Eu estava convencido de que se fosse possível contar a história da redenção de um palestino... seu desenlace culminaria no retorno à terra, *uma redenção espacial, cartográfica*; e que se fosse possível contar a história da redenção de classe... seu desenlace culminaria na restauração do dia de trabalho de modo que o trabalhador parasse de trabalhar quando a mais-valia estivesse relegada à lata de lixo da história, *uma redenção temporal*; em outras palavras, uma vez que a redenção pós-colonial e a redenção da classe operária eram possíveis, deveria haver uma história a ser contada que redimisse temporal e espacialmente a subjugação do negro. Eu estava errado. Não tinha cavado fundo o suficiente para ver que, embora o negro sofresse a subjugação temporal e espacial do desenraizamento e da mecânica do dia de trabalho capitalista, nós também sofremos como hospedeiros de parasitas humanos, embora eles próprios possam ser hospedeiros do capitalismo e do colonialismo parasitários. Eu tinha ido em busca da teoria (primeiro como escritor, e só muito depois como teórico crítico) para que ela me ajudasse a encontrar/criar a história da libertação negra — da redenção política dos negros. O que descobri, em vez disso, foi que a redenção, *como modo narrativo*, era um parasita que se alimentava de mim para obter coerência. Tudo que era significativo na minha vida fora abrigado sob os guarda-chuvas chamados "teoria crítica" e "política radical". Os parasitas foram o capital, o colonialismo, o patriarcado, a homofobia. E agora estava claro que eu tinha perdido o bonde. Meus parasitas eram humanos, todos humanos — os que tinham tudo e os que não tinham nada.

Para que a teoria crítica e a política radical se livrem do parasitismo que até aqui compartilharam com os movimentos radical e progressista à esquerda, ou seja, para que encaremos, e deixemos de negar, a diferença entre *humanos* que sofrem por meio de uma "economia do descartável"[7] e *negros* que sofrem por meio da "morte social",[8] precisamos compreender como a redenção do subalterno (uma narrativa, por exemplo, da *plenitude*, da *perda* e da *restauração* dos palestinos) se torna possível pela (re)instanciação de um regime de violência que impede a participação dos negros no processo de redenção. Isso exige (a) uma compreensão da diferença entre perda e ausência, e (b) uma compreensão de como a narrativa da perda do subalterno se apoia nos destroços da ausência do negro.

Sameer e eu não compartilhávamos de uma gramática universal, pós-colonial de sofrimento. A perda de Sameer é tangível, *terra*. O paradigma da desapropriação *dele* elabora o capitalismo e a colônia. Nos pontos em que não é tangível é, pelo menos, coerente, como no caso da perda da *força de trabalho*. Mas como descrever a perda que forma o mundo se tudo o que pode ser dito sobre a perda está trancado dentro do mundo? Como narrar a perda da perda? Qual é a "diferença entre [...] algo a ser salvo [...] [e nada] a perder"?[9] Sameer me forçou a encarar a profundidade de meu isolamento de modos que eu desejara evitar; um poço profundo do qual nem a teoria pós-colonial, nem o marxismo, nem uma política de gênero de um feminismo inabalável poderiam me resgatar.

Por que a violência contra o negro não é uma forma de ódio racista, e sim o *genoma* da renovação humana; um bálsamo terapêutico de que a espécie humana precisa para se conhecer e se curar? Por que o mundo precisa reproduzir essa violência, essa morte social, para que a vida social possa regenerar humanos e impedir que eles sofram a catástrofe da incoerência (ausência) psíquica? Por que o mundo precisa se alimentar de carne negra?

3

Quando o médico e a enfermeira voltaram, finalmente fui capaz de falar. Eles perguntaram o que havia causado aquilo. Eu disse que era o estresse da pós-graduação. O melhor jeito de lidar com uma pergunta é jogar um pouco de verdade no meio da mentira. Eu não podia dizer que subitamente me dera conta do que significava ser um afropessimista; que meu colapso fora causado por uma descoberta, por meio da qual finalmente compreendi por que eu era negro demais para que alguém se importasse. Eles perguntaram quais remédios eu estava tomando, para saber se a medicação que iam me receitar poderia interagir com o que quer que eu usasse. Como um morcego voando às pressas numa caverna, minha mente ecolocalizou as respostas. Mas nenhuma tocha iluminou o medicamento que eu tomava; em vez disso, descobri os versos esquecidos do meu poema.

para o Halloween lavei
meu rosto e vesti meu
uniforme   fui de porta em
porta como um pesadelo.

Capítulo dois

Sugando ossos de vértebras

I

Quando tinha onze anos, eu ficava deitado, à noite, sozinho no escuro, no chão da sala ouvindo cantos gregorianos, registros fonográficos da escola de canto da minha mãe, do coro de que ela fazia parte na Basílica de Santa Maria, no centro de Minneapolis. Sozinho no escuro, eu me via dez anos depois, vestido com uma batina branca, seguido no corredor de pedras frias por dois coroinhas. O ar fresco da catedral era riscado pelo incenso. Estava úmido em Minnesota naquele verão de 1967. O Verão do Amor na costa da Califórnia era uma estação úmida e marcada pelo assédio dos mosquitos na Terra dos 10 Mil Lagos. Mas era fresco no chão, por isso eu deitava sem camisa no carpete e entregava a minha pele aos sons imponentes, sulco após sulco de ondas que cresciam, nas quais eu criava um túnel e me imaginava como um padre. *Santuário*.

Eu não era afropessimista aos onze anos e meu conhecimento sobre o que me causava tanta ansiedade era privado de um vocabulário racial crítico. Mas eu sabia que era negro; não pelos aromas de sassafrás e linguiça defumada saindo de um molho de gumbo que pairavam sobre minha casa, e sobre mais nenhuma da vizinhança, mas porque nós éramos os únicos que chamavam de pretos. Eu só passaria a ser negro no ano seguinte, 1968, ao fazer doze anos. No escuro, aos onze, deitado no chão da sala de estar, eu sabia que era negro não em função de meus elementos culturais, mas porque aquela era a fonte da minha vergonha; uma vergonha não compartilhada pelos vizinhos. Os cantos gregorianos tremulavam no meu peito, ampliando a escuridão em catacumbas longas e ocas que se estendiam através de mim e até o outro lado onde eu me via no futuro, um futuro em que era reverenciado por meus paroquianos, ao invés de evitado, como fui na primeira série por uma menina que não segurava minha mão por medo que minha fuligem a manchasse. No túnel sonoro do meu futuro, as crianças e meus professores genuflectiam quando eu passava, levantavam e se ajoelhavam quando eu mandava, confessavam a mim seus pecados antes de serem dignos do corpo de Cristo. *Perdoai-me, Pai, pois pequei. Eu não segurava a mão dele porque a fuligem dele sairia na minha pele. Perdoai-me, Pai, porque pequei. Eu o chamei de macaco quando ele escalou a corda na aula de educação física. Perdoai-me, Pai, porque pequei. Entre meus dentes e meu lábio superior eu coloquei a minha língua e cocei meus sovacos quando ele desceu. Perdoai-me, Pai, porque pequei. Nós rimos. Perdoai-me, Pai, porque pequei. Enfiamos a cara dele na neve. Perdoai-me, Pai, porque pequei. Eu o chamei de "amigo" e o levei para casa para saciar a curiosidade da minha mãe. Qual é a sensação, ela perguntou, de ser negro? Perdoai-me, Pai, porque pequei. Fiz ele ficar na frente da turma e nos liderar no Juramento à Bandeira.*

Meu peito, meus braços e o carpete vinho absorviam as confissões deles como um campo de trigo imita o som da chuva. Quando vinham de New Orleans, ou do doce e pungente solo setenta quilômetros rio acima, minhas tias e meus tios me perguntavam se eu queria a luz acesa. As crianças no Sul não se aninhavam no escuro. Não, tia Joyce, quero a escuridão. Está relaxando, querido?, Sim, eu respondia, estou relaxando;

quando na verdade o que eu realmente queria dizer era, estou compondo meu hino de redenção.

Estava em repouso, mas não relaxando. Relaxamento é estar no presente, viver as cenas do presente. Quando menino, eu raramente vivia no presente. Estar no presente doía demais. Quando me dava conta, eu era o eu do futuro. O presente era a penitência, o que precisava pagar pela minha fuligem. Eu sonhava que o presente ia passar um dia. Mas eu chegava a cada ano descobrindo que o presente já havia feito as malas no caminho para me encontrar. Ele estava no saguão com a chave do meu quarto. Mesmo quando eu estava no chão de nossa sala de estar e ouvia as confissões dos pecadores do presente em suas encarnações como suplicantes do amanhã, eu sabia, em algum lugar profundo debaixo dos cantos gregorianos, que o presente sempre estaria à minha espera. No fim daquele verão, a sexta série não seria diferente do que o lento e ácido gotejar dos anos que haviam passado; outro ano me vendo pelos olhos de outros: *Nosso jovem vizinho negro. O menino Wilderson. Mais limpo do que você esperaria. Educado. Fala bem. Tem cheiro bom. Rápido demais para brigar. Não soletra muito bem. Soletra muito bem. Lê melhor do que se esperaria para a idade dele. Atrasado com a lição de casa de matemática. Pernas ruças. Lábios de gorila. Ouvi dizer que fazia xixi na cama.*

Naquele Natal passado, minha professora recomendou que eu repetisse o quinto ano. No quarto ano, disseram que eu era tão esperto que podia pular o quinto; meus pais, contudo, não gostavam da ideia de crianças pulando anos. Depois, no quinto ano, comecei a fazer xixi na cama mais vezes e minha cabeça parou de funcionar. Não conseguia acordar de manhã. Meses se passavam sem que eu entregasse uma tarefa. Naquele verão, enquanto ouvia cantos gregorianos, me maravilhava pensando como tinha conseguido sair do quinto ano. Em março procurei a professora e pedi todas as tarefas que não tinha entregado.

Ela perguntou, "Que tal tudo desde outubro?".

No feriado da Páscoa, fechei a porta do meu quarto e fiz o equivalente a seis meses de trabalhos de matemática e de tarefas de leitura em uma semana. Deixei ambos na mesa dela em abril. Ela corrigiu tudo e me deu só As e Bs. Ela precisou de uma semana para corrigir e me repreendeu por ter dado um susto nela durante o ano todo. Entendi isso como um elogio.

Se eu fosse branco, meu desempenho nos esportes e meu charme teriam me feito popular. Meus amigos também teriam sido populares. Mas meus amigos eram da terra dos brinquedos quebrados. Liam Gundersen não conseguia distinguir entre a ameaça de um urso e a ameaça de uma borboleta. Ele hiperventilava e mordia o braço quando alguém erguia a mão para ele. Seu pai e sua mãe eram da Noruega e tinham sido torturados em um campo de concentração japonês quando eram missionários na China. As crianças no parquinho se divertiam toda vez que Liam mordia os braços. Ele era o caçula de treze filhos, que tinham crescido e ido embora. Os irmãos dele tinham deixado para trás romances de Graham Greene, John le Carré e Ian Fleming. Liam e eu passávamos longas horas lendo esses livros no ático da casa dele. Nos três anos, dos onze aos treze, que passei no ático do Liam, eu não entendia aqueles livros tão bem quanto ele; eu também era incapaz de traduzir as citações simples do francês que Graham Greene deixava espalhadas pela página como dinheiro trocado. Mas Liam entendia. O pai de Oskar Nilsen era quiroprático, o que queria dizer "curandeiro" no enclave rico e branco de Kenwood, onde pais eram executivos, banqueiros, arquitetos, advogados, médicos e políticos como o senador e, pouco tempo depois, vice-presidente Walter Mondale, e Mark Dayton, um político cuja família era dona da Target e da B. Dalton Bookseller. Depois tinha Elgar Davenport, que era pequeno e roliço e via o mundo por óculos fundo de garrafa e com um olho que passeava de um lado para outro como se estivesse perdido. Elgar era um constrangimento discreto para sua mãe, que era loira, elegante e atlética e sempre andava na frente dele. Elgar era ruivo e tinha sardas. O sr. Davenport tinha um Corvette vermelho e o emprego dele era "apostar no mercado de ações". Achei que ia ser bacana se meu pai comprasse um carro esportivo da minha cor; mas aí, com a mesma rapidez que a ideia me ocorreu, me dei conta do lado ruim. O lado ruim de ter um carro esportivo da minha cor era algo que eu sentia sem ter palavras para expressar. Mas o conhecimento muitas vezes é mais profundo que as palavras.

Elgar Davenport, Liam Gundersen, Oskar Nilsen e eu brincávamos de agente secreto no terreno de uma mansão de pedras escuras em frente à minha casa. A casa tinha um elevador e dez quartos, segundo me disseram, embora nos dezesseis anos que morei do outro lado da rua eu jamais tenha entrado lá. Ela mudou de mãos: a certa altura uma família rica que tinha quase tantos filhos quanto quartos (embora eles fossem novos demais para brincar comigo); em outro momento, o senador Mark Dayton. Era a casa da família quando eles não estavam em Washington; e eles moraram ali até que ele virou governador e se mudou para a mansão do governo em St. Paul. Nós brincávamos de agente secreto numa parte do terreno que ficava longe da casa principal, perto de uma edícula de um quarto no fim de uma trilha de cascalhos. A mansão servia a seu propósito; era essencial para a encenação de nossos jogos de espionagem. Às vezes a casa era a embaixada soviética em um canto sombrio de Washington, D.C. Às vezes era um centro da SMERSH para treinamento de assassinos que eram preparados para matar James Bond. Nossos jogos de espionagem estavam mais para Salvador Dalí do que para Ian Fleming. Por exemplo, uma cerca baixa de arame, de um dos lados da propriedade, separava o quintal de uma mansão menor da casa dos

Dayton. Nós chamávamos essa cerca de Muro de Berlim, sem fazer nenhuma adaptação geográfica, como relocar a mansão de Washington, D.C. para Berlim. Os surrealistas que havia em nós dominavam os cartógrafos realistas.

Se não tirássemos na sorte, acabaríamos sendo quatro meninos no papel de agentes da CIA e nenhum comunista. Num dia ruim, Elgar e eu ficamos como espiões soviéticos. Liam e Oskar eram os mocinhos. A brincadeira envolvia dois soviéticos estúpidos correndo e gritando com dois americanos estúpidos que também corriam e gritavam enquanto tentavam pular a cerca baixa de arame do Muro de Berlim para voltarem ao Checkpoint Charlie antes de serem pegos pelos soviéticos.

Elgar e eu ficamos agachados atrás da edícula no fim da trilha de cascalhos. Os americanos viriam de algum lugar perto da mansão, mas nós não sabíamos de qual lado da casa. Normalmente, um dos garotos que estava no papel de mocinho servia de isca, saindo de trás de uma árvore do lado da mansão e correndo a toda velocidade em direção a uma das extremidades da cerca enquanto o outro esperava até os dois soviéticos serem atraídos para longe. Elgar e eu espiávamos detrás da edícula esperando os dois americanos. Fazíamos círculos com nossos polegares e indicadores na frente dos olhos para fingir que eram binóculos.

"Ei", Elgar sussurrou.

"Diga", respondi sussurrando.

"Minha mãe mandou perguntar como é ser negro."

"Sei lá", eu disse, menos afável.

"Como assim?"

"É bacana... eu acho."

"Lá vêm eles!"

Oskar e Liam estavam a caminho! Nós pegamos Liam, mas Oskar conseguiu chegar ao Checkpoint Charlie no quintal dos McDermott.

Da outra vez que encontrei o Elgar, ele disse que sua mãe não gostou da minha resposta. Fiquei preocupado. Perguntei se ela estava brava. Não, ele respondeu. Perguntei se ele tinha certeza. Certeza, tenho certeza, ele disse, ela quer que você vá almoçar lá em casa. Eu disse que tudo bem, mas que tinha que pedir para a minha mãe.

Celina Davenport era visivelmente mais alta que o marido, o Elgar mais velho. Ela não tinha cabelos ruivos como Elgar Jr. nem como Elgar pai. Antes de nos sentarmos para almoçar, ela me levou até a sala de estar e me mostrou em cima da lareira os troféus de tênis que ganhou em uma faculdade que, segundo ela, era uma das "Sete Irmãs" lá na Costa Leste onde não tinha meninos. Na sua voz rouca de dry martini, ela disse que subia pelas paredes naquele lugar.

"O Elgar sabe como eu subia pelas paredes", ela disse, bagunçando os cabelos dele. Ela nos levou para a cozinha. Eu estava tão pouco à vontade, e não sabia o *porquê*, que só ouvia a metade do que ela dizia, o que significa que só entendia a metade do que ela queria dizer. Mas tinham me ensinado que quando você não sabe o que dizer para alguém, em vez de deixar um silêncio constrangedor no ar, você faz uma pergunta. Então perguntei por que ela queria subir pelas paredes. Ela me olhou como se eu tivesse perguntado se eles comiam ração de gato no jantar. Depois riu e chamou a empregada, a sra. Szymanski, para servir o almoço. Comemos na cozinha, Celina Davenport, Elgar e eu. A sra. Szymanski colocou uma travessa de sanduíches para o Elgar e para mim. A sra. Davenport também tomou limonada, mas com um pouquinho de gim. O mais discretamente possível, levantei uma ponta do pão para dar uma olhada. Não fui discreto o suficiente.

"Alguma coisa errada com o sanduíche, Frankie?", a sra. Davenport me perguntou.

"Ele não gosta que chamem ele assim, mãe."

"Como você gosta que te chamem, querido?"

"Frank", eu disse, tentando não soar bravo como o Elgar.

"A tua mãe te chama de Frankie quando te chama para dentro."

Isso me pegou de surpresa, porque eu não sabia que ela conhecia a minha mãe. Sabia que ela tinha *ouvido falar* da minha mãe, mas os Davenport tinham assinado uma petição junto a quinhentas famílias para nos manter fora de Kenwood; e a maior parte dos vizinhos jamais falava com a minha mãe. Eu não disse nada.

Ela perguntou de novo. "Qual é o problema com o sanduíche... Frank?"

"Nada, sra. Davenport."

"Me diga, não vou me ofender se você não gostar dos meus sanduíches."

A ironia da frase me escapou na época, porque os sanduíches não eram *dela*, a sra. Szymanski tinha feito.

"Eu queria ver onde estava a carne para poder colocar no meio."

A mãe do Elgar achou isso divertido. "É um sanduíche italiano: provolone, espinafre e tomate, tudo com um pouquinho de pesto. Você vai estufar se comer carne neste calor."

"É o que a minha mãe diz", falei. "Ela faz esses sanduíches às vezes."

"Ah, faz?", a sra. Davenport fez que sim com a cabeça e acendeu um Pall Mall. "Não se torture. Você não precisa comer", disse.

Isso serviu como suspensão temporária de uma condenação à morte, até eu lembrar que a minha mãe tinha mandado eu me comportar. Dei uma mordida generosa. A náusea revirou meus intestinos enquanto eu tentava engolir. A maionese, o queijo borrachudo e os tomates ácidos, tudo combinado com aquele toque de pesto, desceram com esforço pelo meu esôfago em pedaços pastosos e mal mastigados.

Então Celina Davenport fez a pergunta que Elgar tinha me feito na edícula junto do Muro de Berlim. Numa cadeira bem na minha frente, ela bebericou a limonada com gim, deu mais uma tragada no cigarro e me olhou diretamente enquanto esperava uma resposta.

Parei de comer. ("Eu nunca contrataria alguém que põe sal na comida antes de comer." Um dos axiomas do meu pai. "Significa que você não deve agir ou falar com pressa, Frankie. Se você não sabe a resposta, *pense*, reserve um momento para descobrir o que estão te perguntando.") Estudei o ambiente. As cortinas de renda dela ondulavam com a brisa nas janelas da cozinha; o fogão a gás reluzente com puxadores clássicos dourados; a Frigidaire que cintilava como o Surfista Prateado da Marvel, com dispensadores na porta para você se servir de gelo e água sem abrir o aparelho, algo que eu nunca tinha visto antes; a saia branca plissada de tênis, os tênis brancos, as pernas vigorosas e o modo como ela esperava sem piscar. *Ela olha como um guarda na fronteira da Alemanha Oriental. Dê a resposta errada e você nunca vai voltar. Ela não é só uma mulher bonita que joga tênis e aquele não é só um belo par de tênis; ela tem lâminas na ponta dos tênis e vai te chutar as canelas se você esquecer o que seu pai disse e falar apressado.*

"*Mãe*", disse Elgar, "eu já te contei o que ele disse."

"Não tenho como confiar que você vai trazer o troco certo da loja, Elgar. 'É bacana, eu acho'? Elgar, é *você* que fala assim. O pai dele é um educador."

"Eu pretendia dizer mais", eu falei pedindo desculpas.

"Claro que sim. O Elgar não te deu chance."

Ela parecia feliz. Eu queria que ela continuasse assim. Todo espião sabe manter os guardas sorridentes.

Eu disse que era bom ser negro. Ela soprou mais um fino ciclone de fumaça. Ela não parecia feliz. Aí eu disse que os negros podem fazer coisas legais.

"Como o quê?" ela perguntou, mais alerta.

Eu estava confuso, por isso falei do resort Masongate no lago Gull, perto de Brainerd, em Minnesota. Disse que a minha família e várias outras famílias negras passávamos uma semana lá todo ano em agosto, pescando, andando de barco, nadando e fazendo esqui aquático. Ela sabia o que era o resort Masongate, mas algo na minha história não bateu com o que ela sabia sobre o lugar. Ela perguntou se eu estava confundindo o resort Masongate com outro lugar.

Celina Davenport se levantou e encostou na pia, de costas para a janela. Com o resto do primeiro cigarro ela acendeu outro, jogando a bituca pela janela.

"O que o Urso Smokey diria?", Elgar perguntou alarmado.

"Um dia você vai fazer alguém uma boa esposa, Elgar", ela disse, mas olhava para mim.

A primeira e única vez em que ela tirou os olhos de mim foi quando usou o isqueiro para acender o primeiro cigarro. Agora ela tirou os olhos de mim de novo e soltou a fumaça para o lado. Quando voltou a olhar para mim, continuava não havendo afeição no seu rosto.

Eu estava mentindo e ela sabia. Nós não ficávamos no resort Masongate; ficávamos no Twilight Loon Cabins, a três quilômetros do Masongate, do lado do lago em que havia pântanos no lugar de praias. Uma parte do lago onde não havia lanchas, nenhum grande prédio com entretenimento noturno, nada de esportes aquáticos como jet ski, nem de restaurantes elegantes que serviam peixe com batatas gratinadas. Em vez dos quartos luxuosos com ar-condicionado do Masongate, o Twilight Loon Cabins tinha cabanas para onde você levava a própria comida com portas precisando de pintura, e o som delas batendo atravessava o lago. As luzes externas ficavam tão distantes umas das outras que você precisava de uma lanterna para ir de uma cabana para a outra. Só no ano anterior, 1966, as quatro famílias negras tinham começado a levar seus filhos para Masongate para jantar e aproveitar as atividades. Nós não ficávamos lá, no entanto, e algo me disse que a sra. Davenport sabia disso. Ela encharcou o novo cigarro debaixo da torneira.

"O pai do Elgar acha que os Twins não vão chegar na World Series este ano", ela disse, como se falasse com alguém que não estava ali. Ela encheu um copo com água da torneira e bebeu um pouco. "Que tipo de torcedor é esse?"

2

Uma gosma de maionese, queijo, tomates e nervos expostos, tudo somado com a nova sensação do pesto, se agitava no meu estômago enquanto eu subia a colina apressado indo da casa do Elgar para minha. Quando cheguei nos degraus da varanda dos fundos ouvi uma canção de Dinah Washington no rádio. Havia Selos Verdes da S&H e uma caderneta para colá-los sobre a mesa da cozinha, e ao lado um livro sobre estatística para estudantes de psicologia. Minha mãe estava dando uma pausa nos estudos e colava seus selos.

"E aí?", ela disse.

"Não tem carne nos sanduíches deles."

Minha mãe riu e diminuiu o volume do rádio.

"Nós estamos *em* Minnesota", ela disse, "mas nós não somos *de* Minnesota. O Bull Connor podia economizar com os cachorros se tivesse a comida daquela mulher."

"Mãe?"

"Diga."

"Nada."

"Que foi?"

"Como você se sente?"

"*Sinto* que devia estar na minha varanda com um mint julep me abanando, em vez de quebrar a cabeça lendo sobre estatísticas ou lambendo selos de descontos."

Eu não tinha me mexido.

"Por que a pergunta?" Ela estava sentada; exatamente a altura certa para me olhar nos olhos.

"Pra saber o que dizer da próxima vez."

"Que próxima vez?"

"Da próxima vez que a sra. Davenport perguntar como eu me sinto sendo negro."

"Não!" O rosto dela era um desejo violento. "Não, ela *não fez isso.*" Ela comprimiu as palmas das mãos contra a mesa como se estivesse prestes a se levantar e ir dar uma surra na sra. Davenport. *E depois?* Ela deve ter pensado, porque ela não levantou. *E depois?*

Ela estava aprendendo algo valioso sobre a elite branca do Norte, algo que ela não teria imaginado que era possível antes de se mudar para Kenwood: como alguém pode guerrear por procuração usando o filho de outra pessoa. Ela sabia agora qual devia ser a sensação de ser morta por um míssil teleguiado. Que tipo de mulher ia usar teu filho para te machucar? *"O bom, o belo e o verdadeiro"* era um axioma Du Boiseano de que minha mãe gostava. "Essas devem ser as nossas aspirações. E isso começa com o modo como tratamos as pessoas." *Me provocar à distância, e usar meu filho como míssil teleguiado*; se foi isso que ela pensou quando cheguei em casa, então ela também teria lembrado à Celina Davenport que ficava lá bem dentro da cabeça como ela deixa o Elgar e todas as outras crianças dessa vizinhança à vontade quando está com eles; como sempre coloca meia bola a mais de sorvete na casquinha para eles; como faz chapéus de marinheiro vermelhos, brancos e azuis no Quatro de Julho, e acende a vela deles enquanto eles desfilam colina acima. *Mas você dá um nó no estômago do meu filho.*

Uma noite, quando eu era mais velho e praticamente morava sozinho, cheguei em casa tarde e em silêncio. Minha mãe estava sozinha no escuro, de frente para a lareira. Meu pai estava

40

estendido no sofá, dormindo. O brilho suave da lareira era a única luz. Ela estava enfiando agulhas em pequenas bonecas de pano, dando a elas nomes de duas colegas de trabalho brancas. "E essa aqui", ela disse deliciada, enquanto enfiava a agulha na boneca, "eu deixo tremendo e paralisada." Sorri e fui me deitar, sem que ela soubesse que eu tinha visto. *Ela está lúcida*, pensei, enquanto deitava na cama. *Depois de tudo que passou, ela está lúcida.*

3

Da vez seguinte que brincamos de agente secreto na mansão do outro lado da rua, perdi de novo no sorteio e fiquei como soviético.

"*De novo*?", reclamei.

Liam Gundersen era agente soviético junto comigo; Elgar e Oskar eram agentes do MI6. Peguei Elgar no Muro de Berlim e deixei ele preso na guarita com suas paredes imaginárias de ar. Corri ao longo da cerca para ajudar Liam a pegar Oskar antes que ele atravessasse para Berlim Ocidental. Eu não tinha ido longe quando ouvi o Elgar gritar.

"Escapei!"

O corpo pequeno e roliço dele rolou por cima da cerca.

Respondi gritando, "Você está preso; você tem que ficar na guarita!".

Ele gritou, "Você não me algemou!".

Ele estava do outro lado da cerca agora, correndo pelo quintal dos McDermott, a caminho do quintal dos Tyson. Eu estava furioso.

"Não corra, seu merda!"

O cabelo vermelho dele sacudia ao vento. Ele virou o rosto com sardas e sorriu.

Meu pé esbarrou em alguma coisa sólida no chão perto da cerca. Era uma embalagem plástica de detergente Palmolive verde-esmeralda. Eu me abaixei e peguei. O peso daquilo na minha mão era substancial porque a embalagem estava quase cheia. Agarrei a embalagem pela parte mais fina. Senti meu braço se esticar para trás. Depois o braço se lançou para a frente. De um lado até o outro a embalagem verde girou, uma hora um machado, outra hora um bastão, enquanto voava na direção do sol; a luz do meio-dia atravessou o líquido verde como um prisma, até que a embalagem desapareceu nas mandíbulas do sol. Fechei os olhos para não ficar cego.

Plop! Splat!

Os joelhos do Elgar dobraram. Ele estava de bruços no quintal dos McDermott.

Corremos até onde ele estava. Detergente verde vazava na grama de uma rachadura na embalagem plástica. Sangue vazava da nuca do Elgar. Uma haste dos óculos fundo de garrafa dele tinha saído da dobradiça e estava atrás da cabeça, no chão.

Mas a palavra *sangue* não me ocorreu imediatamente. No começo, o que vi na nuca dele era uma lambida de vaca, um tufo vermelho de cabelo que saiu do lugar. Depois o que vi era um pequeno jorro de água como a água que jorrava do bebedouro do lado de fora da sala da sra. Anderson, que era tão pequeno que os lábios encostavam na torneira quando você bebia.

Liam e Oskar correram em busca de ajuda.

Eu fiquei ali, o sol batendo no meu pescoço, meus olhos encarando Elgar enquanto ele sangrava. Seria errado dizer que eu queria machucar o Elgar. Mas agora que ele estava machucado, eu não queria ajudar. Sabia que *devia* querer ajudar; mas esse era um conhecimento desprovido de desejo, e que se manifestava na segunda e terceira pessoas — *Você devia querer ajudar*, ou *O garoto Wilderson devia querer ajudar*. Vozes que ficavam na escada dos fundos e um pouco à esquerda do que eu realmente sentia.

O minúsculo jorro de sangue saindo da carne macia na nuca cessou em segundos, mas fiquei ali esperando que o minúsculo gêiser voltasse. *Elgar Davenport sangra. Se Elgar sangra, a mãe dele sangra.* Até aquele momento as pessoas à minha volta em Kenwood pareciam sem sangue e eternas.

(Três anos depois, na primavera de 1970, quando moramos em Berkeley, um Pantera Negra me deu *Os condenados da Terra* de Frantz Fanon em uma sessão de estudos que ele e mais uns alunos organizavam para garotos que estavam começando o ensino médio. Naquela noite li o que pude de "A respeito da violência", em que Fanon escreveu sobre o momento em que o nativo da Argélia vê o colono francês sangrar, aquele momento em que o argelino "descobre que a pele do colono não tem mais valor do que a pele do nativo; e deve-se dizer que essa descoberta chacoalha o mundo de uma maneira muito necessária", e pensei naquele dia com Elgar.)

Senti uma pontada entre as pernas. A mesma pontada de êxtase que senti na noite em que, meio dormindo e meio acordado, molhei a cama; o prazer do relaxamento que podia durar até que eu sentisse o lugar molhado.

Quando os paramédicos avaliaram o caso, um disse para o outro, "Caiu na moleira".

"Explica o sangramento." O parceiro dele concordou com a cabeça.

Contando até três, eles puseram Elgar na maca. Um deles disse que Elgar teve sorte porque a moleira dele não era mole como a de um bebê, ou o ferimento teria sido bem pior. Os olhos de Elgar estavam abertos, mas ele não disse nada. O primeiro paramédico balançou a cabeça.

"Qual é a probabilidade?"

"Uma em 1 milhão."

"Nem isso."

Quando vi a sra. Davenport implorando com os paramédicos para deixarem que ela fosse na ambulância, soube que meus pais iam me bater. Mas eles não me bateram. Eles estavam atordoados demais, os braços moles e inúteis demais para erguer algo pesado como um cinto. Além de eu não apanhar, meus pais não me puniram. No outro dia eles continuavam abalados, mas não o suficiente para deixar de divergir como deviam explicar o ferimento do Elgar para mim.

Meu pai, que sabia latim e tinha ensinado leitura dinâmica para executivos para ganhar dinheiro enquanto terminava o doutorado, falou comigo como se eu fosse um aluno de mestrado.

"Um lugar no crânio onde a ossificação não é completa, Frankie, e as suturas naturais não se formaram."

"O lugar macio na cabeça do bebê", a minha mãe disse, suspirando.

"Falar gugu-dadá não vai melhorar o vocabulário dele, Ida-Lorraine", meu pai disse, franzindo a testa.

Ela disse que nós teríamos que ir juntos à casa dos Davenport. Mas antes, ela queria que eu contasse o que tinha acontecido. Eles sentaram um ao lado do outro no sofá na sala. Fiquei de pé diante deles. Contei tudo de novo. Como Elgar tinha sido capturado no Muro de Berlim. Como Elgar violou as regras quando saiu da guarita. Como eu me abaixei e peguei uma embalagem de detergente de louça.

"E eu joguei. Não joguei *nele*, mãe. Só joguei."

Meu pai tinha parado de fumar cigarros anos antes. Ele estava tentando largar o cachimbo. O cachimbo estava apagado. Com a boca fechada em torno dele, meu pai roía suavemente a madeira. Ele me olhava como se eu fosse uma das crianças na ala psiquiátrica que chefiou por um tempo, numa mescla de admiração e horror.

"Vinte metros e você quebrou a moleira dele." Meu pai quase sorriu. A voz dele estava estranha, como se falasse de alguém que tivesse quebrado um recorde de atletismo.

Olhei para minha mãe. "Não foi por querer, mãe." Aí eu chorei.

Ela me abraçou. "Eu sei. Eu sei", ela disse. "Você é um bom menino. Eu sei como você se sentiu mal."

Quando ela disse isso, lembrei que os primeiros sentimentos que irromperam em mim não tinham a ver com remorso. Mas como eu podia contar isso a ela e continuar sendo "um bom menino"?

A minha mãe fez uma caçarola com carne moída e queijo extras.

Eu disse pra ela, "A sra. Davenport não serve comida pesada". Eu disse três vezes; e a cada uma delas, minha mãe dizia, "É a intenção que conta". Minha mãe disse isso sem me olhar. Em retrospectiva, fico pensando se "a intenção que conta" tinha mais a ver com a pergunta que a sra. Davenport fez para mim do que com o meu ataque ao filho dela; ou quem sabe as duas coisas estivessem inextricavelmente ligadas. Em vez de te dar um bofetão eu preparei uma comida que pode fazer você se engasgar. *Bon appétit!*

Minha mãe e eu descemos a colina para os Davenport. Elgar ainda estava em observação no hospital, mas a sra. Davenport disse que ele estava bem. Falei para o sr. e para a sra. Davenport o quanto lamentava, e era verdade. Mas havia outra verdade que não podia ser dita, nem mesmo para meus pais. Qual seria o resultado, eu me perguntava, desse duelo entre remorso e desejo no coração?

4

Sobrevivi ao ano seguinte, 1968, à base de citações de astros do cinema, romances de espionagem e, lá pelo fim de agosto, citações do presidente Mao. Um monge com contas de malaquita, eu me agarrava às palavras dos outros. Mas de minha travessia pouco graciosa por aquela escola de brancos, foi Stevenson ou Poe ou algum outro escritor de vinho-e-revólver que guardei na memória e levei para a minha mãe?

"Antes de morrer, um homem tem que escrever um livro, amar uma mulher e matar um homem."

Ela me olhou como se eu fosse uma encomenda endereçada para os vizinhos.

"Você está falando isso pra eu te dizer o que isso significa?", ela perguntou.

"Não. Estou dizendo porque é verdade." Estávamos sozinhos. As janelas na sala estavam abertas. As cortinas tremulavam de leve, se recusando a dizer por que ela olhava para o outro lado.

Em 1968, algo se rompeu dentro de mim. Eu continuava deitando na escuridão da sala de estar ouvindo música, como no verão anterior, quando tinha onze anos. Mas os cantos gregorianos foram substituídos pela música e pela voz de Curtis Mayfield, me incitando a ser "um conquistador" da "boa terra negra". Na primeira vez que escutei Curtis Mayfield cantar, *"No more tears do we cry/And we have finally dried our eyes"*, eu chorei. Achei que se ouvisse por tempo suficiente e com o empenho necessário, a voz de Curtis Mayfield ia sair, clara e feroz, da agulha do toca-discos, e me proteger contra um inferno que as pessoas diziam que eu era abençoado por habitar. ("Tem meninos no gueto que não têm uma vida tão boa.")

No começo do ano, a Ofensiva do Tet sitiou nossa sala de estar. Pouco antes de meia-noite, ela crepitava com ruído branco enquanto meus pais, achando que estavam sozinhos, procuravam um sinal no rádio do aparelho de som. Às vezes eu me escondia na escada da frente e tentava ver os dois entre o madeirame da balaustrada. Muitas vezes eles sentavam no chão; eu via as suas pernas esticadas. Eu não ousava descer o último lance de escadas por medo de ser visto, e o patamar acima do primeiro lance era perto o suficiente para que eu escutasse o rádio e esperasse o nome do meu tio na lista dos mortos.

A música parou. O locutor anunciou que a estação em breve sairia do ar; mas antes, o boletim noturno do Vietnã.

"Um comboio da infantaria mecanizada da Segunda Brigada, da Quarta Divisão de Infantaria dos EUA, foi emboscado três quilômetros a noroeste de Plei Mrong na província de Kon Tum. Os elementos de segurança do comboio reagiram ao fogo do inimigo, e helicópteros do exército e a artilharia deram apoio à ação. Um helicóptero UH-I foi atingido pelo fogo do inimigo e caiu no local, ferindo todas as cinco pessoas a bordo."

Então veio a lista de nomes. A essa altura, o tilintar do gelo no copo de refrigerante da minha mãe parou. Pude sentir o meu pai ficar paralisado até os ossos. Eles não se moviam. Pareciam não respirar. A única coisa viva era o rádio.

"Terça-feira, vinte e nove de agosto." O locutor pausou. Será que ele estava bebendo água? Será que a mão direita dele estava no microfone e a esquerda abafava uma tosse? "Duzentos e quarenta e dois homens em serviço morreram em combate nesta semana. Fechamos esta transmissão como fazemos todas as noites, com os nomes daqueles que tombaram hoje, seguidos de uma amostra das mensagens que nossos ouvintes deixaram na nossa secretária eletrônica. Os pontos de vista e opiniões não refletem os pontos de vista e opiniões da direção da WGBH, nem os pontos de vista e as opiniões das estações que retransmitem esse programa.

"Especialista William C. Gearing, vinte e dois anos, East Lansing, Michigan.

"Cabo Joseph L. Rhodes, vinte e dois anos, Memphis, Tennessee.

"Capitão Michael C. Volheim, vinte anos, Hayward, Califórnia.

"Soldado de primeira classe Craig E. Yates, dezoito anos, Sparta, Michigan.

"Soldado de primeira classe Ramon L. Vazquez, vinte e um anos, Puerto Nuevo, Porto Rico.

"Soldado de primeira classe Calvin R. Patrick, dezoito anos, Houston, Texas."

Depois de o locutor ler os nomes, a voz dele continuou a seu modo de alcova, como se colocasse os soldados mortos na cama.

"Agora", ele disse com uma voz calmante, "uma seleção de suas vozes feita pelo nosso estúdio".

Um pequeno bipe, enquanto ele apertava um botão para tocar as mensagens da secretária eletrônica da emissora.

Uma mulher com um sotaque de uma cidade mineradora agradeceu a emissora por avisá-la da morte de seu filho dois dias antes de os Marines irem bater à porta de sua casa. Isso significou que ela não caiu dura no chão quando eles apareceram. Ela já tinha feito isso, em particular. A vizinha de rua dela desmoronou aos pés daqueles Marines na varanda dela. "É uma pena", ela disse, "que eles não tenham permissão para te segurar ou para levantar você do chão. Muito obrigada por me pouparem dessa indignidade."

Um sujeito de Tulia, no Texas, exigiu que a emissora parasse de ler os nomes no ar. "Vocês estão fortalecendo os manifestantes contrários à guerra, que são traidores desta nação."

Uma garota de Seattle disse que duas noites antes ouviu o nome de uma pessoa que se formou no ano anterior na escola onde ela cursa o ensino médio. "Foi ele que fez o *touchdown* da vitória na festa da escola. A gente acha que devia cancelar a festa desse ano e em vez disso fazer uma vigília à luz de velas. Se tiverem conselhos, agradeço."

Uma mulher de Ohio disse, "Sou uma mulher branca, mas sempre me pergunto quantos meninos negros do Sul têm seus nomes lidos por vocês toda noite. Por que eles morreram? Barracos improvisados, desnutrição, degradação e desemprego? Por favor, alguém me diga."

Ouvi o tilintar do gelo no copo da minha mãe quando ela ousou tomar mais um gole do refrigerante.

"Teu irmão está vivo", ela disse de um jeito brando.

Meu pai disse, "Sim, mais um dia de vida".

Ouvi os dois rezarem seus pais-nossos juntos, e soube que eles estavam de joelhos.

Um dos alunos do meu pai fugiu para o Canadá para escapar da convocação. Os canadenses o aceitaram, sem questionar nada. Fiquei me perguntando se eles me aceitariam, sem questionar nada, se eu fugisse da minha guerra em Kenwood.

Completei doze anos em abril, no mesmo dia em que o Congresso aprovou a Lei da Habitação Justa e sete dias depois do assassinato de Martin Luther King. Vi os tumultos na TV com a minha avó, uma católica de New Orleans que deu aulas para a segunda série e que, em certo momento, tocou piano com a Preservation Hall Jazz Band. A vó Jules adorava todo tipo de esporte. O marido dela, o 2-2 Jules (apelidado pela capacidade de derrotar um batedor toda vez que jogava numa situação com dois acertos e dois *strikes*) rejeitou um convite para jogar pela Liga Nacional dos Negros e trabalhou como porteiro e depois como rebocador quando chegou a Grande Depressão. Mas ele já tinha morrido em 1968. Quando ia para o Norte visitar a gente, a vó Jules passava tempo comigo e com o meu pai vendo beisebol, futebol americano e basquete, e jamais ia atrás de antiguidades com a minha mãe, filha dela. Ela adorava pé de porco em conserva e uma cerveja chamada Hamm's, produzida do outro lado do rio em St. Paul.

O assassinato de Martin Luther King e a Ofensiva do Tet mudaram a relação da minha família com o rádio e a TV. Meus pais ouviam a lista noturna de baixas para saber se meu tio estava nela. A minha avó e eu assistíamos aos tumultos.

Uma noite, os pés dela levantaram da espreguiçadeira e ela quase derrubou a cerveja e os pés de porco da bandeja que usava para comer assistindo à TV. Enquanto eu estabilizava a mesa, ela riu como nunca tinha visto antes.

"Vai em frente, meu filho!", ela disse.

Eu tinha ouvido ela dizer isso várias vezes, sempre que Tony Oliva dava uma boa rebatida ou quando Gale Sayers corria para um *touchdown*. Mas nem Oliva nem Sayers estavam na tela. A alegria dela me contagiou e também ri alto. Um nó se afrouxou no meu peito, um tumor fantasma que estava lá desde o primeiro ano. Estávamos assistindo aos tumultos, e o riso da minha avó fez a minha dor ir embora. Se eu tivesse dito que nos seis anos anteriores tinha odiado a imensa maioria dos alunos e metade dos professores da minha escola, estaria mentindo; nunca foi simples assim. Mas seria justo dizer que jamais fiquei à vontade na presença deles; e como o rosto deles estava comigo mesmo quando eu não estava com eles, também seria verdadeiro dizer que eu raramente, ou talvez nunca, ficava à vontade.

"Vai em frente, meu filho!"

Ela não estava falando comigo, falava com o sujeito na tela; mas, naquele momento, ela e eu éramos um triângulo com o sujeito na tela. E eu me senti amado.

Gostaria de dizer que a cidade na tela era Cleveland, mas podia ser Detroit; Washington, D.C.; Cincinnati; Chicago; Kansas City; Baltimore; Pittsburgh; Trenton, em Nova Jersey; ou Wilmington, no Delaware. Podia ser qualquer lugar, e todo lugar. Não havia incêndios visíveis, mas a fumaça subia de prédios em ruínas. Marcas de derrapagem eram como cicatrizes na rua no lugar em que um sujeito sem camisa com um trapo em volta do rosto andava com um carrinho de supermercado pelo bulevar. A vó Jules ria como se o peito dela estivesse cheio de gases. Eu soube naquele exato momento que o sacerdócio estava morto para mim. Quando crescesse eu ia ser um saqueador e deixaria minha vó orgulhosa.

Nosso alvoroço chamou a atenção dos desmancha-prazeres que eram donos da casa. Minha mãe desceu e disse para a mãe dela não dizer aquelas coisas. Vi a silhueta da minha mãe na porta de correr da sala de estar, com as luzes da sala de jantar nas costas dela. Ela era graciosa mesmo parada. Ela e meu pai trabalharam como modelos em exposições de moda organizadas pelo Boulé e pelo Links, dois dos grupos negros de classe média a que eles pertenciam. Todo mundo ficava em silêncio quando os dois caminhavam pela passarela. Os amigos da minha mãe diziam que ela era parecida com a Donyale Luna, que arrebatou o mundo em 1966 ao se tornar a primeira negra a agraciar a capa da *Vogue*. E eu me esforçava para compreender como o sangue que havia na pele clara e no corpo esguio da minha mãe era o mesmo que corria nas veias da minha avó, que era baixa e escura, chupava ossos de vértebras e pisava com força no pedal do abafador quando tocava piano. Aos trinta e seis anos, minha mãe ficou no batente da porta, emoldurada por sua reprovação, e falou com sua mãe de sessenta e três anos como se suas idades fossem invertidas. Minha avó e eu olhamos para ela como duas crianças pegas fazendo arte.

"Não diga isso, mãe. Daqui a pouco ele vai falar isso na escola. Ele já é desobediente o bastante sem isso."

Quando voltamos a olhar para a TV, o sujeito com a máscara, o trapo e o carrinho de supermercado tinham desaparecido. Minha mãe subiu a escada e voltamos às nossas palhaçadas.

"Por que estamos bravos?", perguntei para a minha vó enquanto víamos as colunas de fumaça subindo das lajes.

"Porque a gente tá sem emprego?", eu disse, dando uma risadinha e olhando com cuidado para as portas de correr em busca de sinais da minha mãe e da bronca que ela me dava pelo jeito de falar "tá".

"Não", minha avó respondeu, "não é por causa de empregos."

"É por que a gente tá sem água quente?"

"Não é por causa da água, meu filho."

"Por que a gente mora no gueto?"

"Frankie, *você não está* no gueto", ela disse rindo, "e *você está bravo*". (Como ela sabia disso era um mistério, porque eu não me lembro de um dia ter lhe contado o que acontecia na escola.)

Então, como se tivéssemos combinado, dissemos juntos, "A gente está bravo com o mundo!"

Do alto da escada ouvimos, "Mãe, *por favor!*"

Seria forçado, porém, dizer que minha avó era afropessimista. Mas o afropessimismo não é uma igreja aonde você vai para rezar ou um partido em que você vota para estar no poder ou para ficar fora dele. O afropessimismo é o povo negro no seu auge. "Bravos com o mundo" é o povo negro no seu auge. O afropessimismo nos dá a liberdade de dizer em voz alta o que, de outro modo, iríamos sussurrar ou negar: que não há negros no mundo, mas que, pelo mesmo padrão, não há mundo sem os negros. A violência perpetrada contra nós não é uma forma de discriminação; é uma violência necessária; um tônico para todos que não são negros; um conjunto de rituais sádicos e de cativeiro que só poderia acontecer com pessoas não negras caso elas violassem esta ou aquela "lei". Esse tipo de violência pode acontecer com um ser senciente em duas circunstâncias: uma pessoa que violou a lei, o que significa dizer, fez o que não devia dadas as leis vigentes; ou a uma pessoa escravizada, o que equivale a dizer, não há pré-requisitos necessários para que aconteça um ato de brutalidade. Não existe antagonismo como o antagonismo entre o povo negro e o mundo. Esse antagonismo é a essência daquilo que Orlando Patterson chama de "morte social", ou da "letalidade", nas palavras de David Marriott.[1] É o conhecimento e a experiência dos acontecimentos do dia a dia, em que o mundo lhe diz que você é necessário, necessário como destino de sua agressividade e renovação.

O antagonismo entre o sujeito pós-colonial e o colonizador (o massacre de Sand Creek ou a Nakba palestina)* não pode — e não deve — servir de analogia para a violência da morte social: esta é a violência da escravidão, que não acabou em 1865 pela simples razão de que a escravidão não acabou em 1865. A escravidão é uma relação dinâmica — não um evento, e certamente não um lugar como o Sul; assim como o colonialismo é uma dinâmica relacional —, e essa dinâmica relacional pode continuar a existir depois que o colonizador partiu ou cedeu o poder governamental. E essas duas relações são asseguradas por estruturas de violência radicalmente diferentes. O afropessimismo oferece uma lente analítica que funciona como corretivo para as lógicas presumidas pelo humanismo. Ele oferece um aparato teórico que permite ao povo negro *não* ter de carregar o fardo do ardil da analogia — porque a analogia *mistifica*, mais do que esclarece, o sofrimento negro. A analogia mistifica o relacionamento dos povos negros com outros povos racializados. O afropessimismo trabalha para colocar em relevo essa mistificação — sem temer as falhas e fissuras reveladas no processo.

A vó Jules se reviraria no túmulo se soubesse que eu penso nela como afropessimista. Ela era uma mulher católica que nunca deixava de se confessar. Mas depois de se aposentar, o discurso dela deixou de sofrer com o fardo da analogia, o que significa que ela se permitia dizer que não estávamos bravos pelos mesmos motivos que deixavam bravas as pessoas que sofriam com a opressão de classe, com a discriminação de gênero ou com a dominação colonial. A raiva deles tinha um fio terra interno ao mundo. Nós éramos o fio terra. Nós éramos os alvos da raiva que de outro modo teria se voltado contra si mesma. Os negros eram a contradistinção viva à própria vida. E quando ficávamos velhos demais (como no caso da vó Jules) ou éramos

---

* Ver nota da página 258.

novos demais (como eu) para saber o que a minha mãe sabia, nós recusávamos o ardil da analogia e deixávamos que nossa raiva falasse sua verdade: a vida humana depende da morte negra para existir e ser coerente. A negritude e a escravidão estão ligadas de maneira indissociável a tal ponto que, quando a escravidão pode ser separada da negritude, a negritude não pode existir senão como escravidão. Não existe mundo sem negros, mas não há negros no mundo. Você precisava ser jovem ou velho para que essa Eucaristia tocasse teus lábios.

Esse cisma não demorou para se colocar entre meus pais e eu. Sentia mais desprezo do que compaixão por eles. Minha mãe estava terminando o doutorado e, em algum momento durante esse período, trabalhou como administradora de escola pública para a prefeitura de Minneapolis. Meu pai era professor e tinha um cargo de direção na Universidade do Minnesota. Os dois eram psicólogos que, além de trabalhar como acadêmicos durante o dia, mantinham consultórios particulares; e eles se atiraram no sonho de Martin Luther King de igualdade racial e no sonho de Lyndon Johnson de uma Grande Sociedade. Isso significava que eles emprestaram suas habilidades para solicitar financiamentos para iniciativas populares, e que eles eram anfitriões de infinitas reuniões sociais e políticas em nossa grande sala de estar, onde gente de todo tipo, que se não fosse por isso talvez não se conhecesse (administradores da universidade, empresários liberais, planejadores urbanos, ativistas e estudantes), se reunia para fundar centros de treinamento profissional na comunidade negra, divulgar programas para nativos americanos, programas de saúde mental para pessoas sem recursos.

Em 1968, o ano em que a Lei da Habitação Justa foi aprovada, meus pais foram de porta em porta em Kenwood entregando panfletos que explicavam a lei de um modo que, eles esperavam, não seria ameaçador e incentivaria as mesmas pessoas que haviam se esforçado tanto para mantê-los longe de

Kenwood a acolher uma ou duas outras famílias de negros de braços abertos. Eles fizeram várias oficinas de Habitação Justa nas casas de moradores ricos da região e pediram que eles colocassem as placas de madeira dizendo HABITAÇÃO JUSTA em seus gramados. Logo ficou claro que o perfil demográfico das pessoas que participavam dessas oficinas eram mulheres brancas cujos maridos estavam no trabalho. As donas de casa adoravam o meu pai e toleravam a minha mãe, embora os dois fossem bonitos. Meu pai tinha mais de 1,80 metros de altura. Em saguões de mármore, ele tirava seu longo casaco de couro por baixo do qual usava camisas com abotoaduras e ternos que pareciam feitos sob medida. Ele olhava nos olhos das pessoas enquanto falava, e elas sorriam para ele e assentiam com a cabeça como suplicantes. Quando chegava a vez de a minha mãe falar, a atenção deles diminuía, e o tilintar de xícaras demitasse e pires salpicavam o ar.

Minha mãe tentou se atirar de cabeça na época. Pensando nisso, comprou uma peruca afro e a usou. Ao final de cada oficina, era hora da grande pergunta: "Quem aqui gostaria de ficar com uma das placas de HABITAÇÃO JUSTA que temos no carro para colocar no gramado de casa?". Uma mulher ergueu a mão. Deixando de lado a questão que havia sido colocada, ela perguntou a meu pai se ele já tinha trabalhado como modelo. Caso contrário, ela continuou, ela conhecia uma pessoa que conhecia alguém que era dono de uma agência de modelos.

Com um sorriso amarelo, minha mãe tentou levar a conversa de volta para a habitação justa. Outra mulher ergueu a mão para concordar que meu pai seria um lindo modelo. Então, outra ergueu a mão para acrescentar que por mais que *ela* quisesse colocar uma placa no gramado, o marido não aprovaria. Minha mãe saiu da sala. Deixando de lado a sugestão do trabalho como modelo, meu pai disse a elas que ele e minha mãe ficariam felizes de voltar à casa de qualquer pessoa ali para uma conversa individual com os maridos. Minha mãe ficou observando do saguão, sentada no primeiro degrau da escadaria. Ela tirou a peruca afro da cabeça e a colocou no degrau ao seu lado.

5

O ano de 1968 também foi o momento em que o Movimento Indígena Americano foi fundado no sul de Minneapolis, a apenas cinco quilômetros de Kenwood. Da noite para o dia, questões relativas à soberania dos nativos americanos e às demandas do movimento passaram a ser parte da paisagem da Universidade do Minnesota. Meu pai era o responsável por um programa em uma reserva a vários quilômetros da cidade; era um programa conjunto com o governo tribal. As reuniões do conselho eram realizadas com indígenas urbanos, líderes tribais da reserva e meu pai, no sul de Minneapolis. Assim como nas oficinas da habitação justa, meus pais me deixavam ir assistir às reuniões. Imediatamente, ficou claro que as pessoas da reserva não queriam aderir a algumas das exigências da Universidade do Minnesota, que financiava o projeto. Politicamente, eu achava que os interesses institucionais do meu pai eram equivocados, e que os interesses dos povos indígenas estavam certos. Achava que a universidade devia entregar seus recursos para os nativos americanos sem insistir que eles prestassem contas do uso do dinheiro.

A sala estava cheia. Todas as vinte cadeiras da grande sala de reuniões estavam tomadas. Mais quinze ou vinte nativos americanos estavam de pé encostados na parede e sentados nos grandes parapeitos das janelas. Meu pai era alvo de escárnios e zombarias sempre que tentava falar, mas nunca zombava como resposta. Havia uma carga afetiva na sala que tinha mais a ver com o fato de meu pai ser negro do que com o fato de ele ser um representante da universidade. A certa altura, um nativo com quem eu compartilhava um parapeito, se adiantou.

"Não queremos você, um *crioulo*, dizendo o que a gente deve fazer!" As paredes lotadas explodiram com aplausos.

O que eu não conseguia ver na época, e que não tinha interesse em ver na época, era que as ricas donas de casa brancas nas oficinas da habitação justa compartilhavam do mesmo espaço psíquico dos indígenas das regiões abandonadas do sul de Minneapolis, embora as mulheres que frequentavam as oficinas dos meus pais morassem em uma parte da cidade tão apartada das ruas onde o Movimento Indígena Americano foi criado quanto a Atlantis estava de Marte. Claro, o mito do Destino Manifesto, do qual essas mulheres eram desmamadas desde a infância, estava inextricavelmente associado à quase-aniquilação da vida indígena. Seria errado dizer que as mulheres brancas de Kenwood e o indígena sentado no parapeito a meu lado, que chamou meu pai de "crioulo", rezavam na mesma igreja. Mas em última instância, os mundos de ambos eram sustentados por uma necessidade de se distinguir da mesma encarnação do diferente. Nas salas de estar luxuosas de Kenwood, as mulheres alimentavam sua negrofilia com a carne do meu pai, e deixavam minha mãe de lado. Na sala de reuniões tribal, os indígenas não tinham utilidade para nenhum dos meus pais: *Sejamos brancos e ricos ou vermelhos e pobres, não queremos um crioulo dizendo o que devemos fazer*. As mulheres brancas expressavam sua recusa em ser autorizadas pela negritude por meio de sua inconsciente negrofilia ("O senhor já foi modelo, professor Wilderson?"), associada a uma necessidade de remover minha mãe da cena de sua fantasia. Os nativos americanos expressavam sua recusa por meio de sua inconsciente negrofobia ("Não queremos você, um *crioulo*, dizendo o que a gente deve fazer!"). Tanto no caso dos brancos como no dos indígenas, o afeto falava com uma só voz: um coro de economia libidinal. No inconsciente coletivo da imaginação indígena, o espectro da negritude era uma ameaça maior do que a instituição colonizadora que havia despachado um professor negro para fazer seu trabalho sujo.

Meu pai olhou para cima de onde estava, na mesa. Ele manteve contato visual com o nativo sentado a meu lado enquanto a sala explodia em seus ouvidos, mas não demonstrou raiva; e a dor só apareceu nos olhos dele depois que eles encontraram os meus, com a aprovação pelas vozes que zombavam dele. Um pai encarou os olhos irônicos do filho. Eu sentia prazer na dor dele, porque a ruína dele me tornava parte de uma comunidade. Ao zombar desse "crioulo" eu estava em comunhão com o "nós".

Mais tarde, meu pai e eu ficamos sentados no carro por vários minutos. A chave estava na ignição, sem girar. Ele não falou comigo. Meu pai jamais demonstrou raiva ou dor em público, e eu agora era tão parte do público quanto os indígenas que o expulsaram da sala. Dava para ver a expansão e a contração do peito dele. Ele exalou longa e lentamente.

"Por que não dar simplesmente o que eles querem? A terra é deles. O dinheiro é deles", eu disse.

Ele suspirou. Deu a partida. Engatou a marcha. Eu era novo demais para saber como a antinegritude move a busca pela soberania tanto quanto o desejo para se ver livre do colonizador. E ele estava entorpecido demais para explicar. Os nativos americanos falavam como soberanos para alguém que não tinha soberania. O problema essencial não está no termo que eles usaram para se referir a meu pai, ou seja, o problema essencial não está na representação de seus sentimentos antagônicos, mas na *estrutura* de uma relação antagônica entre o povo indígena com algo de selvagem e uma pessoa negra sem nada a perder.

Meus pais carregavam sua raiva como frascos de nitroglicerina embalados em palha. Ao contrário de mim, eles conheciam os efeitos colaterais da raiva negra. Meus pais sabiam, e ensinavam às pessoas que eram baleadas e aos estudantes que fugiam para o Canadá para escapar da convocação para as Forças Armadas. E sabiam que eles próprios eram observados pelo FBI. Eu, sem saber nada da bigorna que pesava sobre eles, achava que eles eram simplesmente uns vendidos. Achava que seguravam a língua quando seus colegas brancos faziam comentários racistas porque eles não se importavam com a revolução que estava descontrolada à volta deles. Lentamente, depois de anos às turras com eles, a visão que eu tinha dos meus pais mudou quando entrei para a academia e fui atingido, em primeira mão, por aquilo que Jared Sexton chama de "estrutura oculta da violência que subscreve tantos atos de violência, sejam eles espetaculares ou banais".[2]

A dissimulação tinha sido uma ferramenta de sobrevivência, um implemento que eles usavam para se manter vivos e colocar comida à mesa. Eles sabiam que intelectuais negros só podiam forçar os limites até o ponto considerado aceitável por seus interlocutores não negros. Também sabiam que precisavam conhecer os limites do que seus colegas e interlocutores brancos eram capazes de assimilar, especialmente caso esses interlocutores não soubessem qual era seu próprio ponto de ruptura. Meus pais precisavam saber por eles. "Imagine o negro que o branco quer que você seja [...] e seja esse negro (ou, pelo menos, finja ser)", David Marriott escreve em seu tratado sobre o linchamento. "Nossa consciência [...] faz esse trabalho de adivinhação, de ousar e ousar mais. Não há lugar aqui para aquilo que o negro quer, ou para um inconsciente negro movido por seu próprio desejo e por sua agressão."[3]

Vi o mundo colocar o desejo de meus pais em confinamento, ao mesmo tempo em que me maravilhava com minha avó e a conversa de alguém que havia fugido dessa cadeia. O desejo negro é um crime de fuga. Os Estados Unidos já não precisavam de minha avó como estímulo, como confirmação, como uma mulher em quem colocar a culpa à medida que a nação se descostura — do modo como ainda precisavam de minha mãe. "Sou uma mulher marcada", Hortense Spillers escreve, "mas nem todo mundo sabe meu nome. 'Querida' e 'Moreninha', 'Minha flor' e 'Pérola Negra', 'Tia', 'Vovó', 'Radical', 'Primeiro as Mulheres de Ébano', ou 'A Moça Negra no Palco': eu descrevo um locus de identidades confundidas, um local de encontro de posses e privações no tesouro nacional das riquezas retóricas. Meu país precisa de mim e caso eu não estivesse lá, teria de ser inventada."[4]

Os Estados Unidos já não precisavam da minha avó como sua invenção. Ela estava livre para reagir e para matá-los, desde que fizesse isso em seus sonhos, ou quando estava comigo, assistindo aos tumultos de 1968. Mas os Estados Unidos ainda tinham planos para minha mãe, uma mulher negra de trinta e seis anos de idade em seu auge. Apenas três anos antes, em 1965, Daniel Moynihan tinha definido a imago da minha mãe como a fonte da veia destrutiva da "cultura do gueto" e da família negra.[5] Ela não entrava em uma sala como uma mulher com um doutorado. Entrava como a principal razão para que os homens se sentissem castrados; como um entrave, maior do que a antinegritude, para o sonho do homem negro de um horizonte distante. Minhas explosões de alegria com a visão de um saqueador só confirmariam o que o mundo já sabia sobre ela. Para Moynihan, eu era um monstro fabricado pela minha mãe.

6

Fomos para Seattle naquele verão, um verão sabático para o meu pai, um verão de pesquisa para a minha mãe. Não se passou um dia sem que eu fosse intratável. Quando um bispo foi à aula de catequese numa noite fria de quarta-feira e pediu que o grupo de meninos e meninas de doze e treze anos usasse a mesada daquela semana para doar para sua missão na África, levantei a mão. Assim como nas aulas de catequese em Minneapolis, eu era o único rosto negro na sala. A irmã Mary Alvin ficou radiante. O bispo fez um gesto com a cabeça de pio encorajamento. Um aceno que eu conhecia bem demais depois de seis anos em uma escola fundamental em Minneapolis: Olhe, o menino negro vai falar. Veja como ele foi educadinho erguendo a mão.

"Os africanos pediram para o senhor ir lá?", eu disse.

O bispo olhou para a irmã Mary Alvin. Depois olhou para mim.

"O Espírito Santo não precisa de convite. É claro que a pessoa precisa se arrepender e ser batizada."

Eu disse ao bispo que usaria meus trinta e cinco centavos para comprar uma barra de Snickers. Ele podia ficar com minha mesada na outra semana se fosse para a África e voltasse com uma carta dos africanos dizendo que queriam ele por lá.

A história chegou antes de mim em casa, onde uma surra estava à minha espera.

Ficou nítido para todo mundo que eu era bom em esportes, e meus pais devem ter pensado que o simples exercício de jogar futebol americano e beisebol ia fazer eu suar até a grosseria sair pelos poros. A caminho da Universidade de Washington, minha mãe me deixava em um centro comunitário. Estava mais para clube de meninos. Eu não me lembro de minha irmãzinha ir comigo, nem vejo nenhuma menina na minha memória quando me lembro daqueles dias. Só posso presumir que ela e meu pai acharam que ia me fazer bem ter por perto aquilo que eu nunca tinha tido por perto na minha vizinhança, um grupo de homens negros (meninos, na verdade, mas a não ser que você estivesse apaixonado pelo seu dentista, você não ia chamar ninguém ali de menino). Foi ali que me aproximei de algo que só tinha visto na TV com a minha avó. Não só passei a entender que "intratável" não era uma deficiência de personalidade minha e exclusivamente minha, que aquilo era uma herança comunitária, assim como a raiva, e o riso forte dirigido a todas as coisas que deixavam a maior parte dos brancos triste; mas também fiquei sabendo sobre os Panteras Negras nesse "clube de meninos". Ouvi em aceleração máxima as palavras que estavam na minha cabeça como desejos sem palavras, como "Eu vou encher esse lombriga de porrada!".

Da primeira vez que ouvi essas palavras no centro comunitário de Seattle, ri alto. Como uma palavra podia causar tanta alegria? *Lombriga!* Aquilo me fez rir por dias. *"Eu vou encher esse lombriga de porrada!"* Eu sabia que meus pais não achariam graça se me ouvissem falar isso; me ouvir falando que eu estava prestes a *encher um lombriga de porrada* não era o que eles tinham em mente quando decidiram que Seattle seria o lugar onde eu ia encontrar homens negros que serviriam de modelo para mim. Eu era esperto o bastante para saber que aquela frase podia me fazer passar o resto do nosso verão em Seattle num centro comunitário para brancos. Mas eu não conseguia evitar. Desde o "Vai em frente, meu filho!" da minha avó eu não me sentia tão inspirado por palavras!

Eu ia para o lugar mais distante do nosso quintal para ouvir todos os modos diferentes como eu podia fazer aquelas palavras cantarem. Eu cantava aquela frase num tom grave e feliz, com a voz de barítono de Barry White. Cantava como Aretha insistindo em R-E-S-P-E-C-T. Cantava em falseto como Eddie Kendricks quebrando vidro com sua voz. Sozinho no quintal, ficava de frente para uma árvore e avisava, "Ser grande não significa nada, eu vou encher esse lombriga de porrada".

Minha mãe foi até a varanda dos fundos. Não sei há quanto tempo ela estava ali. Ela só ouviu o som da minha risada. Só viu que eu estava conversando com uma árvore. Em sua voz de sanidade mental, ela me perguntou se estava tudo bem. Ah, sim, tudo maravilha, eu disse. (*Vou dar uma surra nesse lombriguinha em forma de árvore, só isso.*) E eu tive que me controlar pra não cair na gargalhada. Feliz de te ver sorrindo, filho, ela disse antes de voltar para dentro.

Tinha um "lombriga" que não era árvore. Ele administrava o centro comunitário majoritariamente negro de Seattle. O nome dele era Reg, mas a gente raramente chamava o sujeito pelo nome (exceto quando ele estava por perto), o que fazia todo o sentido porque não estávamos falando com o nome dele. O Reg tinha a aura de um policial barbado e grande, mas em forma, que vi muitas vezes quando morei mais tarde na África do Sul; um sujeito que ia a botecos negros em Soweto e pedia cervejas africanas. Ele tinha torturado alguns daqueles caras e, depois que tudo acabou, pediu para eles virarem a carne na grelha do churrasco. Ele sentava na mesa de plástico com eles para mostrar que não havia nada pessoal no modo como torturou aqueles caras. O Reg punha o queixo para cima quando falava — fosse para elogiar os mais novos como eu ou para advertir os mais velhos. Estivesse em movimento ou parado, ele disparava respirações curtas, instintivas, entre as palavras. Andava apressado saindo do parquinho, passando pelo estacionamento e pela academia, com o sangue-frio de um homem que governa.

Começou uma briga no estacionamento debaixo de um céu sem nuvens. Eu estava dentro do centro comunitário jogando queimada quando alguém gritou, "A merda tá rolando solta!". Qual era a merda e por que ela estava rolando? Todo mundo que correu para a porta parecia saber. Eu era o único que não tinha a menor ideia. Eu sabia — *todo mundo* sabia — mais ou menos dos contornos de por que aquilo tinha acontecido.

O mundo inteiro do centro comunitário revolvia em torno das regras do Reg. O Reg decidia quem podia pegar as bolas de basquete e quem não podia. O Reg definia as atividades da semana. O Reg fazia uma anotação ao lado do teu nome se você fizesse algo que não devia ou simplesmente falasse alto demais. Três anotações e você não podia voltar por uma semana. Ele tinha dado a terceira anotação para o Luke, um menino de dezessete anos. Reg queria que o Luke saísse do centro comunitário. Até aí eu sabia porque estava lá dentro quando Reg deu a terceira anotação para o Luke. Luke se deixou ser levado até o estacionamento. Mas parou, como se tivesse mudado de ideia, e virou para entrar de novo. A mão do Reg estava no ombro do Luke, conduzindo-o para fora. Uma multidão começou a se juntar em volta dos dois. Abri caminho como um peixe pequeno em meio ao amontoado de homens-crianças que queriam ver o Luke dar porrada por eles.

"Encosta em mim de novo", ouvi Luke dizer.

Luke e Reg se encaravam de frente. Eu olhava perplexo enquanto o Reg se aproximava lentamente. O Reg era um homem de no mínimo vinte e cinco anos e parecia ter levantado pesos, enquanto o Luke tinha o corpo de um pivô pequeno de um time de ensino médio.

O Reg disse, "As regras valem para todo mundo, inclusive pra mim".

Ao que Luke respondeu, "Encosta em mim de novo, vai".

O Luke colocou a mão no bolso. A expressão de Reg indicava que ele sabia exatamente o que ia acontecer caso a mão do Luke reaparecesse e o quanto esse resultado era desejado não só pelo Luke como por todos os meninos em volta. E Reg parecia saber que sua coragem desesperada seria devorada se ele fizesse um movimento em falso. Reg encarou a gente por um momento e nunca vi ele chegar tão perto de chorar ou de pedir desculpas.

Eu sabia o quanto eu era baixinho comparado com os outros, a maioria deles, adolescentes de verdade, sendo mais velhos do que eu. Eu tinha que olhar para cima para ver quem estava falando quando alguém xingava o Reg ou dizia pro Luke partir pra cima. Pássaros metralhavam o sol como um punho de pimenta no último olho bom de Deus. Parecia que o Luke estava coçando a coxa por dentro do bolso da calça. A voz do Reg estava embargando, mas ele não conseguia parar de recitar as regras. Eu ouvi o clique da navalha de Luke antes de ver seu brilho duro e direto.

Minha mãe brincava que na parte de New Orleans onde ela cresceu você podia ser esfaqueado por causa de um pão com pasta de amendoim. Embora risse ao contar isso, o brilho nos olhos dela (e o *"com certeza"* do meu pai) me convenciam de que ela sabia o que estava falando. Eu, no entanto, nunca tinha visto alguém ser esfaqueado, nunca tinha visto alguém tirar sangue de outra pessoa por querer. (O sangue que eu tirei do Elgar Davenport foi resultado da ausência de vento e da atração da Terra, não da força das minhas intenções. A intenção clara da navalha do Luke mal lembrava a parábola casual de uma embalagem de detergente que desenhou um arco e caiu e rachou a cabeça do Elgar.)

"Já disse, encosta em mim de novo."

Alguém atrás de mim disse, "Sangra o cara".

Depois alguém à minha esquerda disse, "Sangra o cara".

Depois uma terceira voz cantou aquilo como se fosse um hino.

Reg sacudiu a cabeça, mais numa oração, parecia, do que num desafio. Ele olhou para cima, mas as nuvens tinham corrido para se esconder.

Ouvi a voz de uma mulher.

"Não! Não! Você não quer fazer isso!" Eu conhecia aquela voz. Às vezes, na igreja, se eu fechasse os olhos, ela tecia a rica urdidura dos cantos gregorianos e me alcançava no banco em que eu estava. Minha mãe tinha aberto caminho até a frente, empurrando todos nós para o lado como o vento empurra o mato alto.

"Nenhum de vocês quer fazer isso", continuava repetindo.

Ela se colocou entre o Reg e o Luke. Quer dizer, entre o Reg e a navalha do Luke.

Alguém na multidão disse, "Quem é essa mulher?". E, antes que eu pudesse escapulir de volta para o centro, uma outra voz disse, "Ah, é a mãe do Tampinha".

Ela disse para o Luke levar todo mundo pra dentro. Fiquei perplexo de ver que ele fechou a navalha e obedeceu. Aquela não foi a pior parte. A pior parte foi que ela *me* fez esperar com o lombriga no estacionamento enquanto entrava para falar com o Luke. Quando saiu, ela disse uma só palavra: "Venha".

Ela pôs o Reg no banco da frente do carro dela e me fez sentar no banco de trás. Enquanto o carro se afastava, a bochecha de Reg se contraía. O suor colava a franja dele na testa. Minha mãe perguntou em que rua ele morava e ele disse. Depois disso, ninguém falou. Deixamos ele em casa e saímos sem que eu tivesse permissão para passar para o banco da frente.

Desprezei minha mãe pelo resto do verão; e desprezei meu pai ainda mais por dizer que ela fez a coisa certa. Agora sei que ela tentou menos salvar o Reg, e mais nos salvar do breve futuro que nos esperaria se o Reg sangrasse.

Assim como ela, nós tínhamos uma vida inteira de encarceramento pela frente.

Capítulo três

Hattie McDaniel está morta

I

Essa é uma história que nunca contei antes. Nem para o meu irmão nem para as minhas irmãs. Nem mesmo para as mulheres com quem morei e casei. Quase quarenta anos se passaram antes que eu conseguisse dizer o que aconteceu com Stella, com a filha dela, Malika, e comigo.

Entrar nesse assunto, sempre pensei, só me causaria constrangimento, uma súbita necessidade de estar em outro lugar, que é a resposta natural a uma confissão. Mesmo agora, admito, a história me deixa inquieto; viver com a culpa de querer deixar tudo para trás quando achei que podia morrer. Por anos tive de viver com isso, sentir essa vergonha, tentar mantê-la longe de mim. Houve momentos em que tentei escrever sobre isso na esperança de que, por meio desse ato de memória, de colocar os acontecimentos no papel, pudesse aliviar a pressão na minha consciência.

A coragem, eu parecia pensar, vem aos revolucionários em quantidades finitas, como uma herança que você guarda, deixa render juros, e saca quando chega a hora de acertar as contas. Era uma teoria reconfortante. Oferecia esperança e graça a um tolo.

Acreditava que quando chegasse a hora do confronto eu enfrentaria o Homem como a soldada Assata Shakur do Exército de Libertação Negra enfrentou o Homem na New Jersey Turnpike quando os policiais estaduais atiraram no peito dela; que eu agiria como Jonathan P. Jackson agiu no tribunal de Marin County, na Califórnia.* Caso algum dia houvesse alguma coisa realmente importante em jogo — caso a revolução exigisse meu sacrifício — eu simplesmente acessaria um reservatório secreto de coragem que vinha se acumulando dentro de mim desde os doze anos de idade, quando li *Alma no exílio*, de Eldridge Cleaver, e quando meus professores de ginásio e ensino médio eram os duplos dos réus nos julgamentos políticos, como os Oito de Chicago e os 21 Panteras.** Stella calhou de ser um desses duplos. Ficamos juntos por quase dez anos, embora nunca tenhamos casado. Ela tinha trinta e oito anos quando nos conhecemos, eu tinha vinte e dois.

Eu achava que tudo tinha começado quando conheci Stella no final de março de 1978 uma semana depois de a Universidade de Dartmouth me mandar para casa por liderar alunos negros em uma campanha de solidariedade com as pessoas que faziam a comida e limpavam os banheiros e moravam fora da cidade. Aparentemente, alguns alunos que pertenciam a fraternidades reclamaram com a reitoria que as pessoas do Caminho dos Apalaches tinham deformidades faciais e de outros gêneros causadas por aquilo que os irmãos da fraternidade de

---

* Assata Shakur é uma integrante do Exército de Libertação Negra libertada da prisão em 1979. Ela conseguiu asilo político em Cuba. Desde sua fuga, a vida de Shakur foi contada em canções, documentários e várias obras literárias.

** Os Oito de Chicago: Oito ativistas contra a Guerra do Vietnã acusados de conspiração por atravessar limites interestaduais para incitar manifestações violentas na Convenção Nacional do Partido Democrata em Chicago. 21 Panteras: 21 membros do Capítulo do Harlem do Partido dos Panteras Negras foram acusados 156 vezes por "conspiração" para explodir o metrô e delegacias de polícia, cinco lojas de departamento locais, seis ferrovias e o Jardim Botânico de Nova York, localizado no Bronx. Em 12 de maio de 1971, eles foram absolvidos de todas as 156 acusações.

Dartmouth chamavam de consanguinidade caipira. Ver aquelas pessoas do Caminho dos Apalaches comer na mesma sala causava indigestão neles, segundo a carta. A reitoria respondeu determinando que os funcionários do Refeitório Thayer, assim como dos prédios e do terreno, deviam, daquele momento em diante, comer fora dos horários de pico e apenas em antessalas do refeitório que seriam reservadas para eles e só para eles. Fiz lobby com os cerca de trezentos alunos negros do campus. Aquele era um decreto fascista, argumentei, e precisávamos agir. Mas muitos outros disseram que os funcionários que vinham de cidadezinhas pequenas ao redor como Lebanon, em New Hampshire, e muitas cidadezinhas que só tinham duas-lojas-e-um-bar no sopé das montanhas hasteavam a bandeira dos Confederados em alguns bares, e gritavam "crioulo" quando passavam por nós dirigindo suas caminhonetes em alta velocidade. Uma vez, três de nós estávamos perdidos no interior numa época em que nem Dick Tracy tinha GPS. Passamos de carro por casas de pé-direito baixo à beira de uma estrada florestal, como palitos de fósforo espalhados pelo chão. A cada quatro ou cinco carros, havia uma carcaça enferrujada e sem rodas. Fiquei chocado pela falta de ódio nos olhos das crianças que olhavam para nós quando passávamos. Quando me virei no banco e olhei para trás, elas ainda estavam olhando, como se esperando que Deus as ajudasse a dar nome para o que elas tinham acabado de ver. No fim, a Sociedade Afro-Americana votou para dar início a uma campanha de desobediência civil com o objetivo de forçar a reitoria a revogar seu decreto. Durante a campanha, fui detido e preso. Um representante da reitoria estava à minha espera do lado de fora do tribunal de Hanover, em New Hampshire. Ele me entregou um documento de duas páginas em espaçamento simples com acusações. Eu disse que a prefeitura havia retirado todas as acusações. Ele implorou que eu lesse a carta. "Seus problemas com a Justiça acabaram. Mas seus problemas com a Universidade de Dartmouth estão só começando."

Dois anos antes, o FBI havia me rastreado em Trinidad. Como acontece com a maior parte dos arquivos de inteligência no momento em que são abertos ao público, o meu estava cheio de trechos com rasuras que lembram marcas de tiro no flanco de um veado. O nome do agente que me seguiu até Trinidad no inverno de 1976, o inverno de meu segundo ano em Dartmouth, foi rasurado. E ele ou ela nem parecia interessado no sujeito que mal tinha completado vinte anos e que estava estudando. Na Universidade das Índias Ocidentais, ele estudou teatro caribenho. Fez pesquisa de campo sobre Rada, uma grande família de loa (espíritos) na encarnação trinitária da religião africana vodu. A terceira disciplina que ele cursou foi um estudo independente projetado por ele mesmo, uma tese de cinquenta páginas sobre suas experiências como participante-pesquisador do Partido Comunista em Trinidad. O arquivo do FBI não mencionava nada disso.

Durante seu período em Trinidad, Wilderson esteve em contato com um membro do Comitê Porto-riquenho de Solidariedade em Trinidad e Tobago, e prometeu àquele indivíduo que tentaria contatos nos Estados Unidos para que aquela organização obtivesse literatura, e que tentaria obter ajuda financeira.[1]

Wilderson supostamente afirmou ser membro de um grupo revolucionário não especificado nos Estados Unidos. Ele nasceu em 11 de abril de 1956. Nos Estados Unidos, é aluno da Universidade de Dartmouth, é portador do passaporte nº F 2316717, e seu endereço postal é Hinman, Caixa 3983, Universidade de Dartmouth, em Hanover, New Hampshire 03755.

Esse relatório foi enviado da "LEGAÇÃO, CARACAS", o adido legal na Venezuela, para Clarence M. Kelley (sucessor de Hoover como diretor do FBI). De acordo com a propaganda oficial, "O adido legal do FBI trabalha com as forças legais e órgãos de segurança do país anfitrião para coordenar investigações de interesse de ambos os países. O papel dos adidos legais é sobretudo de coordenação, uma vez que eles não conduzem operações de reunião de inteligência sobre outros países nem investigações de contrainteligência."[2] Não há qualquer explicação quanto ao motivo da LEGAÇÃO do FBI na Venezuela empregar alguém de seus quadros para espionar um estudante americano; ou qual poderia ser a natureza da operação conjunta entre os EUA e o país anfitrião (Trinidad ou Venezuela?). O relatório começa dizendo, "A fonte confidencial no exterior mencionada no memorando é". A rasura tem quase duas linhas de extensão. Em outras palavras, ocultou-se mais de um nome. Ele continua: "[Lacuna] pediu para ser informado se WILDERSON no passado já havia chamado a atenção por atividades políticas extremistas nos Estados Unidos". Então, "Pede-se que o FBI e o escritório de Boston informem caso WILDERSON tenha chamado a atenção em conexão com atividades de segurança".

Essa, no entanto, *não* é a história que eu jamais consegui contar. Essa história eu vou contar para vocês agora, mas esse relatório do FBI complica a história. Ele corrompe as ligações casuais que me ajudaram a dar sentido à violência a que Stella e eu fomos submetidos, quatro anos depois de eu ter voltado de Trinidad; dois anos depois de Dartmouth ter me expulsado por liderar uma campanha de desobediência civil em nome de funcionários que eram brancos e, na opinião de nossas mentes negras e solitárias, racistas impenitentes.

O arquivo do FBI chegou enquanto eu escrevia este capítulo. Ele corrompeu a lógica causal dos acontecimentos que fazem minhas mãos tremerem enquanto rabisco essas palavras com a minha caneta. Antes da chegada do arquivo, eu achava que pelo menos seria capaz de cartografar ponto a ponto a cadeia de acontecimentos que levou Stella e eu e Malika, a filha pequena dela, a sair de nossa casa; acontecimentos que nos deixaram como única alternativa mandar Malika morar com parentes pela própria segurança; acontecimentos que levaram Stella e eu a sair do estado do Minnesota quando ficamos sem amigos e sem refúgio. O arquivo do FBI chegou quando eu finalmente estava firme em minha convicção de que os acontecimentos tinham a ver com o passado de Stella, e não com o passado dela e o meu. Cheguei a achar que um arrombamento do meu apartamento, por dois brancos que não queriam nada de valor, era um efeito colateral do processo que Stella movia contra o governo.

2

Falta um mês para eu completar vinte e quatro anos, e roubei o carro dos meus pais. Eles estão em Moscou, minha mãe e meu pai, ou em Beijing, ou talvez estejam em Bremen ou em Belize, uma turnê de dois meses estudando os perigos das clínicas de saúde mental soviéticas, três semanas em trocas de experiências com administradores chineses de educação especial, um estudo da renovação urbana alemã com a Fundação Ford, ou uma missão de resgate para estudantes americanos que usaram drogas em excesso e que estavam presos em Belize — não sei porque não moro mais com eles. Meu irmão de catorze anos me deu os detalhes, mas a única coisa que registrei foi o fato de que o carro deles estaria na garagem. Dois anos antes, em março de 1978, eu fui, como mencionei, expulso de Dartmouth por liderar um ato de desobediência civil. Era o final do trimestre de inverno do meu último ano de graduação e faltavam três disciplinas para que eu me formasse.

Para Stella ou qualquer um que perguntasse, eu usava o "suspenso por tempo indefinido da Universidade de Dartmouth" como uma medalha de combate. Mas ninguém sabe quanto chorei naquele ônibus de volta para Minneapolis. Antes de deixar a sala do tribunal, com um documento que me dava quarenta e oito horas para fazer as malas e partir de Hanover, o presidente do comitê, um representante da reitoria, reconheceu que a punição era dura, mas, ele explicou, uma equipe de psicólogos vinha me avaliando desde que cheguei a Dartmouth. Eu tive quatro anos, concluíram esses fantasmas da terapia que jamais se encontraram comigo, para "inculcar o *esprit de corps* de uma instituição da Ivy League" — as exatas palavras do representante da reitoria e, sem dúvida, dos psicólogos. Durante quatro anos estive sob tratamento psiquiátrico sem jamais ter encontrado as pessoas que me tratavam. Nisso eles estavam em pé de igualdade com o sujeito do FBI que foi atrás de mim em Trinidad e mandou relatórios para Boston e Caracas; o dia inteiro, a noite toda, anjos cuidando de mim.

3

Stella já não era a mulher de nove anos antes, quando a vi no Arsenal do campus da Universidade do Minnesota. Eu tinha quase quinze; ela tinha completado trinta e um três meses antes. Era março de 1971, o mesmo mês e o mesmo ano do arrombamento do escritório do FBI em Media, na Pensilvânia, que em breve iria revelar o Cointelpro.[3] Naquela manhã, William Calley foi condenado pelo massacre de quase quinhentos civis vietnamitas pela Companhia C, num vilarejo chamado My Lai. Stella estava pensando no massacre enquanto ficava ao lado de um ônibus e dizia a recrutas ansiosos que eles voltariam do Vietnã vestindo a manga dobrada de um garoto de um braço só. Richard Nixon, num gesto tranquilizador, falou no rádio: "Os soldados americanos agora estão em posição defensiva... As atividades ofensivas de busca e destruição agora são realizadas pelos vietnamitas do Sul". O bombardeio do Camboja estava ainda em curso e eu roubava produtos na Dinkytown a duas quadras do campus da Universidade do Minnesota.

A frente fria tinha se desfeito rápido e as temperaturas subiram de 10°C para 20°C. Não havia neve nem lama nas calçadas. Meu amigo Robert Stevenson Stone e eu roubávamos álbuns de rock e vendíamos baratinho para os hippies. Com a calçada seca dava para ganhar de qualquer caixa de Dinkytown na corrida.

Os *E Pluribis Funk* do Grand Funk Railroad, eu lembro, eram totalmente redondos e cobertos com um filme prateado para lembrar uma imensa moeda. A parte de trás da capa desse álbum tinha uma foto do Shea Stadium, para celebrar o fato de que o Grand Funk Railroad quebrou o recorde de público dos Beatles no estádio ao esgotar os ingressos em apenas setenta e duas horas.

Roubei três deles de uma loja de discos em Dinkytown, perto de um café onde Bob Dylan costumava tocar. Dinkytown não era uma cidade nem um bairro, eram meras duas quadras de lojas e lanchonetes perto da Universidade do Minnesota. Nossa escola de ensino médio era composta de dois prédios, um em cada extremo de Dinkytown. Escondido atrás do portão principal da universidade ficava Pike Hall, que serviu como escola experimental da universidade para os filhos dos professores. No outro extremo de Dinkytown ficava um prédio de tijolos pouco inspirado, que tinha sido a Escola Pública de Ensino Médio Marshall para garotos brancos da classe operária. As duas escolas se fundiram em 1968 num experimento social financiado, em grande parte, pelos recursos das iniciativas da Grande Sociedade de Lyndon Johnson. Os filhos dos mandarins liberais tiveram de se misturar com os filhos dos operários do moinho de trigo e da ferrovia e, para dar integridade demográfica ao experimento, nativos americanos eram levados de ônibus da zona sul e negros da zona norte, representando quatro por cento e nove ou dez por cento, respectivamente.

A caminho da loja de discos, onde os álbuns esperavam por nossas mãos leves, eu andava por Dinkytown com o rosto triunfalmente virado para o primeiro genuíno calor do sol.

Bob Stone era comprido e magro, uma espécie de Al Green sobre palafitas. Nós tínhamos a mesma altura quando começamos o nono ano, mas nas férias de Natal ele cresceu como uma planta em *time-lapse*. Eu tinha inveja da altura dele, por isso dizia a mim mesmo que eu tinha algo melhor, uma jaqueta de beisebol com barras de ouro e estrelas de feltro pelos meus *três* esportes — futebol americano, salto de esqui e atletismo — sendo que Bob não participava de nenhum deles porque, embora corresse bem, não era atlético. Disse ao Bob para pegar apenas os álbuns do *E Plurbis Funk*. Ele disse que dava para conseguir mais dinheiro com LPs do Hendrix. "O *Band of Gypsies* não vai caber debaixo da tua camiseta", protestei. Mas o Bob não quis saber. Ele quase fez a gente ser pego.

Sempre entrávamos separados na loja de discos, e cada um tinha distrações inerentes para oferecer. Os funcionários olhavam para cima e viam meu rosto negro. Eu não precisava olhar para eles para sentir o modo como seus olhos se fechavam no meu rosto e no meu cabelo. Um momento depois, dava para sentir o olhar deles se assentar serenamente na minha jaqueta de beisebol. *Os esportes o mantêm longe de confusão.* O Bob não tinha a mesma sorte. Ele morava num conjunto habitacional e não tinha um esporte. Já eu morava numa mansão e tinha um esporte para cada estação. Por isso ele não tinha uma jaqueta de beisebol e a japona que a mãe lhe dera não era substituída desde o sétimo ano e parecia uma camiseta de nylon.

Ele entrou primeiro. Eu normalmente era o segundo. Da janela da rua eu via o funcionário observando cada movimento do Bob. Quando eu chegava, ele se concentrava em mim. Enquanto ele decidia se eu era um bom negro, ou só um negro, o Bob fazia seu primeiro movimento e enfiava um ou dois discos debaixo da japona. Vi Stella pela primeira vez no mesmo dia em que Bob saiu do roteiro e, em vez do Grand Funk Railroad, pegou Jimi Hendrix.

Nós estávamos na loja fazia cinco ou seis minutos. O funcionário voltou a ler a *Ramparts*, aquela revista contracultural de esquerda da época, e olhava para cima de vez em quando para ver o Bob, que estava de costas para ele, mexendo numa seção de álbuns na parte mais distante da loja. Eu estava com três *E Plurbis Funk* contra as minhas costelas e ainda tinha espaço para mais dois. Andei até o balcão para comprar papel de enrolar cigarros torcendo para o Bob conseguir dar o fora enquanto eu pagava. Mas o carinha no caixa era multitarefa. Ele contou meu troco com um olho e espiou por cima do ombro com o outro.

Teria sido divertido não fosse pelos peitos pontudos aparecendo debaixo da japona do Bob — peitos que ele não tinha quando entrou. "Cuida do balcão!", o sujeito me disse enquanto corria atrás do Bob na saída da loja e quadra abaixo na direção do campus.

O caixa com longos cabelos cor de linho voltou arfando e suado, as bochechas da cor de flamingos.

"Você conhece ele?"

Fiz que não com a cabeça.

"Afanar as coisas não é bacana, mano. Nós somos todos uma só tribo", o funcionário me disse. E me agradeceu por cuidar do caixa.

Bob e eu nos encontramos seis quadras adiante no arsenal do serviço de treinamento militar que ficava dentro do campus, uma fortaleza de arenito com plataformas em cada uma das extremidades que pareciam torres de um jogo de xadrez. Três ônibus fretados estavam virados para sudeste na avenida da Universidade em frente ao arsenal. Cinco homens brancos e três mulheres brancas estavam sentados na rua, de costas para o para-choque do primeiro ônibus. Eles fumavam cigarros e estavam com dois dedos para cima no ar. Uma multidão se reuniu ao longo das laterais dos ônibus. O Bob disse que a gente devia se livrar do material antes que os porcos aparecessem para explorar. *"Pega a grana deles, cara,* antes que tenham a cabeça rachada."* Monóxido de carbono saía do silencioso escapamento de um dos ônibus em ponto morto. Uma fila de recrutas estava nos degraus do arsenal e a multidão de manifestantes começou a cantar sob um céu cor de salmão.

Era difícil não perceber Stella. Não havia muitos homens negros entre os manifestantes e ela era a única mulher negra. Estava na frente e abaixo dos degraus, perto dos ônibus. Os recrutas estavam todos no pé da escadaria agora. Bob e eu subimos os degraus e olhamos para baixo. Era o lugar perfeito para estar caso os meganhas aparecessem com seus cassetetes. Eles iam rachar a cabeça dos manifestantes perto dos ônibus, não as nossas, desde que ficássemos num lugar mais alto. "Eu não vou, não sou palhaço, não vou lutar pela Texaco!", gritava a multidão. Não a Stella. Ela falava com cada recruta *individualmente,* quando eles entravam no ônibus. Perguntava se eles tinham alguma pessoa querida que ela pudesse contatar caso eles morressem. Ela disse a um outro recruta, "As pessoas que você matar lá vão ficar para sempre na sua cabeça". Um vento ameno roçava as árvores; um par de alto-falantes Bose 901 grandes na janela da casa do outro lado da rua, que abrigava uma fraternidade, tocava "The Weight (Take a

Load off, Fannie)". A voz do cantor era aguda como a de uma gata selvagem no cio, firme como a de um pregador do Sul, exaurida como a de um soldado rebelde voltando para Turkey Scratch, Arkansas; um agricultor sujo no fim de um dia de trabalho. A pipa musical assoviava sobre a multidão de manifestantes e sobre a fila de rostos jovens e vazios que entravam no ônibus. Stella mostrava para eles uma foto da *Life* do tenente Calley enquanto eles passavam por ela. Achei que ela era à prova de balas.

"Você é melhor do que isso", ela dizia para eles.

Um sargento arrancou a foto das mãos de Stella e rasgou em pedacinhos.

"Diga para eles", ela falou, apontando para os homens que olhavam pela janela. "Se vire e diga para eles que vão voltar mentalmente sãos, que vão voltar com braços e pernas."

Bob estava do meu lado no último degrau do arsenal. Ele percebeu como eu estava impressionado com ela.

"Ela é mulher demais pra você", Bob disse.

"Você tá falando merda."

"E olha como ela está se exibindo praqueles hippies."

"Eles não são hippies. São da SDS — olha, cara, tem uns professores nossos ali." Nós estudávamos numa escola laboratório, um prédio ficava no campus e o outro prédio ficava na extremidade oposta de Dinkytown. Alguns de nossos professores eram pós-graduandos em busca de um doutorado em pedagogia. "A Nova Esquerda e os hippies estão em lados opostos. Você por acaso *lê* as revistas *Ramparts* que eu te dou?"

"Pra mim são todos uns brancos que não tomam banho. E ela está fazendo o jogo deles."

Tirei os três álbuns debaixo da minha jaqueta e disse, "*Nós* estamos fazendo o jogo dos brancos que não tomam banho, não?"

"A gente está sendo pago. Ela está sendo usada."

"A guerra não é uma questão racial. É uma questão de classe. Afeta todos nós."

"Só estou dizendo que eu conheço o tipo."

"E que tipo é esse?"

"O tipo que gosta de meninos brancos. Não que isso importe pra você; o jeito que você subiu."

"Como foi que eu 'subi'?"

"Esquece, Frank."

"Não, diz aí. E afinal, como é que é: ela é mulher demais pra mim ou nós dois estamos tentando impressionar os brancos?"

"Vai nessa, Frank. Ela podia botar você para arrotar de noite antes de você ir dormir."

Na verdade, Stella, durante meus anos de ensino médio e faculdade, trabalhou como enfermeira até ter um problema nas costas. Ela nunca conseguiu se curar completamente a ponto de voltar a trabalhar como enfermeira, por isso foi trabalhar na parte burocrática da faculdade de pedagogia, onde meu pai era coordenador durante a Guerra do Vietnã. Ela era responsável pela colocação e pelo atendimento dos alunos de pós-graduação que trabalhavam como professores na escola de ensino médio experimental ("laboratório") que o Bob e eu frequentávamos no campus. Mas em 1978, quando nos tornamos amantes, ela trabalhava como assistente numa escola fundamental e recebia auxílio do governo para complementar a receita.

Depois daquele primeiro encontro (ou melhor, *visão*) no arsenal, só nos encontraríamos após sete anos. E os sete anos entre os quinze e os vinte e dois foram mais longos na minha cabeça do que os sete anos que ela viajou entre os trinta e um e os trinta e oito; o que significa dizer que menos tempo e uma quantidade menor de memórias havia se passado naqueles sete anos para Stella do que para mim. Eu tinha passado do nono ano para o último ano da faculdade. Ao contrário de mim, ela cresceu naquele período, mas não no sentido físico. Por isso, quando ela me viu em uma sala da biblioteca perto da casa dela, com calças cáqui desbotadas enfiadas para dentro de um par de botas, um casacão do exército jogado em cima da cadeira que eu não estava usando, e meu cabelo em tranças paralelas ao longo da cabeça, ela me reconheceu imediatamente. Mas eu não sabia onde tinha visto antes aquela bela mulher e a filha dela de olhos grandes. No dia seguinte, peguei carona de Minneapolis para Columbus, em Ohio. Um mês depois, voltei para Minneapolis e procurei Stella. No fim do verão, estávamos apaixonados.

Nós fazíamos suflês na frigideira grande de ferro dela. De noite, depois do jantar, quando sua filha, Malika, ia dormir, sentávamos na varanda e víamos o sol ficar vermelho, e eu lia para ela trechos de um romance que estava escrevendo ou ela me ensinava a ouvir Miles. "As pausas longas entre as notas", Stella dizia, por baixo da música. "Miles fazia do silêncio parte da música dele. Pequenos trechos de intenção sem som", ela dizia. Ela fazia eu me sentir suficientemente à vontade para ler minha prosa juvenil para ela. Fechava os olhos enquanto ouvia.

"Tanta tristeza na tua voz", dizia. "Você é o príncipe da escuridão. Você nasceu numa quarta-feira. Acertei?" Dois raios prateados se fixaram na parte da frente do cabelo natural dela como suaves fagulhas de relâmpagos subindo acima de seus olhos. Cabeças se viravam para vê-la quando ela entrava em algum lugar; e eu sentia uma onda de masculinidade quando os olhos passavam dela para mim. É isso aí, pessoal, ela está *comigo*. De longe, as pessoas no campus confundiam Stella com Angela Davis, e eu me sentia homenageado como por osmose. Mas ainda que a miragem derretesse, eles bebiam da beleza singular dela, pois mesmo com sandálias de couro era alta para uma mulher; ela não passava pó no rosto nem batom nos lábios. Devia sua pele sem falhas ao fato de se alimentar organicamente muito antes de isso ser moda e de não querer nada com açúcar. Quando vi pela primeira vez aqueles dois relâmpagos no cabelo dela, achei que ela seria capaz de dominar o mundo. Algumas pessoas diziam que ela era encrenqueira. Eu enxergava uma mulher negra que sabia defender a si e a qualquer outra pessoa que fosse vítima de abuso.

Quando sentava na cadeira da varanda e via as pessoas passarem pelo pátio do complexo de apartamentos onde ela morava, Stella "fumava" um cachimbo de sabugo de milho sem acender, como meu pai fazia quando eu era menino. E aquele cachimbo era igualzinho ao que vi minha bisavó fumar quando tinha doze anos de idade, na única vez em que me encontrei com ela. Na verdade, a Stella tinha a mesma fissura acima do nariz que vejo na minha vó Harper quando me lembro dela. Uma marca que esculpia o olhar das duas mulheres. Stella levava sua flauta para ir ouvir Frank Wess tocar, muito tempo depois de ele sair da banda de Count Basie. O bar era pequeno e metade das pessoas não ouvia a música; quando a banda fez um intervalo, Stella me levou para o palco e me apresentou para ele. Depois ela pegou a flauta e Wess improvisou com ela por um instante. Nem ferrando eu ia voltar para Dartmouth.

Ela viu como eu estava deprimido por ser expulso da faculdade. Quanto mais eu fazia pose de indiferença, mais sísmicas eram minhas mudanças de humor. Eu podia estar num cômodo com Malika e Stella e ficar cinco minutos sem dizer uma palavra, embora as palavras se agitassem na minha cabeça, altas como sirenes de nevoeiro. Stella não só foi enfermeira como era nutricionista autodidata. Ela foi a primeira pessoa a me dizer como era possível curar câncer por meio de dieta (algo que eu soube, anos mais tarde, se chamar Método Gerson).[4] Ela e a Malika raramente comiam carne e muito pouco frango. Não me lembro de uma refeição frita; e lugares como McDonald's, White Castle e Burger King (onde eu tinha trabalhado em Dinkytown da primeira vez em que pus os olhos nela) eram proibidos. Eu comia uma boa quantidade de barras de chocolate em 1978, quando começamos a ficar juntos. Ela me deixava desconfortável, o modo como me observava e dizia, "O funeral é teu", dando de ombros. Quando finalmente fui morar com ela, arrancava uma barra de minha mão e dizia, "Vamos ver com o que esses *crimnosos* estão te envenenando", transformando uma palavra de quatro sílabas em três. Então, enquanto eu olhava desamparado pela perda, Stella lia em voz alta os produtos químicos impronunciáveis colocados na barra pela Mars, Incorporated, uma empresa que eu, mesmo como jovem comunista, via como minha amiga que só queria que eu desfrutasse de um delicioso torrone coberto com caramelo e amendoins envolto por um chocolate ao leite de dar água na boca. Jamais tinha me ocorrido ler os ingredientes, e eu não teria pensado neles como "venenos". Mas a Stella insistia que o xarope de milho com alta frutose e os flavorizantes artificiais contribuíam bastante para minhas mudanças de humor e para a minha depressão. No dia de Ano-Novo de 1979, ela fez um acordo comigo. Eu abriria mão das minhas barras Mars, dos Snickers e dos Three Musketeers por seis semanas. Ela também queria que eu fosse um sabujo de rótulos junto com ela no mercado; o que ela queria dizer com isso era que leríamos os rótulos de tudo que cogitássemos comprar, desde cereais até ketchup, e que íamos descartar os produtos que tivessem mais de sete gramas de açúcar processado ou xarope de milho com alta frutose. Se, depois de seis semanas, eu não sentisse a névoa sumir do meu cérebro, se minhas mudanças de ânimo continuassem como antes, eu podia voltar aos meus hábitos temerários de sempre. Desnecessário dizer que a aposta da Stella funcionou. Eu tinha o tipo de clareza mental que não havia conhecido nas minhas duas décadas e pouco sobre este planeta. Muitas vezes me pergunto como eu poderia ter enfrentado a tempestade na Escola Elementar Kenwood caso soubesse sobre o açúcar quando menino. O que ela queria de mim não era mera abstinência. Ao longo daquelas seis semanas nós lemos *Sugar Blues*, de William Dufty, um livro que afirma que o açúcar chegou a ser a cocaína do mundo Ocidental, e que continua sendo tão debilitante e viciante quanto a nicotina.

No inverno fazíamos café no fogão em uma panela com água e quatro colheres de sopa de bom café moído flutuando na superfície. Se ficássemos conversando na mesa sem prestar atenção, quase deixávamos ferver. Bastava que ele *quase* fervesse para evitar que seu rico sabor tostado ficasse amargo. No ano em que decidi que jamais voltaria a Dartmouth, morávamos a cinco quadras do campus. A guerra do Vietnã tinha acabado três anos antes, e o campus não absolutamente se parecia com o lugar que conheci no ensino médio. Quando Saigon caiu em 1975, a atmosfera de justa indignação que deixara o ar mais denso se rarefez. Isso me deixava melancólico e tornava Stella obsoleta. Ficaram no passado as barricadas incandescentes que cortavam a avenida Washington, a artéria da universidade isolando o campus do centro de Minneapolis. Ficaram no passado as vozes com as listas de demandas que ocuparam as janelas do Morrill Hall. Ficaram no passado as palestras dadas das janelas quando as aulas e os seminários eram sequestrados para "discussões" anti-imperialistas. Tudo isso foi um breve momento em que o mundo era refeito, e Stella podia chegar, sem ser anunciada, e podia subir e ser aplaudida antes mesmo de falar. Mas esse momento acabou. A Esquerda Branca a roubara enquanto a lambia no rosto. "Um, dois, três mini-Vietnãs", ela dizia rindo. "Não tinha a ver com o Vietnã. Tinha a ver com as merdas que eles não resolveram em casa. Agora eles querem ir para casa. É isso que você pode fazer se você é branco neste país. Você pode ser turista no seu próprio filme." Stella não estava errada. Fugitivos do Weather Underground chegavam a se entregar para a polícia e conseguiam acordos inéditos com os procuradores, enquanto membros do Exército de Libertação Negra continuavam caçados e torturados se e quando fossem capturados. Em um distrito tranquilo de Nova York, fugitivos do Weather Underground cometeram o erro inconveniente de tentar se entregar numa tarde de sexta-feira; disseram para eles voltarem na segunda para se entregar. "Imagine", disse a Stella, "se fôssemos você e eu nos entregando. *Dane-se* que era sexta-feira. Eles iam ficar até tarde, não para fichar a gente, mas para bater na gente; e quando terminassem iam estar tão felizes que esqueceriam de anotar a hora extra."

Uma noite na cama, eu disse que as duas faixas de prata no cabelo dela eram bonitas, mas comentei que uma mulher com trinta e tantos anos era nova demais para ter cabelo grisalho. Aconteceu alguma coisa com você, perguntei, alguma coisa traumática? Queria que ela confiasse em mim do mesmo modo que eu confiava nela.

"Estresse", ela disse. Depois ela se virou e foi dormir.

Stella me mostrou os livros de Toni Morrison e Alice Walker. Juntos descobrimos Fuentes, Amado e García Márquez. E embora ela fosse quase uma geração mais velha e tenha crescido no Sul, enquanto eu nasci no Sul mas cresci em Minnesota, tínhamos o mesmo modo de estar nos nossos corpos, as mesmas tonalidades nas nossas vozes quando estávamos com nossos amigos brancos. Nós dois sabíamos deixá-los à vontade. Nossas palavras saíam sem esforço e eram bem escolhidas. Eles nos diziam (não com palavras) como se sentiam autênticos conosco; como iam se levar a sério a partir de agora. O jazz era sempre suave quando eles iam à nossa casa. Com nossos amigos negros falávamos como os brancos podem ser um fardo incômodo. Mas essa dualidade tinha limites. Fazer com que nossos amigos brancos se sentissem seguros na nossa presença os levava a pensar que de algum modo nós éramos mais evoluídos do que os negros que eles viam incendiando as cidades na década de 1960.

A partir de 1978 e até o momento em que fugimos de nosso apartamento na primavera de 1980, arrastamos caixas de maçãs e produtos orgânicos com nossos amigos brancos na Wedge, a primeira cooperativa da cidade, com seus pisos sem acabamento e as caixas fedidas de aveia, sementes de chia, amêndoas cruas e milhete moído a granel. Eles se sentiam em casa quando estavam conosco, uma sensação de acolhimento que jamais poderiam ter (mesmo que ela lhes fosse oferecida) no bairro negro na parte mais ao norte da cidade. Nossa casa era o térreo de um duplex no centro de um pátio circundado por um semicírculo de decrépitos apartamentos grosseiros a apenas cinco quadras do campus. Existe algo numa comunidade de um campus universitário que faz você ter a sensação de que nada catastrófico pode acontecer com você lá; é como se o mundo de verdade começasse na fronteira do campus. Nada de operários com marmitas descendo cansados do ônibus, nenhuma banheira estacionada em fila dupla no bulevar, nada de chapéus e sobretudos sobre o braço em boates subterrâneas, nenhuma explosão sonora na rua que faça parar o coração. Visitar nossa casa, menos do que causar tensão a eles, era uma possibilidade de acrescentar ornamentos de lugares distantes a suas prateleiras. E eles saíam com a sensação de ter marchado em Selma ou de ter arremessado tijolos durante os tumultos da região norte da cidade.

Mas isso não bastava para Josephine, que trabalhava com fusão e lixo nuclear em um laboratório na universidade. Há muito tempo esqueci se ela era parte do corpo docente ou se trabalhava como técnica. Essa amnésia me manteve são por quase quarenta anos.

Ela morava acima de nós. Antes de eu aparecer, Josephine e Stella tinham problemas — principalmente a discordância quanto à ética e à segurança da energia nuclear. O acidente de Three Mile Island acontecera em 28 de março de 1979, menos de seis meses antes de eu passar a fazer parte da vida da Stella e — por extensão — da vida de Josephine. Mas os debates acalorados delas sobre esse tema, e mesmo a mudança de rotina de Stella quando nos tornamos amantes, não foram a verdadeira causa do desastre entre essas duas mulheres. Stella estava simplesmente cansada de fazer o papel de Hattie McDaniel para essa Vivien Leigh. "Eu cuidei dela quando passou por relacionamentos malsucedidos; mas ela nunca pareceu se importar com o que eu estava passando." Parecia que Josephine pensava que a parte térrea da casa era uma simples extensão do andar de cima, onde ela morava. Não eram as visitas inesperadas que irritavam Stella (e eu) mas o modo como Josephine se ofendia quando Stella pedia que ela batesse na porta antes de entrar, ou para ligar primeiro quando "o Frank estiver aqui". Quando ela ouvia essas palavras, dava para ajustar a hora pelo relógio de sol em que o rosto dela se transformava: Culpa. Ressentimento. Agressão.

Malika, Stella e eu estávamos nos fundos da casa jantando na mesa da cozinha. Ouvimos a porta da frente abrir e fechar. Josephine apareceu na porta da cozinha com ramalhetes de lilases em uma cesta de palha. Ela tinha colhido as flores no pátio, só para nós. Sem dúvida, na cabeça dela, as flores compensavam a violação de nosso espaço. Mas, em retrospectiva, só o que eu vejo no modo como Josephine tratava Stella é a extensão da prerrogativa do dono de escravos. Tem uma cena no filme *12 anos de escravidão* em que o senhor de escravos, Edwin Epps, entra abruptamente na cabana dos escravizados enquanto eles estão dormindo. Ele dança no meio do alojamento onde dormem e dá ordem para que eles se levantem e façam "folguedos" com ele na casa-grande. Levei quarenta anos para compreender que nem ele nem Josephine tinham violado o espaço de alguém. A cabana onde eles dormiam pertencia a ele do mesmo modo que a carne deles lhe pertencia. O regime de violência que os tornava propriedades dele e próteses de seu desejo impossibilitava que aquilo que fez fosse visto como uma violência. Isso equivale a dizer que eu estava errado ao pensar que Josephine fez algo errado.

A certa altura da história, os escravizados da Costa Leste passaram a acreditar na elasticidade da acumulação e na fungibilidade; em outras palavras, os escravizados da Costa Leste *não* eram afropessimistas, uma vez que não se viam, primariamente, como o objeto do cativeiro; em vez disso, eles se viam como sujeitos da hiperexploração; e, assim como eu e Stella em 1980, os escravizados do fim do século XVIII e do século XIX na Costa Leste podiam ter imaginado que o lugar onde moravam era a casa deles — e não a casa que desde sempre e para sempre pertence a Josephine e a sua raça. Eles estavam destinados a um despertar traumático quando, a partir de 1808:

> O movimento rumo a Oeste da cultura de *plantation* [em direção à Geórgia, ao Alabama, ao Mississippi e à Louisiana] — fosse ele movido por proprietários individuais que acompanhavam seus escravos ou por mercadores profissionais de escravos — dilacerou aquela sociedade, exilando centenas de milhares de sua terra natal e traumatizando os que permaneceram. Famílias e por muitas vezes comunidades inteiras se dissolveram sob a pressão dessa Segunda Grande Migração.[5]

Em resumo, Josephine estava *libidinalmente* dentro de seus "direitos" no dia em que irrompeu apartamento adentro enquanto jantávamos.

Com todo o equilíbrio que conseguiu manter, Stella agradeceu a Josephine e disse que as duas deviam se encontrar no dia seguinte para um café.

"Achei que tinha dito que você e o Frank estavam ocupados amanhã, mãe."

Stella olhou para a filha como para dizer, Não vamos falar disso agora. Josephine não estava com ânimo para ser discreta. Na verdade, o equilíbrio de Stella irritou Josephine mais do que se ela tivesse surtado.

"Por que um café assim de repente?", Josephine disse.

"Para falar sobre limites."

"Achei que você era feminista", ela disse para Stella, enquanto se virava para ir embora.

Por quase quarenta anos, imaginei como essa cena se desenrolava na cabeça de Malika, aos doze anos. Nós nem sempre éramos os melhores pais, Stella e eu. Nós nunca conversávamos com Malika depois desses confrontos tensos com alguém como Josephine. Isso não é totalmente verdade. A Stella sempre explicava para ela a natureza do racismo que estava por trás das coisas, a violência monstruosa que se abrigava no terreno das microagressões. Mas — e isso é algo de que me arrependo de todo coração — nunca lhe perguntávamos como ela processava emocionalmente esses espetáculos. Não sabíamos como ela tinha sido ferida, assim como eu não tinha ideia quando menino de como as palavras da sra. Davenport me afetariam mais tarde.

Desnecessário dizer, o fato de que eu tinha apenas onze anos a mais do que Malika não ajudava na nossa relação. Ela e eu tivemos problemas para nos adaptar um ao outro. Em mais de uma ocasião ela me disse, "Você não é meu pai". Naquela idade, ela já tinha muita coisa com que se confrontar. O pai biológico dela era judeu, e embora parecesse que tinha abandonado a menina, emocional e financeiramente, e embora a família dele o tivesse renegado e deserdado (até que ele se divorciasse de Stella), ela carregava em si o conjunto de dilemas que parece afligir as crianças miscigenadas no caminho para a vida adulta — um receio de escorregar para a escuridão de seu lado negro sem jamais ascender à luz da redenção branca. E, de minha parte, eu me ressentia do fato de que ela tinha nascido com essa crise e eu não; uma crise em que eu, como pessoa de pele escura sem nada de branco em meus traços, era a imagem viva do inferno a que ela podia descer.

Stella me disse quanto tinha se esforçado para ensinar a filha sobre nossa cultura e sobre os flagelos que tínhamos enfrentado pelos direitos que a maior parte das pessoas nem sabe que tem. Mas isso tudo está indo embora ela disse, chorando, quanto mais tempo eu fico aqui, mais isso vai embora.

À medida que o tempo passava, vi outras coisas: como a respiração dela acelerava, como se ela tivesse sentido um súbito aperto no peito, quando ela falava dos Urban Risers, um dos programas da Grande Sociedade de Lyndon Johnson, e do processo que ela estava movendo contra o programa. Ela disse ter provas de fraude, documentos jurídicos e fitas de encontros do conselho gestor que ela mesma havia gravado.

"Você está me dizendo que o governo federal ou alguém no HEW* sabia disso tudo?", perguntei.

Minha intenção era que isso fosse uma pergunta. Ela encarou como um desafio. "Você pode perguntar para o meu advogado, Noam Davidov", ela disse, "se não acredita em mim."

"Você fala como se estivesse acostumada a não acreditarem em você."

"Eu sou uma mulher *negra*. Você mora em Marte?"

Noam Davidov foi à nossa casa e disse que depois de anos de disputa com o governo federal tinha conseguido uma audiência judicial para ela, em 13 de novembro de 1980 — menos

---

* Saúde, Educação e Bem-Estar Social [também conhecido como HEW, na sigla em inglês] foi um departamento com status ministerial do governo americano entre 1953 e 1979.

de um ano a partir dali. Também disse não contar com os recursos — lembro perfeitamente que ele usou a palavra "recursos" — para ajudá-la. Depois olhou para mim e disse, "Nem você, até nós irmos ao tribunal". O que ele queria dizer não era "ajudar", era "proteger", e aparentemente "recurso" queria dizer proteção. Foi aí que entendi a gravidade do processo de Stella. Os membros do conselho gestor do Urban Risers que ela acusava de corrupção e talvez até gente no governo que interferia em nome deles ou que fazia vistas grossas não tinham como deixar que as gravações e os documentos que Stella tinha reunido se tornassem públicos.

Os cabelos de Noam eram cacheados, como os de Abbie Hoffman. Ele era um advogado que defendia causas sociais; era nítido que ele recebia mais gratidão do que dinheiro, com seu veludo marrom, a gravata desatada e a capa de chuva desbotada trazida da guerra.

No início da década de 1970, Noam Davidov trabalhou com o advogado radical William Kunstler, assim como Mark Lane, e um grupo de pesquisadores para representar os réus do Movimento Indígena Americano no julgamento de Wounded Knee.* Eu não conhecia Stella na época, mas Stella e Noam foram amantes, e ela compareceu a todas as sessões do julgamento. Na porta da frente, ela ajeitou a gola da capa de chuva rota dele. Assim, um ciúme metálico e lento começou a se formar na minha mente. Ela e Noam tinham em comum uma história marcada por vitórias, como o veredito a favor dos réus nativos americanos que Noam ajudou a garantir. Ela e eu não tínhamos história nenhuma; e a história que estávamos construindo, eu receava (um receio que me subjuga até hoje), se desenvolvia como uma história que eu jamais ia querer contar. Queria ter ido até a cozinha

* O advogado Mark Lane entrou para a equipe jurídica de Kunstler em 1974.

ou virado a cabeça para tossir — voltar no tempo e orquestrar uma distração aleatória que me impedisse de ver os dedos dela ajeitarem a gola dele. Eu queria sair, mas com a mesma força, queria ficar. Eu acreditava que ele, não eu, tinha as credenciais para dizer a ela que aceitasse um acordo e não deixasse o caso ir a julgamento. Por mais que meu coração ficasse apertado de ver os dois conversarem tão à vontade, mesmo quando discordavam, por mais que eu quisesse que aquilo acabasse, era nítido que se alguém podia fazer Stella mudar de ideia era Noam, não eu.

Ele deixou claro que o governo aceitaria um acordo extrajudicial com Stella. Noam tinha certeza absoluta de que Stella receberia 100 mil dólares. Ela teria de entregar todas as fitas das gravações secretas que fez quando foi empregada do Urban Risers. Teria de abrir mão dos documentos financeiros que fotocopiou para comprovar a corrupção, e dos áudios secretos que fez das reuniões do Urban Risers que poderiam incriminar Kapalei Kenyatta, que tinha sido diretor do Urban Risers, ou empregados do governo federal com quem Kapalei Kenyatta tivesse trabalhado. Tudo isso seria sigiloso.

"Tem mais uma coisa. Você vai ter de assinar um acordo de confidencialidade dando a sua palavra que não vai falar do caso. *Nunca*", ele enfatizou. "Se você falar disso depois de receber o pagamento, eles vão atrás de você."

"E se eu não fizer um acordo?"

"Aí você vai para o julgamento em novembro, uma semana depois da eleição presidencial [de 1980]. Como seu advogado, eu devo aconselhar..."

Stella zombou.

"Eu esperei *anos*. Consigo esperar onze meses."

"Tire uns dias para pensar nisso."

"Você não ia fazer um acordo se estivesse no meu lugar, ia? Você nunca fez acordo com o governo."

"Eu nunca fui o litigante. E eu não sou uma mãe solteira com desafios financeiros."

"Pode dizer 'assistência social', Noam, são só duas palavras."

"Você esqueceu todas as pessoas que foram assassinadas a mando do governo durante o caso de Wounded Knee?" Então Noam se virou para mim. "O que você acha?"

"Você não respondeu minha pergunta", Stella disse antes que eu pudesse falar.

"Você pode começar uma vida nova com esse dinheiro!"

"Disse ele, ainda sem responder a minha pergunta", Stella rebateu.

"Um julgamento poderia revelar a conexão de Kapalei Kenyatta com autoridades do governo que não poderiam se deixar associar a alguém como ele. Se você conseguir chegar ao tribunal…"

"*Se* eu conseguir chegar ao tribunal?"

Vi esses dois ex-amantes falarem sobre a morte como se fossem a heroína e o herói de um filme *noir* clássico avaliando suas opções contra a máfia. Mas à medida que a conversa se desenrolava e Stella seguia recusando o acordo, eu sabia que aquilo não era um filme e que eu não era um espectador.

"Se eu fizer um acordo extrajudicial", Stella disse, enquanto Noam deixava a xícara de chá na mesinha da sala de estar e se inclinava para frente na poltrona, "nunca vou saber quem está por trás disso. Se um dia isso chegar aos jornais (e você basicamente está me dizendo que isso não vai acontecer porque o dinheiro compra o meu silêncio), pelos indícios que temos até agora, eles vão dizer que esse é mais um exemplo do tipo de gangsterismo e negócio escuso que as pessoas associam com o gueto do norte de Minneapolis, mas não à 3M em Maplewood ou aos bancos regionais do centro da cidade, ou aos negócios das Pillsbury Companies. O governo vai sair ileso. Cem mil dólares não são nada para eles se isso evitar indiciamentos que vão chegar nos peixes grandes."

Noam se levantou e disse que entendia. Stella sempre foi uma lutadora e ele não esperava que ela aceitasse o acordo extrajudicial. Enquanto via e ouvia os dois, eu tinha a sensação de ter onze anos de idade e estar sentado em uma mesa dobrável com outras crianças no Dia de Ação de Graças, entendendo fragmentos do que os adultos diziam na longa e velha mesa de madeira no centro da sala. Noam pegou sua pasta de couro antiga, catou os arquivos da mesinha de centro e os guardou.

"Isso é maior do que parece", ele disse enquanto punha a capa de chuva, que deslizou para um dos lados. Um canto da gola ficou dobrado para baixo e ele não percebeu. Ela se levantou e a acertou. Foi um ato de ternura e alegria, eu pedia a Deus, não de desejo.

"Ah, Noam." Ela riu enquanto dava tapinhas na lapela dele com a palma da mão. Eu tinha passado os últimos noventa minutos esperando que alguma intimidade ocorresse entre os dois. Ele respondeu com um sorriso. *Eles fizeram isso centenas de vezes antes*, pensei. Vi Stella olhando ele ir embora.

Embora eu passasse noites seguidas no térreo do duplex onde Stella morava com Malika, eu ainda tinha meu próprio apartamento quando Noam foi à casa dela. Era novembro de 1979. No fim daquele ano eu receberia assistência social do governo. Na verdade, foi naquele novembro de 1979 que Stella e eu vimos nossa revolução morrer. Foi o mês em que nos regozijamos com a notícia de que Assata Shakur tinha sido retirada de uma prisão de segurança máxima pelo Exército de Libertação Negra. Foi o mês em que a Ku Klux Klan baleou e matou manifestantes negros em Greensboro, na Carolina do Norte: simplesmente dirigiram até o piquete, saíram do carro e atiraram praticamente à queima-roupa. Novembro foi o mês em que vimos isso no noticiário. Os homens da Klan abriram o porta-malas. Pegaram as armas. Correram dez metros até os manifestantes que marchavam. Abriram fogo. Cinco caíram mortos no chão. Naquele mês, Stella e eu não tínhamos ideia de que Assata teria de passar o resto da vida em Cuba, no exílio. Não tínhamos ideia de que o filme que vimos não seria o suficiente para condenar os atiradores; e não tínhamos ideia de que em março do ano seguinte nós estaríamos dormindo no carro dos meus pais.

Vários dias depois de Noam ir embora, dias abarrotados de silêncio enquanto Stella pensava no que ele havia dito, ela ligou para um sujeito chamado Jamal. Disse que precisava de proteção. Houve silêncio no lado dele da linha por três intermináveis pulsos.

"Proteção contra quem?", Jamal perguntou.

"O sistema", ela disse.

No final de 1979, a quantidade de pessoas que Stella conhecia que eram capazes de ouvir "o sistema" sem levantar uma sobrancelha tinha diminuído. Mas Jamal costumava dizer que o fato de você não ser paranoico não significa que não estejam atrás de você. Em 1968, quando ele e a Stella e praticamente quase todo mundo que os dois conheciam acreditavam na revolução, Jamal tinha enfrentado o sistema e cumpriu cinco anos de uma sentença de dez na prisão de Stillwater em Bayport, Minnesota. Ele não era do tipo que ergueria uma sobrancelha quando alguém mencionava "o sistema".

Como resultado do telefonema de Stella, Jamal e um irmão brilhantemente taciturno foram certa noite à casa dela quando eu não estava. Jamal disse, "Vamos sair e comer um x-salada", enquanto indicava com o gesto a luz no teto e o telefone, colocando em seguida o dedo sobre os lábios. Stella pensava no White Castle como um templo onde Satanás te matava com sódio e gordura trans, mas essa não era uma noite para insistir que Jamal se sentasse com ela e olhasse edições antigas da revista *Prevention*.

Na mesa da lanchonete White Castle na avenida Trinta e Seis, esquina com a East Lake Street, a filha da Stella (que nunca deixava de notar nada) viu o irmão silencioso observar o entorno do restaurante, depois fazer um sinal para Jamal. Malika viu Jamal desembrulhar o sanduíche e colocar no colo. Depois ele pegou alguma coisa do bolso e embrulhou no papel de embalagem do sanduíche, que passou para Stella. Mais tarde naquela noite, Malika me disse que ao levantar para ir ao banheiro viu a mãe sentada na cama com uma pistola automática e um pente de balas. Ela viu a mãe colocar o pente no lugar, embrulhar num oleado, e esconder no armário, bem atrás dos sapatos.

Àquela altura eu ainda não dirigia um táxi. Isso foi depois que passei a morar com a Stella. Eu ainda trabalhava de garçom no Williams Café, mas o restaurante estava com o movimento fraco numa noite e me mandaram para casa mais cedo. Meu apartamento ficava no térreo de uma velha casa estilo *brownstone* a seis quadras do Lake of the Isles. A chave girou mas a porta do meu apartamento estava trancada por dentro com uma corrente. *Como eu consegui fazer* isso?, pensei, me autocensurando. Levei um momento para perceber que, na verdade, eu *não tinha* como ter feito aquilo. Outra pessoa fez aquilo. Essa outra pessoa estava lá dentro! Disparei pelo corredor. Saí à toda pela porta da frente e corri para um lugar de onde dava para ver a janela do meu apartamento. A luz da rua mostrava as silhuetas. Uma perna se dobrou para fora da janela do meu apartamento, depois o torso, depois a outra perna. Ele cambaleou e quase caiu antes de correr. Depois o outro saiu rolando com a graça de um atleta de salto com vara passando sobre o sarrafo. Os cabelos longos dele balançaram para cima e para baixo sob a sutil luz amarelada. Como um tolo, corri atrás dos dois por um trecho da rua. Como um tolo ainda maior, chamei a polícia. Quando os policiais chegaram, mesmo com a cama retrátil guardada na parede, havia pouco espaço livre com um policial grande perto da pia e do fogão e eu e seu parceiro no meio do quarto. Você anda com esse maço de dinheiro por aí ou deixou aqui enquanto foi trabalhar?, o que estava perto da pia perguntou apontando para o dinheiro no escorredor de pratos (dinheiro de gorjetas que deixei descuidadamente na pia enquanto não ia ao banco). Disse que tinha deixado ali. Você deixou essa câmera Miranda aqui quando foi ao restaurante? Fiz que sim com a cabeça.

O policial perto da pia estava contando. "Oitenta, oitenta e cinco, noventa, noventa e cinco dólares em dinheiro vivo. Uma câmera que vale, o que, duas notas de cem? Trezentos paus que estavam aqui? Você está dizendo que alguém..."

"Duas pessoas."

"Você está dizendo que duas pessoas entraram aqui, trancaram a porta por dentro e depois, o que, jogaram baralho; tomaram um café? Você está vendo a impressão que dá para quem está no nosso lugar."

"Eu tenho direito à privacidade. Foi isso que eles roubaram."

Eles me olharam como se eu tivesse dito que tinha o direito a ter herpes.

Meus livros tinham sido tirados da prateleira e arrumados no chão em filas bem organizadas. O estojo da minha máquina de escrever estava aberto e páginas de um romance que eu escrevia estavam espalhadas sobre a mesa.

"Quem quer que tenha feito isso sabia os meus horários. Eles acharam que iam ter tempo..."

"Tempo para *quê*?"

"Vocês só vão saber se investigarem."

O tira perto da pia acenou com a cabeça. "Investigar. Saquei." Depois ele se abaixou e pegou dois livros do chão. "I. F. Stone, *Os assassinatos em Kent State: Como o crime ficou impune*;

Karl Marx, *O manifesto comunista*". Ele colocou os dois de novo organizadamente no chão.

"Por que você está lendo essas coisas?"

Não é de surpreender que pouco tempo depois eu tenha ido morar com Stella e Malika e com uma pistola no guarda-roupas que a gente não sabia usar.

4

Nós tínhamos voltado a dormir depois de fazer amor quando ouvimos alguém entrar no apartamento da Stella. Estávamos nus debaixo dos lençóis. Eram nove e meia da manhã. Por um momento pensei, *Isso não está acontecendo.* Agora percebo o que me aterrorizou tanto, a ponto de eu não ter palavras para descrever na época. Na minha cabeça surgiu a imagem de nós dois tendo as gargantas cortadas: *Isso não é um assalto; eles querem ser ouvidos; querem que a gente saiba que eles estão aqui.* Pulei da cama. Meus pés bateram no chão de madeira. Abri o armário onde Stella guardava a arma que Jamal dera para ela. Stella não estava alarmada. Ela me disse que era Malika, que tinha saído cedo para a escola. "Ela deve ter esquecido alguma coisa." A porta da frente e a sala ficavam perto do quarto da Stella. Enquanto se enfiava nas roupas ela falou pela porta, "O que você esqueceu, Malika?". Não houve resposta. Uma cadeira arranhou o chão. Comecei a me vestir também, mas Stella fez um sinal para que eu ficasse no quarto. "Deixa eu falar com ela antes de você sair." A voz que cumprimentou Stella na sala não era de Malika.

"Você não está cansada desse padrão, Stella, de me deixar de lado cada vez que encontra alguém novo?"

Era a *Josephine.* Eu não acreditava. Depois do que a Stella disse para ela sobre limites, essa mulher teve a coragem de entrar no apartamento, *de novo*, sem bater na porta!

"Saia!", ouvi a Stella dizer.

"Ele tem a idade da tua *filha*!"

Abri a porta do quarto a tempo de ver Stella agarrar Josephine e arremessá-la porta afora.

"Hattie McDaniel está morta. Você não é mais bem-vinda."

Elas estavam na varanda agora. Josephine não reagiu, mas também não se intimidou.

Não passei da porta de tela, sem saber qual era ou deveria ser o meu papel. Stella disse a Josephine, "Você se enganou. Eu não estou aqui pra você se divertir; e o fato de você ser uma física nuclear na Universidade do Minnesota não transforma você em Scarlett O'Hara."

"Stella, a gente estava aqui para dar apoio uma a outra."

Stella soltou uma risada estridente. "É assim que você chama, 'dar apoio uma a outra'? Você é uma parasita, não, uma psicopata. Você age como se fosse minha dona."

A palavra "psicopata" inflamou o rosto de Josephine. Por quarenta anos a expressão dela voltou do fundo do meu inconsciente a intervalos fora do meu controle. A última vez que vi aquela expressão foi no cinema. O filme era *12 anos de escravidão*, e uma mulher no filme chamada Mary Epps olhava primeiro para o marido e depois para a concubina dele, uma escravizada chamada Patsey, com os mesmos olhos selvagens e a mesma boca fina de Josephine. No filme, Mary Epps exige que o marido venda Patsey. Mas Edwin Epps diz que prefere se divorciar a vender Patsey. Tudo isso acontece na sala de estar à meia-noite. Edwin Epps forçou os escravizados da família a acordar (muito embora eles precisassem trabalhar nos campos dentro de poucas horas) e tocar música e dançar para ele na sala. O que é revelador na cena é o modo como Patsey funciona como um objeto, *não como um sujeito*, tanto para Edwin quanto para Mary.

"Você vai vender ela!", Mary exige.

Os escravizados pararam de dançar. Todos eles estão na mesma sala que o casal que é dono deles, mas eles são objetos — não agentes — da discussão, inclusive Patsey. Nem Edwin nem Mary jamais se viram para Patsey e dizem, no caso de Edwin, por exemplo, Você tem algum palpite sobre essa confusão?; ou, no caso de Mary, Como você pôde ser baixa a ponto de roubar o meu marido? Patsey tem habilidades suficientes de sobrevivência para permanecer em silêncio. Mas isso não impede que Mary Epps golpeie o olho dela com um grande decantador de uísque de cristal quando Edwin Epps se recusa a vendê-la. De sua parte, Edwin simplesmente suspira enquanto Patsey, deitada de costas no chão, apertando o olho, é arrastada por dois outros escravizados. Ele grita com os escravizados; manda Solomon e os outros rabequeiros continuarem a tocar; grita para que os outros demonstrem alegria e dancem; ele diz, "Não vou deixar que estraguem minha felicidade".

Acho que Josephine não ficou com raiva por ser chamada de psicopata. Acho que ela estava com raiva porque Stella tinha ousado falar. A escrava de Josephine tinha falado. Ponto. Isso tem menos a ver com a palavra que Stella usou ("psicopata") e mais com o fato de que um objeto que deveria servir meramente para o prazer da posse tinha retornado o olhar de um sujeito Humano. Stella tinha rompido com as regras.* Por anos, Stella suportou a presença e a possessividade de Josephine diplomaticamente. Em outras palavras, Josephine tinha caracterizado o comportamento *de Stella* livremente, sem restrições; mas Stella jamais pagou na mesma moeda. Era a mesma pavana que as mulheres negras dançaram com as mulheres brancas por séculos, em que apenas a mulher branca podia violar as regras e dominar a mulher negra. Josephine agora estava furiosa.

---

* Veremos depois como isso não equivale a uma pessoa não negra subjugada quebrando as regras do contrato de sua dominação.

Ela citou uma lista de nomes, seis ex-amantes de Stella: um famoso saxofonista que começou em Minneapolis e que agora tinha um bom trabalho em Chicago; um jogador profissional de futebol americano que recentemente tinha entrado para o Hall da Fama da NFL; Noam Davidov, o advogado de direitos civis que esteve no noticiário durante o julgamento de Wounded Knee; o ex--marido dela, Uri, que Stella ajudou a deixar sua marca como fotógrafo de contracultura; um pintor famoso; e, é claro, o homem chamado Jamal, que segundo Josephine, não conseguia decidir se era um revolucionário ou um viciado em heroína. Josephine não hesitou por um segundo enquanto descia cambaleando os degraus da varanda, dizendo, Agora você está aí trepando com um filho adotivo. Se eu sou uma psicopata, você é pedófila.

Stella disse para Josephine que se ela entrasse mais uma vez sem bater, ela, Stella, trataria como um caso de invasão de propriedade. As pessoas dos prédios do entorno perceberam as duas mulheres na trilha de cascalho. Josephine ergueu a voz para que todo mundo ouvisse e disse, Você está me ameaçando? Primeiro você me agride, agora está me ameaçando?

O síndico do complexo estava no pátio fuçando na sua Harley-Davidson 1976. Eu tinha conseguido evitar me encontrar com ele até ali. Seus cabelos emaranhados iam até os ombros, mas na frente ele era praticamente careca. A jaqueta de couro preta tinha emblemas e insígnias que eu não reconhecia, mas ele tinha amigos com motos e jaquetas de couro iguais com as mesmas insígnias que faziam minha pele tremer quando os motores ressoavam do lado de fora de nossas janelas. O nome dele, fiquei sabendo, era Cody, e eu frequentemente o via acompanhado de motoqueiros. Ele usava óculos escuros tanto de dia quanto de noite, e do cinto dele pendia uma bainha com uma lâmina feita de dormente de ferrovia.

Josephine e Cody nunca foram amigos. Josephine certa vez disse a Stella que ele parecia "um estuprador". E embora

Josephine e Cody tivessem mais ou menos a mesma idade, Josephine, com os cabelos curtos, a bolsa grande, os tamancos de madeira e as calças apertadas e túnicas soltas, não lembrava em nada as mulheres que vi na garupa da moto dele. Mas o vínculo que eles formaram contra Stella no pátio naquele dia foi espontâneo e teve a facilidade da telepatia. Os pés de Cody o guiaram até que ele estivesse ao lado de Josephine.

"Ninguém vai ameaçar ninguém nesse pátio", ele disse a Stella.

Entrei na cozinha. Lembrei de abrir uma das gavetas. A gaveta de cima era para talheres. A do meio tinha conchas de sopa e facas de cozinha. A de baixo tinha chaves de fenda, martelos e pregos.

Desci às pressas os degraus da varanda e fiquei ao lado de Stella. Ela tinha acabado de chamar os dois de "xenófobos". Todas essas palavras chiques e você continua dependendo da assistência social, Josephine disse, detrás de seu príncipe motociclista. Até aquele momento eu tinha vivido vinte e três anos no planeta sob a falsa premissa de que meu maior medo era o medo da morte. Mas agora, vendo os padrões góticos da morte na jaqueta de Cody e a cabeça de um dormente de trilho que alguém transformara em faca, eu soube que estava com medo de algo muito pior do que a morte. Umas poucas pessoas de outras unidades se arriscaram a chegar mais perto agora. Elas perguntaram a Cody e a Josephine o que estava acontecendo. Foi aí que me dei conta: aquilo que jamais tinha conseguido expressar em palavras. Eu temia uma morte sem sentido. Uma morte sem uma história, uma cadeia de acontecimentos que fizessem sentido para aqueles que sobrevivessem a mim, uma clara e lógica cadeia de acontecimentos que qualquer um pudesse ler e, ao terminar, tirar os olhos da página e dizer, eu consigo entender por que ele morreu.

"Está sob controle", Cody disse às pessoas à nossa volta. Depois, para Stella, "Você precisa entrar".

"Você precisa parar de aporrinhar a Stella", eu disse. A palma da minha mão estava escorregadia; o martelo ou faca que eu tinha pegado na cozinha ficava escorregando.

Não lembro como esse confronto terminou. Consigo ver nós quatro falando e depois, aparentemente, indo cada um para um lado. Consigo ver Josephine se afastar, e ela está convidando Cody a ir ao apartamento dela para tomar uma cerveja. Vejo Stella e eu subindo os degraus da varanda. Vejo o que aconteceu depois, porque não acabou aí.

O que aconteceu entre Stella e Josephine não pode ser reduzido a uma briga entre vizinhas. O antagonismo entre elas estava prefigurado antes mesmo de as duas se conhecerem. Em outras palavras, os dados haviam sido lançados séculos atrás na *plantation*. O fato de Josephine, num nível consciente, não se dar conta desse antagonismo não o diminui. Na verdade, quando a pessoa age movida pelo inconsciente é frequente que desempenhe seu papel com um senso de compromisso mais profundo para manter a violência despótica que estava lá desde o começo. Stella, no entanto, estudava os antagonismos raciais. A aparente desatenção dela à impossibilidade de reconciliação entre a posição dela no mundo e a de Josephine era menos um esforço de negação consciente do que, eu diria, uma manobra tática da mente — algo que ela projetou por anos para adiar, se não evitar de todo, o momento ao qual ela e Josephine tinham acabado de chegar: o momento em que o antagonismo insistia em partir para uma etapa na qual poderia se desenrolar abertamente.

Stella, em outras palavras, tinha passado anos tentando deslocar suas reservas e seu desconforto com o comportamento de Josephine enquanto pessoa branca para o compromisso de

Josephine com a energia nuclear. Ela queria tornar o conflito *são* ao direcioná-lo para a contradição entre os pontos de vista políticos liberais de Josephine e seu compromisso reacionário com a fusão nuclear. Isso é muito mais administrável para a mente de uma pessoa negra do que as ruminações noturnas sobre os modos em que minha vizinha do andar de cima é minha senhora e eu sou a escrava dela. Não existe esperança de uma narrativa redentora se for esse o caso. Mas essa era uma função dos ativos esforços intelectuais de Stella; um jogo mental que ela jogava consigo para ficar em cantos distantes e obliterar sua aguda consciência não apenas do equilíbrio de poder entre ela e Josephine, como dos rituais de terror e do regime de violência que permitiam às mulheres brancas ver no rosto dela aquilo que precisavam ver. *Você pode passar a vida sendo o espelho de uma branca*, Stella me disse certa vez. Ela era a ferramenta da renovação e da autopercepção de Josephine. O que acontece quando uma ferramenta responde; quando o espelho se quebra?

Parecia que não se passavam quatro dias sem que Stella precisasse reivindicar seu direito à privacidade. Toda vez, Josephine parecia endurecer — uma concha de quitina em torno dela agora. Quando Stella chamou Josephine de xenófoba, pareceu que Josephine tinha sido atingida por um tênis nojento de ginástica. Tinha três ou quatro vizinhos no pátio. Eles também ouviram. E pararam. Ninguém disse nada. Josephine pareceu perder o ar de comando tão natural nela. A tortura toda durou só trinta segundos, mas pareceu um tratamento de canal de três anos. No final, Josephine disse, "Não conheço o significado dessa palavra". A cientista tinha sido superada pela mãe dependente de assistência social. Se fosse isso e apenas isso. Josephine parecia tremer. Ela ficou absolutamente imóvel. Não piscava. Mas todo mundo viu os desfiladeiros que um terremoto de vergonha abriu no orgulho dela. Stella fez

Josephine sofrer, fez com que ela olhasse para cima para ver um princípio de sorriso.

"Olhe no dicionário", disse Stella.

Numa *plantation*, Stella teria pagado ali mesmo por seu atrevimento, e pagado na própria carne. Josephine faria com que ela fosse açoitada no meio do pátio. Mas estávamos no inverno de 1979/1980, e em Minnesota, não no Mississippi — e o Minnesota, afinal, era a terra dos progressistas. Um açoitamento público constrangeria Josephine e sua ética liberal. E no entanto, em vez de evitar Stella e nos deixar viver em paz, Josephine fez tudo o que estava a seu alcance para armar a cena, para *criar a oportunidade e permitir* as condições que certamente levariam à sua humilhação. Ela era uma masoquista, sim; mas também foi responsável pelo encontro masoquista.

"Hattie MacDaniel está morta", Stella disse. Ela estava dizendo que cansou de ser a ferramenta de Josephine; "um adereço cênico", como ela disse, "que servia para sei lá que doideira passava pela cabeça dela". Essas palavras indexavam o regime de violência a que eu me referi antes; um regime de violência que Josephine, como pessoa branca, tinha à sua disposição, quisesse ou não fazer uso dele um dia.

Por décadas, tentei compreender por que Josephine (e mais tarde seus dois cúmplices masculinos, Cody e um outro sujeito que eu nunca tinha visto antes) tirou sua satisfação de nossa carne; como isso chegou ao ponto em que nossas únicas opções eram ir ao andar de cima e invadir o apartamento dela para descobrir por que nossa pele queimava, ou fugir de nossa casa, ir embora de vez, deixar um bilhete na caixa de correio dela, "Nós desistimos. Você venceu".

Nós não teríamos sido a primeira família negra a fugir da cidade. Em 1921, em Tulsa, Oklahoma, a Wall Street Negra foi incendiada e reduzida a cinzas, trinta e cinco pessoas foram massacradas, oitocentas foram hospitalizadas, empresas de negros foram bombardeadas por aviões. E linchamento-pi-quenique não é um oximoro, e sim uma mistura de prazeres e renovação psíquica.

Quando Stella disse, "Hattie McDaniel está morta", ela se autonomeou escravizada por Josephine. No Sul, talvez, isso não funcionasse a favor de Stella. Caso fosse uma sulista, Josephine poderia estar imune à vergonha; e ela podia não ser "amiga" de Stella. Mas Josephine não se via como sulista; ela se via como uma pessoa esclarecida do Norte. Que genuína herdeira da terra do algodão usaria tamancos e jaquetas REI e escolheria viver a um quilômetro e meio do campus em um bloco de apartamentos caindo aos pedaços onde estudantes moravam lado a lado com relíquias de barba grisalha da Nova Esquerda, boêmios de meia-idade e uns poucos yuppies con-sagrados que moravam em um lugar barato para tentar eco-nomizar dinheiro o suficiente para atravessar o rio e se mudar para o centro da cidade. As "Cortes", como nosso complexo era conhecido, não se pareciam com o Sul antes da guerra. No entanto, de algum modo estranho, toda cena nos Estados Unidos se desenvolve em um palco anterior à guerra. A dife-rença é que no Norte pode levar um tempo para os atores de-corarem as falas e representarem seus papéis. Josephine não sabia qual era seu papel; os papéis que ela e Stella represen-tavam havia tanto tempo só podiam ser lidos em seu incons-ciente, até Stella dizer "Hattie McDaniel está morta". O brilho do reconhecimento cintilou em seus olhos. O terror dos lin-chamentos, açoites, das mutilações e de seu povo consumindo com violência o continente africano se desmascararam como seu direito de nascença. Uma herança que ela não precisou pe-dir para receber.

A tensão entre Josephine e Stella (e mais tarde entre Cody e eu) chegou ao nível da violência, uma violência difícil de transformar em narrativa porque a violência em uma narrativa precisa ter uma explicação, um gatilho, um momento contingente que lhe dê sentido. Mas a violência contra os negros não coopera com a narrativa. A explicação sangra além dos atores. Ela é imune ao pensamento racional e a previsões lógicas. É uma força contra a qual não há refúgio. É impermeável a contestações; pois ela se aplica primeiro e só depois é seguida pela lei. Quando a violência *é* a lei, e não o efeito de sua aplicação, ela põe em crise as regras da narrativa; porque o que temos é uma situação que resiste a ser contada, pelo simples motivo de que o princípio causal da narrativa, o fantasma na máquina a que chamamos lógica causal (ou "princípio básico") da história, não está lá. Essa é a maldição das histórias sobre negros. Não existe fantasma na máquina; o motivo da violência está além da compreensão da razão. Não existe nada de "universal" nela; portanto, o único modo de torná-la inteligível é deixar de fora as partes que só podem ser aceitas por outra pessoa negra, e mesmo assim com discrição.

E se você pertencesse a uma raça de pessoas que contasse com um exército particular para realizar suas fantasias? A razão teria de entrar em guerra contra o seu regime de violência antes que suas condições estivessem maduras para que você reconsiderasse os espectros que projetou no mundo. Imagine os recursos de uma estrutura de violência que pode agir em nome dos caprichos de toda uma raça. As narrativas dos escravizados tentaram imaginar essa violência, mas também se desviaram em momentos cruciais; momentos em que se torna claro que sem uma lógica causal a história poderia desmoronar. Em casos como esse, a solução tem sido repudiar as verdades inconvenientes e seguir adiante com a narrativa. É assim que os habitantes do Norte "vão em frente". Vivemos no estado mais ao norte do rio Mississippi, onde chamar as pessoas por seus nomes (Josephine, Stella, Frank, Cody), ao mesmo tempo em que se negam suas posições dentro de um regime de violência (senhor, escravizado) é exigido em nome da harmonia racial. Mas mil e quinhentos quilômetros ao sul em linha reta, naquele trecho do Mississippi que vai de Baton Rouge a New Orleans, os antagonismos como regra se deram abertamente.

Se alguém perguntasse a Mary Epps por que ela acertou o olho de Patsey com um decantador de uísque ou por que incitou Edwin Epps a açoitar Patsey até quase tirar a vida dela, como ele acaba fazendo, mesmo ela tentaria encontrar um motivo — Patsey seduziu meu marido — que cairia por terra no momento em que alguém a lembrasse que Patsey vivia sem consentimento, ou seja, sem o direito de aceitar ou negar o acesso de Edwin e Mary a seu corpo. Como escravizada, Patsey não tem direito a refúgio, seja sexual ou de outro tipo. Edwin Epps também pode se sentir compelido a dar sentido à mutilação sem sentido: açoitei Patsey no fim do filme porque ela me traiu; acho que ela dormiu com Solomon e deixou a *plantation* sem minha permissão. Não seria uma mentira consciente. Mas, em grande medida, do mesmo modo como Josephine, que não chegou ao cerne de sua relação com Stella até Stella dizer, "Hattie McDaniel está morta", Edwin Epps teria se esquecido da palavra fundamental que falava sempre que torturava seus escravos: "prazer". "Faço as coisas a meu bel-prazer." Tanto a autobiografia de Solomon Northup quanto o filme que Steve McQueen fez a partir dela se indispõem ao modo como o prazer da sociedade fica subentendido na violência contra os negros. Eles o exibem para nós, mas negam sua profundidade. Josephine, com sua assinatura anual da revista *Ms.*, suas pequenas doações ao Sierra Club, seus tamancos absurdos e seu adesivo verde no para-choque do carro dizendo CARTER-MONDALE (UMA EQUIPE TESTADA E CONFIÁVEL) era a espectadora que o filme tinha em mente quando sentiu a necessidade de mentir. Mas Josephine também era um pouco a versão moderna de uma combinação de Mary Epps e de Edwin Epps.

O filme tenta ancorar as chibatadas que uma mulher negra recebe nas explicações racionais do ciúme e da transgressão. Em outras palavras, a narrativa nos pede para acreditar que o motivo principal para aquela mutilação da carne depende de algum ato inapropriado, de uma transgressão que pode ser indicada. O filme nos diz que Mary Epps, a esposa de um implacável dono de *plantation*, quer que Patsey, uma bela (claro, só as "belas" são desejadas) e produtiva escravizada seja espancada e vendida porque o marido escapa da mansão à noite para estuprar Patsey (um ato que ele, sem dúvida, vê mais como amoroso do que como violento). O filme nos diz que as costas de Solomon são abertas com um remo e com um chicote porque era impossível discipliná-lo ou porque ele (e outros escravizados) não colheram sua cota de algodão do dia. Ciúmes e transgressão põem a plateia à vontade, libertam do horror de ter de pensar nessa violência como *prazer* sem propósito — como um ato de amor ou uma canção que você guarda no coração ou andar saltitando pela rua quando não tem ninguém olhando, todas as coisas que dão sustentação à vida humana mas que não aparecem na lápide. E se a violência contra os negros puder ser contada entre as coisas que fazem a vida ser *vida*, sem ser registrada como lucro ou prejuízo? E se o ciúme e a transgressão forem estratagemas, disfarces sob os quais se ocultam as verdadeiras razões da violência? Se não há contingências que ocasionem essa violência, como ela pode se adequar a uma história? Como damos sentido a um fenômeno pré-lógico como a violência contra os negros?

"Faço as coisas a meu bel-prazer."

Em outras palavras, os açoites são uma força vital: como uma canção ou bom sexo sem objetivo de procriar. "*Jouissance*" é a palavra que me ocorre. Uma palavra francesa que significa gozo, tanto em termos de direitos quanto de propriedade, e do orgasmo sexual. (Esse último tem um sentido

que está parcialmente ausente na palavra inglesa *"enjoyment".*)
A *jouissance* compele o sujeito a tentar constantemente transgredir as proibições impostas a seu gozo, a ir além do princípio do prazer. A *jouissance* é uma âncora constante da psicanálise. Mas até a obra dos teóricos críticos David Marriott, Jared
Sexton e Saidiya Hartman — o que significa dizer, até o seques-
tro da psicanálise pelo afropessimismo —, os devotos de Lacan
e Freud não tinham feito a ligação entre a *jouissance* e o regime
de violência conhecido como morte social. Essa justaposição,
infelizmente, ocorre num nível de abstração alto demais para
a narrativa e para a lógica da contação de histórias. Ao contrário da violência contra a classe operária, que assegura uma ordem econômica, ou da violência contra mulheres não negras,
que assegura a ordem patriarcal, ou da violência contra os nativos americanos, que assegura a ordem colonial, a *jouissance*
que constitui a violência contra os negros assegura a ordem
da vida em si; o sadismo a serviço do prolongamento da vida.

Uma coisa que torna esse sadismo afirmador da vida e comu-
nal (em contraposição a destrutivo e individual) é o fato de se
tratar de um assunto familiar. Em seu livro, Solomon Northup
lembra episódios dos espancamentos de Patsey com detalhes
cruciais e que faltam no filme. "A senhora [Mary] Epps", ele
escreve, "ficou na *piazza em meio a seus filhos* olhando para a
cena com ar de impiedosa *satisfação.*"[6]

A cena que Solomon Northup pinta de Mary Epps observando da *piazza* me faz pensar em Mary Boykin Chesnut, a
mais citada cronista da Guerra Civil dos Estados Unidos, que
escreveu, "Nossos homens vivem em uma casa com suas esposas e suas concubinas, e os mulatos que você vê em cada família lembram exatamente as crianças brancas [...]. O tempo
todo eles parecem pensar em si mesmos como padrões, modelos de maridos e pais." No campo do consciente, Mary Chesnut está tão furiosa com a satisfação licenciosa que os homens

brancos donos de escravizados extraem das mulheres negras quanto Mary Epps (falando igualmente no domínio do consciente). Porém, o trabalho psicanalítico de Solomon Northup indexa o modo como, no campo do inconsciente, essa "impiedosa satisfação" é a moeda de homens como Edwin Epps *e de suas esposas*; apesar do fato de que apenas eles podem garantir sua satisfação abertamente.[7] O ponto é que essa satisfação é compartilhada, ainda que sua expressão não seja.

Assim como seu marido, Mary Epps "faz as coisas a seu bel-prazer"; e ela também está com seus filhos, que igualmente fazem as coisas a seu bel-prazer. Essa generalização da satisfação e do prazer, obtida por uma violência gratuita contra a carne negra, passa de um sadismo convencional entre parceiros sexuais para uma reunião familiar de adultos e crianças de todas as idades, como o filho dos Epps, um menino de dez ou doze anos que anda em seu pônei pelos campos de algodão e "sem discriminação [...] aplica o chicote de couro cru, instando os escravos a se moverem com gritos e ocasionais blasfêmias".[8] Seria um erro pensar que o fato de o menino "instar os escravos a se moverem" empresta propósito e legibilidade à violência — não é o caso. Como qualquer outra criança, o menino está brincando. Faz as coisas a seu bel-prazer. A cada vez que monta seu pequeno pônei pelos campos, ele compele um velho homem chamado tio Abraham a ser sua torcida, seu coro, a "rir [...] e a elogiá-lo por ser um garoto que sabia fazer de tudo".[9]

O livro de Northup sugere, sem afirmar diretamente, por que essa generalização do sadismo — a brutalidade como elemento constituinte do vínculo familiar — não pode ser compreendida como algo que tem como gatilho quaisquer transgressões. Ela é tão ubíqua quanto o ar que ele respira. "Raramente se passava um dia sem novos açoitamentos. [...] A verdade literal e sem enfeites é que o estalo da chibata e os gritos dos escravizados são ouvidos desde antes do amanhecer até a hora de dormir."[10] Patsey e Solomon, ao contrário de Stella e eu, viviam num lugar e numa época em que a sociedade e os humanos não sentiam vergonha nem constrangimento por isso. Mil e quinhentos quilômetros rio acima e cento e vinte e seis anos depois, Josephine ficou chocada com essa herança, mas não demorou para que a recuperasse, e a reivindicasse.

Embora a estrutura da "vida" de Stella (ou, melhor, o paradigma da morte social, pois as aspas são essenciais aqui) não possa ser reconciliada com a estrutura da vida de Josephine (ou o paradigma da vida social), *existe* uma conexão. Mas essa conexão é parasítica e perversa — independente do que a pessoa negra socialmente morta (ou seja, Stella e Patsey) ou a pessoa humana socialmente viva (ou seja, Josephine ou Mary Epps) possam *dizer* sobre seu "relacionamento". É parasítica porque a subjetividade branca e não negra não pode ser imbuída com a capacidade de autoconhecimento e comunidade intersubjetiva sem a violência contra os negros; ou seja, sem a violência da morte social. Em outras palavras, as pessoas brancas e seus sócios minoritários precisam da violência contra os negros para saber que estão vivas.* Se Hattie McDaniel de fato morresse, como proclamou Stella, isso equivaleria à morte do hospedeiro de um parasita. É isso que torna a morte social algo mais surreal do que o cessar da respiração. Trata-se, nas palavras

---

* Sócios minoritários são pessoas humanas mas que não são machos brancos hétero. Por exemplo, pessoas racializadas e mulheres brancas que são alvos da supremacia branca e do patriarcado, respectivamente, e, ao mesmo tempo, agentes e beneficiários da violência contra os negros. Essa categoria também inclui pessoas LGBT que não são negras e comunidades indígenas. Eles são "sócios" porque, assim como no caso dos machos brancos hétero, a violência contra os negros é o genoma de suas posições paradigmáticas e porque eles sofrem nas mãos de violência contingente, e não da violência gratuita ou nua da morte social.

de David Marriott, de uma letalidade, que satura a vida, não de um embalsamamento; um recurso para a renovação humana.

É perversa por muitos motivos: um deles é o fato de que à medida que a sociedade civil amadurece (de 1853 a dezembro de 1979, quando tudo desandou com Josephine) — e a medida que nos movemos historicamente das tecnologias óbvias da escravidão dos bens móveis para o sufrágio universal, o discurso dos direitos humanos e o conceito do acesso universal à sociedade civil — a violência contra os negros necessária para a elaboração e manutenção da subjetividade branca (e não negra) é reprimida e se torna cada vez mais indisponível para o discurso consciente (em oposição ao inconsciente). ("Eu julgo as pessoas pela qualidade de seu caráter", como disse o dr. King, "e não pela cor de sua pele"; ou no discurso comum, "No fim das contas, somos todos americanos e estamos nisso juntos" — e outras bobagens do consciente.) Mas os espetáculos de carne negra nua e submissa, os espetáculos de costas e nádegas sangrando, de marcas de chibata, amputações e rostos encerrados em bridões de cavalos, fornecem indícios do papel que o sadismo desempenha na constituição da subjetividade branca, e *12 anos de escravidão* torna isso visível na tela, embora sua repressão na narrativa tanto do filme quanto da sociedade civil seja evidente.

É tentador e lugar-comum reduzir o sadismo de Mary e Edwin Epps a uma psicopatologia individual. Ou alguém pode pensar que Edwin Epps faz parte de um grupo de pessoas excepcionalmente sádicas que viveram em um momento e em um lugar excepcionalmente sádicos. Mas o filme, e em medida ainda maior a autobiografia, *vê* (mais do que *narra*) o sadismo — a perversão sexual em que a gratificação é obtida por meio da imposição de dor física ou mental a um objeto amado — não como patologia individual de um punhado de pessoas, mas como uma condição generalizada; generalizada no sentido de que aquele prazer, como um elemento constituinte da vida comunitária, não pode ser dissociado da violência contra os negros.

Convencionalmente, o *objeto* do sadismo pode, amanhã, transformar-se no *sujeito* do sadismo. Mas o sadismo que constitui os espetáculos de *12 anos de escravidão*, e que constitui a sociedade de princípios do século XIX, não está imbuído dessa reciprocidade. Os escravos da morte social não podem trocar de lugar e tornar Edwin Epps e sua esposa igualmente cruel em objetos amados de *seu* sadismo coletivo. Caso fizessem isso em particular (caso Patsey batesse em Edwin ou em Mary em um encontro num quarto privado) teria sido porque essa reversão fora ocasionada e permitida — em outras palavras, o senhor usara de sua prerrogativa e de seu poder para jogar um jogo diferente, em que sofre porque o sofrimento satisfaz sua fantasia e porque, ao contrário do escravizado, as fantasias dele têm "valor objetivo".[11] Essas reversões de papel não imbuem o encontro de reciprocidade. As mudanças que começam a ocorrer depois da Guerra Civil e até o Movimento dos Direitos Civis, o Black Power e a eleição de um presidente americano negro são meramente mudanças no clima. Embora o sadismo não seja mais praticado abertamente, nada essencial mudou.

5

Josephine e Cody e um outro sujeito que eu nunca tinha visto antes carregavam caixas e caixotes ao longo da lateral da casa. Nós ouvíamos os três entrarem pela porta lateral e subirem as escadas até o apartamento de Josephine. Ouvíamos o tilintar do que quer que eles transportassem naquelas caixas. Mas começou antes mesmo disso.

Uma vez chamei o Cody para consertar o encanamento depois do nosso confronto no pátio. Eu estava na cozinha. Stella estava no quarto dela na parte da frente da casa. Malika, no quarto de trás. Cody não bateu na porta. Não tocou a campainha.

De repente estava atrás de mim na cozinha. Eu disse que ele precisava dar meia-volta, voltar para a varanda da frente, tocar a campainha e esperar que eu o deixasse entrar. Ele ficou ali me olhando acho que por não mais do que quinze segundos, mas eu sabia que tinha envelhecido quinze anos. Não sei o que o levou a fazer aquilo, mas ele fez. Ele não tinha o olhar de raiva que Josephine tinha. O olhar dele era de alguém que se vinga no seu próprio tempo. O tempo de Cody chegou lentamente, a conta-gotas. Ele e Josephine passavam mais tempo juntos, não só no andar de cima no apartamento dela, mas também no porão, debaixo de onde morávamos. Dava para ouvir os dois rindo às vezes. Pouco tempo depois disso o aquecedor começou a apitar incessantemente — mas só de noite. Quando reclamamos com Cody, ele desceu parta consertar e depois subiu no apartamento da Josephine. À noite, o aquecedor começou a fazer barulhos de estouro — já não era um assobio. Às vezes os canos batiam e tilintavam por um minuto ou dois, então paravam, e recomeçavam uma, duas, três horas depois.

Foi um tempo depois que vimos Cody e Josephine e mais um cara que eu nunca tinha visto antes andando pela calçadinha do lado da casa com caixas e caixotes. Nós ouvíamos, nossos olhos de vez em quando virados para o teto, para os passos abafados de um número bem maior de pés do que estávamos acostumados a ouvir lá em cima. Um ou dois dias depois começou o surdo tinido de metal, sons semelhantes mas ao mesmo tempo distintos dos ruídos que eles tinham feito no porão quando o aquecedor enlouqueceu.

Não demorou muito para que começássemos a sentir calor, depois ferroadas, depois uma leve sensação de queimadura na pele.

Nós não chamávamos de queimaduras. Fora nossas reclamações um para o outro, não prestamos atenção nem procuramos ajuda médica até que a coceira se transformou em ligeira ardência. Parecia mais intenso à noite. Um clínico geral disse que precisávamos consultar um especialista, e os melhores do ramo, ele disse, estavam do outro lado do rio no Centro Médico da Universidade do Minnesota. Liguei para lá. Disseram que iam agendar para dali um tempo. Eu disse, "É urgente. Meu nome é Frank B. Wilderson III; meu pai é vice-reitor de Assuntos Estudantis. O clínico geral disse que minha companheira e eu devíamos consultar alguém do departamento de vocês". A consulta aconteceu em menos de uma semana.

A dra. Vivian Zhou tinha um rosto redondo, atraente, mas o sorriso dela tinha menos calor do que o brilho de uma estrela. Ela poderia carimbar passaportes numa aduana. A médica nos examinou separadamente, depois chamou os dois ao consultório e fechou a porta. Pela minha lembrança, ela perguntou com o que trabalhávamos. Ela achou que trabalhávamos com radiação e insinuou que havia regras de segurança trabalhista sendo violadas.

"Nós não trabalhamos com radiação", Stella disse.

A dra. Zhou insinuou que Stella estava mentindo por medo de sofrer retaliações no trabalho; ou pior, por causa de alguma lealdade equivocada ao patrão. Ela sugeriu que Stella e eu tínhamos um dever moral de relatar lixo radioativo ou mau uso de instrumentos, se não por nós, por nossos colegas de trabalho e pelo público em geral.

"A mulher do andar de cima fez isso com a gente", Stella disse.

A dra. Zhou largou a caneta na mesa. Dava para ver os mecanismos do cérebro dela pensando em outras opções. Eu queria parar aquilo antes que nós dois fôssemos parar na ala psiquiátrica.

"Isso tem sido um tormento; dá para ver como nós estamos irritados", eu disse, acrescentando que precisávamos de tempo para ir para casa e pensar nisso.

"Eu não entendo", disse a dra. Zhou. "É uma pergunta simples. Como vocês foram expostos à radiação?"

"Nós estamos um pouco confusos quanto aos detalhes", eu disse.

"Eu não estou confusa", disse Stella.

"Todos os indícios são de que vocês dois foram expostos a material radioativo. Não consigo entender por que a cicatrização aconteceu na sua virilha e no seu flanco. Nós precisamos de respostas."

"Eu disse o motivo. Ele dorme deitado de costas. Eu durmo de lado. Está vindo do apartamento da Josephine no andar de cima. Ela trabalha em um laboratório aqui na universidade. Ela tem acesso a..."

"Mesmo que ela trabalhe em um laboratório, ela não tem permissão legal para pegar esse material..."

Stella interrompeu. "A senhora acha que nós estamos mentindo?"

"Nós vamos para casa", eu disse, "e vamos tentar entender os detalhes confusos..."

"Qual é o problema, Frank?" Stella estava furiosa. "Você está com medo de manchar a reputação do teu pai?"

"Por que a vizinha de vocês faria uma coisa dessas?", perguntou a dra. Zhou.

"Você não sabe nada da vida", disse Stella. "Os campos de concentração para japoneses não ensinaram nada a vocês." (Stella sabia que Zhou era um nome chinês, não japonês, mas quando criança na Segunda Guerra Mundial, Stella viu como a palavra *ameaça* grudava como velcro a uma cor, mais do que a uma etnia específica.) Já na porta, Stella disse, "Frank trabalha meio período como taxista na Blue & White. Eu trabalho meio período como professora assistente na escola fundamental Marcy. Nós dois estamos em programas de assistência social do governo. Fique à vontade para procurar nossos patrões. Você vai achar isótopos radioativos no banco do táxi que ele dirige."

116

6

Nossa casa fica na outra extremidade do campus em relação ao hospital. Atravessamos o campus, andando, na maior parte do tempo, em silêncio, com medo de que qualquer palavra dita possa incendiar nossos nervos expostos. Eu não digo para ela como me apaixonei instantaneamente por ela ali nos degraus do arsenal, quando ela disse para um ônibus lotado de recrutas para não irem ao Vietnã. Passamos pelo Burton Hall, onde ela trabalhou em outra época com meu pai. Ela não diz como eu era bonitinho quando o diretor da escola me mandava para o gabinete do meu pai por matar aula ou por fumar maconha nos banheiros. Quando passamos pelo portão principal e atravessamos a rua para Dinkytown, não conto para ela as histórias da época em que Bob e eu aprontávamos naquela rua.

No consultório da dra. Zhou, quando Stella disse, "Qual é o problema, Frank? Você está com medo de manchar a reputação do teu pai?", ela tocou em um desejo de ser especial que pulsava em meu coração. No meu inconsciente, eu desejava aderir a um elemento de branquitude, de humanidade (uma vez que a dra. Zhou não era branca), que me poria à parte dos outros negros. Mas esse desejo era mais profundo do que Stella ou eu suspeitávamos na época. Um desejo inconsciente de que o prestígio do meu pai (que era falso como o prestígio que Solomon imaginava ter acumulado por suas habilidades como engenheiro e seus talentos como músico) se infiltrasse no meu ser por osmose. Eu tinha usado o nome dele para conseguir a consulta. Eu usaria o nome dele de novo nas semanas e nos meses seguintes para abrir outras portas. Esse tipo de raciocínio é universal. Mas o que *não* é universal, o que pertence aos negros e apenas aos negros, é um desejo mais profundo que nasce de uma estrutura mais profunda de opressão. Quando você intui pela primeira vez na vida que vive em um caldo pré-lógico de violência, uma violência que é legítima caso seja brandida por cidadãos "comuns", como Josephine, assim como quando é brandida por autoridades responsáveis pela aplicação da lei, e que a posição e o prestígio do teu pai são tão inúteis como chave para um refúgio quanto a posição e o prestígio de alguém que é negro e órfão, você se depara com duas opções: encarar inabalável o abismo do mesmo modo como ele te encara, ou descontar na pessoa negra ao teu lado que não te deixa em paz com a tua fantasia de estar genuinamente vivo. Qualquer coisa para não ter de encarar o fato de que a tua noção de presença não passa de "institucionalidade emprestada".*

Essa dinâmica, esse imbróglio intranegros, é mais difícil de discernir nos séculos XX e XXI, pelo simples fato de que as personas da classe senhorial já não se materializam em homens brancos maus e mulheres brancas más que carregam chibatas de verdade em uma fazenda real. O senhor se dispersou por todo o espectro racial de pessoas que não são negras. A dra. Zhou é tão membro da classe senhorial quanto Edwin e Mary Epps, os antagonistas de *12 anos de escravidão*. Na verdade, o século XX passou os Epps por um prisma — eles não são apenas pessoas, são ideias. São ideias e personas que um jovem negro de classe média como eu tinha combatido conscientemente a ponto de ser expulso da faculdade, ao mesmo tempo em que, no meu inconsciente, eu era um suplicante leal que se importava mais não apenas com os sentimentos, mas com a estabilidade do mundo dos meus senhores, do que com meu próprio sofrimento e com o sofrimento de Stella. É difícil ser um escravizado e sentir que você é digno, verdadeiramente digno, de seu sofrimento como escravizado.

Cento e vinte e sete anos antes de Josephine, antes de Cody, antes do Urban Risers e antes da dra. Zhou, seria mais fácil enxergar a fissura entre Stella e eu. Nós não teríamos andado

---

* Jared Sexton, conversa particular, em 22 de novembro de 2007.

para casa em um silêncio sintomático; nossa discórdia se daria abertamente. Às vezes, Stella atirava em mim a noção que tinha de si mesma como um ser de uma dimensão especial, de quase-negritude, do mesmo modo que eu atirava nela o status do meu pai e minha linhagem de Dartmouth. Ela fazia com que eu soubesse da competência exibida pelos homens brancos com quem ela tinha estado e do judeu com quem ela tinha se casado; ela os exibia como aulas do que eu jamais poderia ser ou aprender. É assim que a maior parte dos casais negros briga e discute, disparando pessoas brancas e não negras um contra o outro. Não, é mais sutil do que isso. As balas não são os próprios brancos e não negros, e sim o ambiente de reconhecimento e incorporação em um mundo além da *plantation*. Carregamos nossas armas com intangíveis letais e atiramos direto no coração. Qualquer um que pense que as narrativas de escravizados do século XIX são relatos sobre o passado não está prestando atenção. Essa pessoa vai enxergar na análise do afropessimismo um assalto, mais do que um esclarecimento; isso porque ela é incapaz de imaginar uma *plantation* aqui e agora.

Mas o afropessimismo tem como premissa uma afirmação abrangente e iconoclasta: que a negritude é limítrofe com a escravidão: a negritude *é* a morte social: o que significa dizer que jamais houve um metamomento anterior de plenitude, jamais houve um equilíbrio: jamais um momento de vida social. A negritude, como posição paradigmática (mais do que como conjunto de práticas culturais, de equipamentos antropológicos) se elabora por meio da escravidão. O arco narrativo do escravizado que é *negro* (ao contrário do escravizado genérico de Orlando Patterson, que pode ser de qualquer raça), *não é arco nenhum*, é uma linha reta, aquilo que Hortense Spillers chama de "imobilidade histórica": uma linha reta que vai do desequilíbrio para um momento na narrativa de falso equilíbrio, para um desequilíbrio restaurado e/ou rearticulado.[12]

Esse tipo de mudança, a promessa transformativa de um arco narrativo, pertence aos homens brancos e a seus sócios minoritários na sociedade civil (imigrantes não negros, pessoas queer brancas e não negras e mulheres não negras) *mas somente em relação uns com os outros*. Por capacidade transformativa quero dizer que, por meio de esforços, não cidadãos (no sentido legal e libidinal da palavra — legal no caso de latinxs sem documentos, por exemplo, e libidinal no caso de qualquer um, desde um imigrante racializado *com documentos* até um gay, passando por uma mulher não negra) podem se tornar cidadãos, porque eles continuam sendo humanos; eles são simplesmente oprimidos e, portanto, não estão em plena posse de seus direitos. Mas a capacidade transformativa deles tem origem *não* em seus atributos positivos e sim no fato de que eles não são negros, não são escravizados.

Esses cidadãos de plena posse de seus direitos e aqueles que não estão plenamente de sua posse vivem por meio de arcos narrativos de transformação *intracomunitários*; mas no que diz respeito aos negros, seu inconsciente coletivo vê os negros como adereços, que eles utilizam como implementos necessários para causar as transformações psíquicas e sociais e para dar coerência à sua própria subjetividade humana.

No entanto, o escravizado é um ser senciente. Portanto, uma existência desprovida de promessa transformativa, cuja narrativa oferece esperança aos sujeitos humanos, é uma lição dolorosa para o escravizado aprender, e ainda mais difícil aceitar. Não estou sugerindo que os negros devam se resignar à inevitabilidade da morte social — ela *é* inevitável, no sentido de que a pessoa nasce na morte social, assim como nasce pertencendo a um gênero ou a uma classe; mas ela é também construída pela violência e imaginação de outros seres sencientes. Portanto, assim como no caso da classe e do gênero, que também são *construtos*, não designações divinas, a morte social pode ser destruída. Mas o primeiro passo em direção à sua destruição é assumir sua posição (*assumir, não celebrar ou negar*), e em seguida incendiar o navio ou a *plantation*, em suas encarnações passadas e presentes, de dentro para fora. No entanto, como negros, nós frequentemente temos uma incapacidade física e uma falta de disposição a assumir essa posição. É algo tão compreensível quanto impossível.

Eu era em grande medida assim quando conheci Stella. Stella era cética quanto à disposição do FBI para nos ajudar a desvendar as agressões que vinham em nossa direção (desde a violência de Josephine e Cody até a violência de quem quer que não quisesse que Stella apresentasse ao judiciário suas provas contra o Urban Risers). Olhando em retrospectiva, percebo que eu acreditava que meu pai tinha um status na comunidade, que sua posição em múltiplos conselhos e como vice-reitor da universidade em certo sentido havia imbuído tanto a ele quanto a mim de capacidade humana, a capacidade de sermos reconhecidos e incorporados como algo que não se reduz a ser negro. Eu não tinha ideia de que o FBI havia me rastreado por quatro anos, que havia um arquivo sobre mim; nem tinha me ocorrido que o ativismo social de Stella, especialmente a desobediência civil contra a guerra e seus muitos amigos que pertenciam a movimentos de contracultura e revolucionários, seriam obstáculos para que conseguíssemos ajuda. Mas esses nem chegam a ser os motivos fundamentais para que eu devesse ter sido cético: se o FBI monitorava escritores criativos negros desde 1919, se o FBI constantemente atualizava e revisitava sua lista de escritores negros fadados a irem para prisões preventivas (campos de concentração?),* se o FBI, assim como toda agência de garantia da lei nos Estados Unidos, é organicamente contrário aos negros, então onde está a linha que separa a prisão de casa?[13]

---

* William J. Maxwell, *F.B. Eyes: How J. Edgar Hoover's Ghostreaders Framed American Literature*. Princeton: Princeton University Press, 2015.

7

Agora Stella e eu tínhamos atravessado toda a extensão do campus, desde o consultório da dra. Zhou até Dinkytown, sem romper nosso silêncio, com medo de que qualquer palavra que pudéssemos dizer um ao outro incendiasse nossos nervos expostos. Eu queria mostrar a ela os degraus do arsenal, onde ela disse a um ônibus cheio de recrutas para não irem ao Vietnã, o exato lugar onde eu, aos quinze anos, me apaixonei por ela. Se ela quis apontar para Burton Hall, onde trabalhou na reitoria com meu pai, e dizer como eu era bonitinho quando meu diretor me mandava para o gabinete do meu pai por matar aulas ou fumar maconha, também caminhou em silêncio e deixou o momento passar. Atravessamos a rua para Dinkytown; não digo uma palavra sobre meu melhor amigo Bob e tudo que aprontamos nessas ruas.

Já dá para ver nossa casa quando Stella finalmente fala. Ao nosso lado em um semáforo, um casal manifesta seu alívio por Teddy Kennedy ter derrotado Jimmy Carter nas primárias do Partido Democrata em Massachusetts. Precisamos de um Kennedy, a mulher diz, enquanto o sinal de pedestres fica verde, para ganhar de Ronald Reagan. Deixamos que eles andem na nossa frente. *Aí* Stella fala.

"Vamos mandar a Malika para algum lugar seguro", ela diz.

8

DIA UM

Duas semanas depois de tirarmos Malika de casa

O carro que roubei da garagem dos meus pais é uma perua verde-samambaia com painéis que imitam madeira e treze adesivos dos parques nacionais que visitamos na minha infância. Stella e eu não temos mais do que cem dólares e nossos cupons para comprar comida, claro. Estamos usando as mesmas roupas faz dois dias, porque tivemos que dormir com elas; e mandamos Malika embora, torcendo para que ela fique em segurança. Vamos buscá-la quando nos sentirmos seguros. Mas o "quando" se parece cada vez mais com um "se". Saímos de casa sem pensar em trazer a arma de Jamal. Burrice. Burrice.

Enquanto Stella e eu vagamos pelas ruas de Minneapolis procurando um lugar para ficar, imagino Malika ouvindo alguém contar que a mãe dela e eu fomos baleados na avenida Hennepin. Malika está na casa do pai dela, Uri, em Idaho. Não haveria ninguém para explicar nossas mortes a ela. Mais de uma vez quero acreditar que vou proteger Stella; que vou enfrentar corajosa e decididamente qualquer violência dirigida a nós, sem pensar em perdas pessoais ou em descrédito.

9

DIA DOIS

É nossa segunda noite na sala de estar da amiga de Stella, uma mulher branca chamada Olivia. Stella conheceu Olivia onze anos antes, em 1969, em um protesto contra a guerra, mas as duas só se tornaram próximas mais tarde, quando trabalharam como enfermeiras na ala de prematuros do Centro Médico de Hennepin County. O apartamento é de Olivia, mas Chase é o homem dela e age como se a casa fosse dele. Graças a Deus não é. Se fosse, teríamos que ir embora. Ele é gerente de um restaurante e não pode ver *Johnny Carson* quando chega em casa porque estamos acampados na sala. As pontas dos dedos dele estão amareladas de cigarros e as roupas têm vestígios de gordura de chapa.

Não sei se eles pensam que estamos aqui dormindo ou se não sabem que a porta da cozinha está entreaberta. Sendo enfermeira, Olivia é treinada para falar com tons tranquilizadores; ela consegue envolver sua tristeza em algodão. Mas Chase é outra história. Acho que ele quer que a gente ouça.

"Olivia, não vem com essa baboseira que o apartamento da Stella está em reformas. O anjinho dela está se cagando de medo. Dá pra ver na cara dele. Ele quer cair fora."

Minha cama é um tapete felpudo, alguns cobertores e um travesseiro no chão ao lado do sofá. Stella está aboletada no sofá. Não olho para ela quando Chase diz que "ele quer cair fora"; e minha mandíbula trava quando ele me chama de "anjinho". Por dois anos venho pensando se é assim que os amigos de Stella me veem. Parte de mim queria dizer a palavra em voz alta, como Chase acabou de fazer. Definir aquilo. Fazer dessa palavra o que eu sou.

Olivia diz que não sabe os detalhes, e que ele não ia acreditar na Stella se ela falasse a verdade.

"Você tem razão. Eu não ia acreditar nela. Ela enganou você e aqueles esquisitões de Dinkytown por anos. Todos vocês achavam que ela era a Angela Davis. Ela não é a Angela Davis. Você já não é a Olivia dos subúrbios em busca de uma emoção; e a guerra acabou cinco anos atrás."

"A guerra não acabou para os negros", Olivia diz.

"Negros? Tipo o cara que bateu em você por sete anos?"

"Me diz um número, Chase."

"Número do quê?"

"O número de anos que você vai continuar me punindo."

"*Ele* batia em você, mas sou *eu* que estou te punindo."

"Você me pune por ter dormido com o pai da Sonja; você pune a Sonja por ser miscigenada. Me processa, Chase, por não ser racista."

"Me processa por pensar por conta própria. E vou te contar uma coisa sem cobrar nada: antes que essa história tenha acabado, o namorado dela vai cair fora."

Depois de duas noites vamos embora do apartamento de Olivia. Não dizemos o motivo e eles não perguntam. Seguimos trinta quilômetros para o sul até o distrito de Edina.

10

DIA TRÊS

8h30

Sentamos abaixados no banco da frente da perua. Estamos parados a uma certa distância, mas dá para ver a porta da frente. Quando o contador sai da garagem dirigindo, deixamos o carro onde está, contornamos a casa até os fundos, onde ela nos deixa entrar, e vamos para o porão. Está frio aqui embaixo no porão de concreto, onde outra mulher branca que Stella conhecia de outros tempos mora com o marido contador. Mas só podemos dormir aqui durante o dia. (Enquanto vagávamos por aí de casa em casa, jamais contando toda a nossa história — e por vezes sem contar nada dela —, percebi que jamais íamos para nenhuma das casas de mulheres ou homens negros que Stella tinha conhecido. Stella disse que alguns deles estavam passando por problemas piores que os nossos; e que eles também eram vigiados ou podiam passar a ser monitorados caso batêssemos na porta deles.) Dormimos em cadeiras de praia perto da lavadora e da secadora sem nunca tirar os casacos. Às quatro da tarde, a amiga de Stella vem nos acordar. Precisamos sair antes que o contador chegue em casa.

22h30

Dirigimos pelas ruas das Twin Cities, esperando a manhã quando podemos dormir um pouco. Já sabemos onde estão todos os restaurantes que ficam abertos de madrugada.

DIA QUATRO

9h

Hoje de manhã fomos barrados na porta dos fundos. A amiga de Stella diz que uma vizinha percebeu. Ela vai morrer se aquela mulher falar para o marido dela. Ela lamenta, mas não podemos entrar.

23h59

Março à meia-noite pode ser mais frio aqui do que boa parte do Alasca no inverno. Dormimos na perua no lado sem vento do estádio de futebol americano dos Golden Goophers. Dormimos em turnos para que a pessoa que está acordada possa regular a temperatura e abrir um pouco a janela de vez em quando. Se ficarmos tempo demais aqui, os tiras vão encher o saco.

DIA CINCO

3h, centro de Minneapolis

Às três da manhã atravessamos o rio Mississippi e vamos rumo ao centro da cidade. As ruas estão vazias. Os semáforos piscam sem propósito na noite vazia. Stella pergunta se estamos sendo seguidos. Nosso cheiro é de quem não vê sabonete há uma semana.

II

Chase tinha razão. Ela não é Angela Davis, embora as pessoas se confundissem quando a viam de longe. Mas a Angela Davis poderia contar com mais pessoas caso estivesse na situação da Stella. Na luz fraca do carro dos meus pais, penso como ela é bonita, apesar das linhas na testa que eu não tinha visto antes do advogado dela, Noam Davidov, vir dizer que a audiência no tribunal seria em menos de um ano.

O processo que Stella moveu contra o Urban Risers, um programa governamental de combate à pobreza nascido na era Lyndon Johnson, vai a julgamento em novembro. Desde que Noam Davidov foi à casa de Stella para nos dizer a data da audiência dela contra o Urban Risers e, por extensão, "talvez" contra indivíduos no governo federal, indivíduos cujas identidades podem se tornar conhecidas quando ele tomar depoimentos de membros do conselho do Urban Risers, nossa vida virou de cabeça para baixo. Na semana passada fomos ver Imani Price, uma mulher que desempenhou um papel de destaque em outros tempos na comunidade negra da parte norte da cidade. Talvez ela possa dizer quem está nos caçando.

Quando conheci Imani, eu tinha sete ou oito anos. Ela era uma das aproximadamente trinta pessoas, entre estudantes universitários, organizadores da comunidade negra da parte norte da cidade e professores universitários, que se reuniram na sala de estar dos meus pais. Meus pais tinham me dado livros ilustrados sobre história negra e eu reconheci Imani imediatamente. "Você é a Harriet Tubman?", eu perguntei para ela. Todo mundo na sala riu. Eu me senti pequeno e constrangido. Ela tocou no meu rosto e disse, "Querido, essa é melhor coisa que um homem já disse para mim".

Ela e o marido, Darnell Price, tinham participado do conselho do Urban Risers junto com Stella. Se eu me lembro bem, Stella disse que Imani era inocente, entretanto, quem tinha como saber quais provas o julgamento iria revelar sobre o envolvimento do marido? O réu principal era um sujeito chamado Kapalei Kenyatta, um golpista vestido de dashiki que, segundo os rumores, tinha trabalhado com Darnell (e, presumivelmente, com Imani) em outros projetos de combate à pobreza além do Urban Risers, onde parte do dinheiro era desviada e usada para tudo, desde encher o bolso deles até financiamento de tráfico de drogas e prostituição e compra de imóveis — como uma das duas maiores casas de Kenwood, uma construção aristocrática que lembrava um pequeno castelo escocês com uma imensa torre feita de pedras assentadas à mão. Esse castelo escocês no coração de Kenwood era onde Imani estava morando. Ela e Darnell tinham se separado depois da última vez que ele bateu nela. Darnell concordou em dar a ela essa casa grandiosa caso, presumi, ela concordasse em não prestar queixa contra ele pelo mais recente episódio de violência doméstica.

Em frente à fachada da mansão havia uma grande torre de pedras com ameias. Na Escócia do século XVI haveria grãos para sobreviver ao inverno numa torre como essa, ou quem sabe armas para repelir uma invasão inglesa; mas no enclave de Kenwood, o térreo dessa torre era um luxuoso estúdio onde Stella e eu nos encontramos com Imani. A casa em que eu cresci ficava a menos de duas quadras. Por muitos anos a vizinhança tinha sido isolada pela Highway 394 do norte de Minneapolis, onde ficava o Urban Risers, aquilo que as pessoas chamavam de gueto. Como Imani Price conseguiu comprar uma casa em Kenwood — o que fazia dela a quarta proprietária negra de um imóvel em Kenwood desde que meus pais romperam essa barreira em 1962 — era algo que eu não compreendia quando chegamos. Na minha juventude, nós chamávamos essa casa de castelo e acreditávamos que o lugar era assombrado. Imani disse que "a fundação" criada por ela e Darnell comprou a casa. O imóvel era de propriedade da ONG deles. Mas isso ainda não respondia à minha pergunta: como duas pessoas negras pobres que sempre tinham vivido de oportunidade em oportunidade, e que não tinham uma linhagem que pudesse ser aceita pelo Comitê de Kenwood, conseguiram o dinheiro, os meios e a oportunidade para romper a Cortina de Ferro de Kenwood? O Comitê de Kenwood havia mobilizado quinhentos domicílios para tentar manter meus pais longe da vizinhança. O comitê chegou a hesitar oito anos depois quando um arquiteto negro de renome se mudou para lá com a família. Eles tinham tentado evitar que um jogador de futebol americano profissional rico, Alan Page, construísse uma casa moderna lá (muito embora Frank Lloyd Wright tivesse construído uma casa moderna lá e recebido muitos elogios).* Eles tinham esnobado um cirurgião negro que comprou uma mansão quase tão grande quanto o castelo escocês de Imani e Gabe. Tendo em vista tudo isso, como foi que eles deixaram uma mulher cujo marido era conhecido na cidade como um radical do movimento negro, além de um golpista desonesto, comprasse a segunda mansão mais desejada do enclave arborizado na parte oeste de Minneapolis?

Imani Price tinha se mudado para Kenwood com um sujeito branco da região norte que gostava de ficar à toa e que tinha no mínimo vinte anos a menos que ela. O nome dele era Gabe e ele fazia eu me sentir rebaixado; mas não por nada que ele dissesse ou fizesse, porque na verdade ele não *disse* nem *fez* absolutamente nada. Ele ficou atrás de Imani como a Guarda da Rainha em Buckingham enquanto ela, em sua mesa, escutava Stella contar nossa história. Não foram palavras nem atos que fizeram eu me sentir pequeno, foi o corpo dele. O corpo teso e musculoso de um jogador de futebol americano; um corpo que come do modo como eu comia nas mesas de treino de futebol americano em Dartmouth, cinco anos antes, o que agora parecia uma época totalmente diferente, em 1975; um corpo que tinha tempo de folga e dinheiro para se exercitar na academia, como eu havia feito em outros tempos. Ao longo dos dois últimos anos, eu tinha perdido grande parte

---

* Além de ter sido jogador do Minnesota Vikings, Alan Page também foi advogado, e se tornaria juiz associado da Suprema Corte do Minnesota.

da musculatura e não tinha o mesmo acesso aos tipos de alimento a que tivera antes. Machucava meu ego cobiçar um corpo que não era mais uma opção para mim. Feria meu ego ser pobre.

Stella contou a Imani sobre a arma que um irmão da zona norte chamado Jamal, que as duas conheciam, deu para que Stella se protegesse; sobre o clique no telefone que começou logo depois que o advogado de Stella, Noam, saiu da casa; sobre o nosso telefone, como recebíamos chamadas em que ninguém falava quando atendíamos; sobre a invasão à la Daniel Ellsberg no meu apartamento; e sobre como temíamos estar sendo seguidos. Isso era tudo que eu queria que Stella dissesse para Imani. Eu não confiava em Imani, não completamente, embora soubesse que ela era vítima de violência doméstica e que, portanto, não tinha mais lealdade a Darnell — que era próximo a Kapalei Kenyatta; eles tinham os mesmos segredos bem guardados. Eu também não conhecia aquele cara branco que ficava atrás da Imani enquanto ela estava na cadeira de espaldar alto atrás de uma mesa de mogno que podia servir de pista de decolagem.

Stella não quis prestar atenção aos meus conselhos. Antes de entrarmos, e enquanto ainda estávamos no carro estacionado ao lado da edícula que ficava longe da casa principal, eu disse que ela não deveria contar tudo a Imani. Imani e Darnell tinham trabalhado com monitoramento governamental, segundo ela me disse, os telefones deles estão sempre grampeados, e eles encontraram a casa toda revirada, do mesmo jeito que você, Frank, na noite em que você chegou em casa e descobriu que o apartamento tinha sido trancado pelo lado de dentro, e que dois homens tinham escalado a janela e fugido rua abaixo. Mas eles nunca foram forçados a sair de casa, eu respondi; Imani vai perguntar por que nós fomos forçados a abandonar a nossa casa. E mesmo que ela acredite em você, eu disse, por que ela ia nos contar a verdade?

Por que ela ia nos contar a verdade? Stella tinha me dito que, da última vez que bateu nela, Darnell quebrou o braço de Imani.

"Ela está vivendo com um cara branco agora", Stella disse, "um cara mais ou menos da tua idade. Ele deu uma porrada no Darnell Price, um soco tão forte que ele caiu de costas por cima de uma cadeira."

"É por isso que você precisa de um homem mais novo", Imani disse mais tarde naquele dia enquanto estávamos sentados nas duas cadeiras chiques em frente à mesa dela. Ela tocou na mão de Gabe. Ela piscou para Stella como se tivessem tirado a mesma sorte. "Homens mais novos sabem como tratar uma mulher."

Imani contou em detalhes, e sem que ninguém perguntasse, as últimas vezes que Darnell bateu nela. Stella respondeu com uma história dela — como Uri Shapiro, o ex-marido judeu, pai da filha dela, a agarrou pelas axilas e levantou no ar. Ele bateu as costas dela contra uma janela. Ele não tinha intenção de machucar Stella. Ele não sabia que a vidraça ia quebrar, mas quebrou. Estilhaços de vidro caíram como adagas em uma caverna de gelo. Uma adaga de vidro perfurou o deltoide dela. Ao contrário de Darnell, Uri não pretendia machucar Stella. Ele ficou se sentindo tremendamente mal.

Uma noite, tinha perguntado a ela sobre a cicatriz no antebraço. Ela disse que foi um "acidente industrial". Depois de fazermos amor, acariciei a cicatriz e perguntei os detalhes. Ela aninhou a cabeça no meu pescoço e riu. "Foi o cachorrinho Au-Au que fez isso." O corpo dela sacudiu encostado ao meu enquanto ela ria. Não entendi a piada, nem achei que ela ia parar de rir. Coloquei meus dedos debaixo do queixo dela, mas Stella não levantava o rosto para olhar para mim. Latiu, vários pequenos latidos de filhote. "O cachorrinho Au-Au", ela disse e lá foi rir de novo. O riso dela não era contagioso. Não era um riso feliz.

No começo fiquei irritado porque nos dezenove meses que estávamos juntos ela não me contou, mas agora estava contando para Imani Price, que nem tinha perguntado. Hoje fico constrangido pelo que senti na época. Elas eram duas mulheres criando vínculos com base no que dois homens tinham feito com elas. Os dois homens na sala eram tão relevantes para essa conversa quanto dois itens aleatórios de decoração. Ou pode ser que elas *estivessem* falando para Gabe e para mim. Talvez elas dessem indiretas, dizendo estar cientes de que no fundo de nós dois havia um Uri ou um Darnell, só à espera para espancá-las. Pode ser que elas estivessem falando, não se achem bons demais. Se isso for verdade, no entanto, é uma verdade secundária. O que é mais importante é o modo como Imani e Stella, ao contar suas histórias uma para a outra (como se Gabe e eu não estivéssemos ali), reconheceram a si mesmas como mulheres negras cuja carne tinha sido o local dos mais gratuitos atos de violência — violência inter-racial no caso do abuso de Stella por Uri, e violência intramural no caso de Imani e Darnell. Era como se elas dissessem, como não há ninguém para ouvir nosso sofrimento como mulheres negras, nenhum paradigma de reconhecimento e reparação, seremos uma para a outra os ouvidos que o mundo não nos dá.

Enquanto ouvia sobre o que tinha acontecido entre Stella e Uri, Imani parecia querer voltar no tempo e proteger Stella daquele ferimento infligido por seu marido. Frequentemente me peguei pensando, caso essa comunhão não tivesse acontecido entre essas duas mulheres, se Imani teria se aberto e contado a Stella sobre as trapaças no Urban Risers. Como se para dizer, Eu não tenho como salvar você das cicatrizes do passado, mas posso jogar alguma luz nas cicatrizes que vêm por aí.

Quando Stella contou a Imani e Gabe nossa história, e parou no ponto em que pedi para ela parar, fiquei aliviado. Gabe pareceu satisfeito, mas Imani não. Ela fez a pergunta que Stella disse que ela faria.

"Por que vocês abandonaram o duplex?"

Stella respirou fundo e deixou o ar sair lentamente. Ela olhou para Gabe.

"Ele é confiável", Imani disse. "Ele sabe tudo sobre o Urban Risers. Eu ia contar de qualquer jeito, depois que vocês dois saíssem. Além disso, ele salvou minha vida."

"Imani", Stella disse, "vai parecer maluquice."

"Não, minha filha, pra mim não vai."

"Parece maluquice pra mim quando eu penso na história."

"Então fala. Bota para fora."

"Esse monstro tem muitos tentáculos."

"É por isso que ele é um monstro, minha filha."

Enquanto Stella falava, fechei minhas mãos no colo e apertei até quase doer. Foi isto que ela disse.

"A mulher branca que mora no andar de cima estava envenenando a gente. A gente conseguiu provar, mas uma a uma, as pessoas que ajudaram a reunir as provas, incluindo um detetive particular que a gente contratou com dinheiro que o Frank pegou emprestado dos pais dele, deram para trás. No final, eles não estavam dispostos a depor. Todos desistiram no final — e tudo isso aconteceu depois que o Noam apareceu contando sobre a data da audiência e depois que fomos ao FBI relatar o que estava acontecendo — não só a Josephine, a mulher do andar de cima, mas tudo isso, como a invasão do apartamento do Frank. A gente não sabe o que isso significa."

Imani riu pela primeira vez naquela tarde toda.

"Vocês estão ferrados", ela disse. "É isso que significa."

Stella não estava rindo, nem eu, nem o Gabe, na verdade. Ela tinha uma pergunta para Imani. Stella disse que nossa única esperança era encontrar os dois policiais federais com quem falou quase oito anos atrás quando trouxe à tona a questão da corrupção. Eles pareciam honestos, ela disse. Ela não queria ir ao escritório onde eles trabalhavam de cara limpa, como fizemos no FBI. Ela queria encontrar *especificamente* aqueles dois indivíduos, que pareceram tão amáveis a Stella no passado.

"Imani", Stella implorou, "você pode fazer contato com aqueles dois em nosso nome, e dizer que a gente quer se encontrar com eles?"

Imani fez que não com a cabeça.

"Meu amor", ela disse, "deixe isso para lá. Aqueles dois policiais estavam no bolso do Kapalei Kenyatta. Ele estava no bolso deles. Eles estavam juntos nisso. Por que você acha que levou todo esse tempo para você conseguir ir a julgamento?"

12

DIA CINCO

3h10, centro de Minneapolis

Eu podia ter passado pelo semáforo na esquina da Terceira com a Hennepin, e teria passado, se não precisasse virar. Stella está dormindo e uma curva fechada ia sacudir seu corpo. A Biblioteca Central de Minneapolis fica aqui. De dia é vidro grafite reluzente. Hoje à noite é uma fortaleza, como algo que saiu dos trailers do segundo filme de *Star Wars* que dizem que vai estrear em maio. Parece que foi em outra vida a época em que Stella, Malika e eu fazíamos dessa biblioteca nossa segunda casa. Stella ensinou Malika a usar o sistema decimal de Dewey e a levou a espetáculos de fantoches e a eventos de contação de histórias. Nós líamos ali. Eu escrevia ali. Stella estudava idiomas e pegava partituras emprestadas ali. Três pessoas sem dinheiro ou sem os recursos para lazer podem viver bem na biblioteca. Parece que faz eras que deixamos a pele daquela vida para trás e mandamos Malika para um lugar seguro. Parece que aquela era a vida de outras pessoas.

3h10min37

Tem um carro aumentando no meu retrovisor. Ele está vindo para cima de nós. O semáforo continua fechado. Se não parar, ele vai acertar nossa traseira. Stella não viu porque está dormindo.

3h10min38

Por que eu não consigo tirar o pé do freio e afundar o acelerador? Não consigo gritar. Já vejo Stella com um protetor de pescoço. Já me vejo numa cadeira de rodas. Sinto um aperto no peito, mas mesmo assim não consigo me mover. Pouco antes de acertar nossa traseira, o carro vira. Ele para ao nosso lado. Dois rostos olham maliciosamente para nós. O motorista acelera. É um Datsun 240Z envenenado. O motor ruge de novo. São adolescentes em jaquetas de couro, não homens. Eles querem saber se topamos um racha em Hennepin.

O semáforo abre duas vezes antes que eu consiga parar de tremer e dirija.

3h20

Dirijo pela Hennepin atravessando o centro todo, e continuo nela mesmo quando a rua faz uma curva para o norte na Basílica de Santa Maria, onde um dos bancos tem o nome dos meus pais.

Na esquina da Franklin com a Hennepin, a loja de bebidas Lowry Hill está escura e com a porta baixa. Quase consigo rir daquelas noites, bem na hora do fechamento, em que meu pai atracava essa perua verde-samambaia com painéis de madeira que agora roubamos naquele estacionamento. Debaixo da placa de neon da loja de bebidas, ele me deixava no carro com o motor ligado. Hans Knudsen, o caixa da noite, gostava do meu pai, o que ajudava muito na hora do fechamento. "Os Gophers perderam por um *field goal*", meu pai talvez dissesse, à guisa de desculpas e explicação, e Hans, que talvez tivesse acabado de trancar tudo, às vezes sorria e dizia que sabe como são essas coisas, enquanto destrancava a porta e deixava meu pai entrar.

Stella acorda e desliga o rádio.

"A gente não é casado", ela diz. "Você não precisa passar por isso."

Ela quer que eu diga que vou ficar até o fim, independente de qual seja o fim. Talvez ela queira me dizer que ela também está com medo, mas ela quer ter coragem por nós dois.

3h26

Começa a garoar quando passamos pela loja de bebidas Lowry Hill. Gotas de chuvas enfeitam de pérolas o para-brisas e sussurram nos pneus. Ligo o rádio de volta. O sax tenor de Gene Ammons coloca uma capa de veludo em uma balada que ouvi Stella tocar na flauta. Ela me ensinou a letra. Mas essa não é uma noite para cantar. Dirigimos sem o som da voz humana. O mais triste dos instrumentos.

"Para onde a gente devia ir?", ela pergunta.

Digo que não sei. Já procuramos todos os nossos amigos. A maior parte dos meus amigos está fora, na faculdade. Alguns moram com os pais. Mas a gente não pode simplesmente aparecer do nada na casa deles com a nossa história e todas as suas complicações. O único que não está na faculdade nem em casa está morto. Enquanto eu estava em Dartmouth, Bob Stone foi preso. Nós não nos correspondemos pelos quatro anos em que estive longe, nem durante o ano que ele passou atrás das grades. O boato é que ele foi estuprado na cadeia. Só sei que quando foi solto ele foi até o lugar onde os trens atravessam o rio e deitou no trilho.

"Eles vão me odiar ainda mais", ela diz (e eu sei que "eles" são meus pais), "quando voltarem de Moscou e descobrirem que você pegou o carro deles."

"Eles não te odeiam e eles não vão descobrir."

"Teu pai disse que gostava do meu cachimbo de sabugo de milho quando eu trabalhava no gabinete dele na universidade. Era igual ao que a avó dele fumava."

"Você contou."

"Ela estava bem ali. Ela não disse nada." Eu sabia que Stella falava da minha mãe. "Ela deve me detestar agora que estamos juntos."

"Por que ela te odiaria? Por que o meu pai gostava do teu cachimbo?"

"Tenho certeza que ela fica imaginando qual é o teu problema. Eu não sou a primeira mulher velha com quem você fica."

"Quarenta anos não é velha."

"Sou velha o suficiente para ser tua mãe."

"Você ia ter dezesseis anos." É meu jeito de dizer, estou cansado dessa tua negatividade. Cansado de bater na casa de estranhos com histórias sobre sermos perseguidos, sobre Kapalei Kenyatta e os capangas dele, sobre Josephine envenenando nosso apartamento com radiação, sobre o FBI e a polícia e seja lá quem mais que não quer que *você*, tá bom, Stella, *você*, e não *eu*, exponha a corrupção em algum programa contra a pobreza que não tem importância nenhuma pra ninguém. Eu quero voltar para Dartmouth. E já chega de falar da minha mãe. Mas eu não digo nada disso. Stella continua falando como se não tivesse ouvido uma única palavra do que eu pensei.

"Se eu fosse ela, ia me sentir ameaçada. Todas essas mulheres mais velhas que você ficou."

Agarro mais forte o volante. Meu olhar está fixo na escuridão.

Uma amiga da minha mãe, colega dela na faculdade em New Orleans, às vezes escapava dos coquetéis dos meus pais e ia me colocar na cama no andar de cima à noite quando eu tinha nove anos. O nome dela era Leontyne Dupré. O pai dela era um bon vivant em New Orleans; e embora eu jamais tenha chegado a saber exatamente o que isso queria dizer, pelo jeito que meus pais riam quando falavam, eu sabia que não era uma ocupação a que eu devesse aspirar. Leontyne Dupré sentava na beira da cama enquanto eu estava lá deitado; ela equilibrava meu globo nos joelhos e se espantava com o modo como eu explicava a topografia e o clima de lugares distantes no globo que eu iria visitar um dia. Quando eu estava no meu último ano de ensino médio, ela e eu trabalhamos juntos, vendendo Amway. Uma vez, transformamos a enorme sala de estar dos meus pais num teatro com cadeiras dobráveis, onde cinquenta pessoas, desde o presidente e o vice-presidente do banco local até pessoas que meus pais chamavam de "amigos delinquentes" do norte da cidade, todos sentaram na mesma sala suarenta ouvindo um cara importante da sede no Michigan fazer propaganda do esquema de pirâmide. Meus pais voltaram de uma de suas viagens à Europa um dia antes e deram de cara com a coisa toda. Acho que minha mãe nunca voltou a falar com a amiga.

Depois teve a sacerdotisa Rada em Trinidad. Faz só cinco anos e eu era um aluno de segundo ano estudando fora. Achei que a minha mãe ia gostar, já que ela era de New Orleans, onde o vodu, embora em versão fragmentária, foi praticado por nossos ancestrais. Mas ela só conseguia enxergar a idade da mulher. Eu podia contar essa história para Stella. Podia aliviar o clima entre nós. Mas não estou disposto a ceder.

3h29

Na esquina da Vinte e Quatro com a Hennepin consigo ver lá adiante o Uptown Diner. Quando estava no primeiro ano do ensino médio o lugar se chamava Embers, e trabalhei lá limpando mesas, e flertava com mulheres adultas. Enquanto tirava os pratos eu testava cantadas gastas ("As senhoras precisam de companhia para o resto da noite?") como um falsário que passa notas sem valor. Certa noite uma aeromoça da Pan Am (na época elas ainda não eram chamadas de comissárias de bordo) pagou para ver meu blefe, me levou para a casa dela e trepou comigo a noite toda.

"Tenho uma escala longa na Malásia", a aeromoça disse antes do sol nascer. "Fique com o meu carro." Era um Trans Am turbo. Isso aconteceu mais de uma vez. Uma vez fui para casa com o carro dela às seis da manhã. Sentei na mesa da cozinha dos meus pais, ainda cheirando a sexo. Minha mãe, que tinha visto aquele carro uma ou duas vezes antes e que sabia que nenhuma menina da minha escola podia ter dado aquilo para mim, desceu de roupão e me olhou de lado.

"Ela cobrou dessa vez ou foi de graça?" Posso contar essa história para a Stella e dar a ela uma noção de que, aconteça o que acontecer, estou sempre do lado dela. Mas dirijo em silêncio com a mandíbula cerrada e totalmente na defensiva.

3h31

De repente me ocorre que abandonamos o apartamento sem pegar a arma do Jamal. Uma bela chuva cobre o para-brisas. As ruas estão desertas. E não vejo necessidade de enxergar com clareza. Raios coloridos das luzes da rua se estilhaçam no vidro. Stella manda eu ligar o limpador.

Mais do que tudo, quero voltar para a faculdade. Mais do que tudo, me odeio por esse sentimento. Fico pensando nos homens mais velhos com quem Stella ficou dos quais eu não poderia nem amarrar o cadarço. Nenhum deles estaria dirigindo sem rumo no meio da noite, fugindo da Josephine e de gente que não quer um julgamento sobre o Urban Risers. Homens como Carl Eller, jogador profissional de futebol americano, ou o ex-marido dela, Uri, um motociclista e traficante de drogas judeu que abandonou Stella e a filha deles. Homens com quem Stella moldou sua vida quando eu não passava de um menino.

"O que você está fazendo para proteger minha filha?", Uri me perguntou quando ligamos para ele depois de se consultar com a dra. Zhou. Ele sabia a resposta. Tinha acabado de falar com Stella. Eu não precisava de uma bronca dele. Devia ter recusado quando ela me passou o telefone.

Eu me sentia como um escravizado foragido que atravessou o rio e deixou a família do outro lado para enfrentar os cães de caça sem ajuda. "O que você está fazendo para proteger minha filha?" Foi isso que o Uri disse da cabana dele em algum lugar no fuso-horário da montanha. *Vá se foder, Uri, você e toda a tua laia.*

Eu disse, "O que você quer que eu faça — que arranje uma arma e suba lá e arrebente a porta da Josephine?".

Uri não disse nada. Pensei, naquela hora, que eu tinha vencido. *O gato comeu a tua língua, branquelo?*

Mas aí Uri disse, "Você *não tem* uma arma?". Na minha imaginação, Uri sacudia a cabeça. "Jesus. Deixa eu falar com a Stella de novo."

Ao longo das duas semanas seguintes, pedimos a alguns dos nossos amigos para passar uma noite no nosso apartamento. Queríamos ver se eles sentiam o mesmo calor na pele que achávamos ser a origem das nossas queimaduras, mas não contávamos a eles o que a dra. Zhou dissera. Dizíamos que a ideia era que eles ouvissem a barulheira que Josephine e Cody de algum modo criaram nos aquecedores à noite. Eles dormiam no sofá. De manhã diziam estar com sensações estranhas na pele. Um deles era um pianista de concerto que tinha o tato e a audição tão aguçados quanto o olfato de um urso, capaz de sentir a ansiedade num corpo humano a dez quilômetros de distância. Ele disse que sonhou que estava pegando fogo. Quando foi ao banheiro, ele lavou o rosto com água fria. No café da manhã contávamos aos nossos amigos o que a dra. Zhou tinha dito.

Todos eles diziam que iriam depor sob juramento quando chegasse a hora. Olivia, cujo companheiro, Chase, em pouco tempo não queria mais nada com a gente, estava tão preocupada com nossa segurança que levou rolos de papel alumínio e um balde de pregos finos para a nossa casa. Do alto de uma escada, ela pregou faixas imensas de alumínio no teto. Ela estava satisfeita consigo mesma quando desceu. "Vocês não vão ser os únicos", ela me disse, "a ter as gônadas queimadas. Isso vai dar a eles um gostinho do próprio veneno."

Mas nada disso bastava para mim. Por isso fui procurar meus pais com uma mentirinha sincera. Disse a eles que precisava de dinheiro para começar a vida de novo — sem dizer que planejava voltar para Dartmouth. Com o dinheiro em mãos, Stella e eu pegamos o ônibus para o subúrbio de St. Louis Park. O detetive particular que contratamos foi à nossa casa no dia seguinte. Ainda consigo ouvir a sequência rápida de cliques audíveis, e o modo como Stella arfava — em parte de horror, em parte por provar que estava certa — enquanto víamos ele movimentar seu contador Geiger perto do nosso quarto e da sala. Hoje, enquanto escrevo, ainda sinto o horror que sentimos na época, mas o sentimento de satisfação que Stella e eu tivemos por provarmos que estávamos certos desapareceu. Hoje, enquanto escrevo, desejo que a máquina dele não fizesse som nenhum. Ele prometeu que ia escrever um relatório que poderíamos levar para a polícia.

Achamos que tínhamos tudo de que precisávamos para procurar as autoridades: um detetive branco ia nos fornecer um relatório de seu contador Geiger; nossos amigos contariam ao tribunal sobre a sensação de ardência na pele. E tínhamos a dra. Zhou. Por isso fomos até o FBI, e também procuramos Tony Bouza, que acabava de ser nomeado chefe de polícia, conhecido como membro do Partido Democrata Trabalhista e Agrícola de Minnesota, um reformista que não era amigo dos policiais que comandava.

Havia três agentes na sala de reuniões da sede regional do FBI. Quem fez todas as perguntas foi uma agente branca. Seria errado dizer que estávamos felizes da vida ao andar pelas ruas do centro indo do FBI para o escritório de Tony Bouza, mas é correto dizer que estávamos orgulhosos de nós mesmos e — deixando de lado o processo contra o Urban Risers — tínhamos esperança no sistema.

Stella disse calma e meticulosamente à agente por que esse era um assunto federal. Josephine deve ter violado leis federais ao levar material perigoso do lugar onde trabalhava para sua casa. Esse era o primeiro motivo. Para explicar o segundo motivo, Stella contou aos agentes a história de seu processo contra o Urban Risers — e todas as estranhas formas de assédio de baixa intensidade que vínhamos recebendo desde que Noam Davidov foi a nosso apartamento no outono. Caso Josephine tivesse sido recrutada por figuras sombrias que não queriam que o público tivesse acesso aos arquivos secretos de Stella sobre as reuniões do conselho do Urban Risers e às cópias furtivas de recibos de outros documentos que podiam comprovar desfalque e conluio da parte de pessoas do governo, então isso era mais do que uma questão policial, era algo que o FBI deveria investigar num esforço para garantir nossa segurança entre março e novembro.

Se isso fosse um romance, eu tentaria escrevê-lo de modo a dar um pouco mais de bom senso a Frank e Stella. Eles não agiriam tão precipitadamente. Saberiam não ser tão ingênuos a ponto de imaginar que uma agência federal ajudaria a investigar um vespeiro que podia levar ao indiciamento de um número desconhecido de pessoas em outra agência federal, só para manter dois negros vivos tempo suficiente para conseguir um grande acordo e mandar seus colegas para a prisão. Isso não faria sentido do ponto de vista narrativo. Mas não era um romance e estávamos cansados e machucados e explodindo de esperança.

Uma semana se passou e ninguém ligou, nem o detetive particular. Voltamos ao FBI. Dessa vez eles foram hostis. A mulher branca chegou a gritar comigo quando pedi que ela dissesse quais providências tinha tomado para investigar nossas alegações. Ela disse que precisávamos ir embora. Havia malícia na voz dela quando disse, "O único motivo para termos ouvido vocês foi teu pai e o cargo dele" — ela jogou o braço na direção do rio Mississippi — "na universidade!".

Da segunda vez que fomos falar com ele, Tony Bouza mandou a secretária dizer que ele já tinha saído. Agradecemos e dissemos que tentaríamos falar com ele na outra semana. Em vez disso, sentamos por pelo menos uma hora num banco de madeiras lisas no corredor do seu escritório. Vimos quando ele saiu por uma porta mais adiante. Ele deu dois ou três passos na nossa direção antes de nos ver. Então deu meia-volta e andou rapidamente na outra direção. Saímos em disparada pelo corredor. O rosto do reformista estava tomado de raiva quando ele nos disse para deixá-lo em paz.

Um a um, nossos amigos disseram que lamentavam. Lamentavam, mas não podiam ir em frente com aquilo. Todos se sentiam mal em recuar, e (conscientemente) nós não os culpávamos. Talvez Olivia tenha sido quem se sentiu pior com a história. Se precisássemos de qualquer coisa, ela disse, *qualquer coisa*, que não fosse o depoimento dela, ela estaria lá para nos ajudar. O pianista de concerto tinha acabado de passar no vestibular de medicina. Ele me disse que o pai mandou que ele não se envolvesse comigo nem com Stella nem com o processo dela. Perguntei a ele quando, precisamente, o pai dele fez esse alerta. Ele olhou como se não entendesse o que eu estava dizendo. Teu pai falou disso assim do nada, esclareci, *antes* de você contar para ele sobre a noite que passou no nosso sofá, ou te deu esse conselho *depois* de você contar que dormiu lá? Ele não me respondeu. Nem precisava. Pedi, implorei que ele me deixasse falar com o pai dele. Alguém foi atrás dele, expliquei. Alguém está indo atrás de todo mundo. Mas ele simplesmente estendeu as palmas das mãos no ar, sacudiu a cabeça e foi embora.

Levei uma hora para ir de ônibus até St. Louis Park, onde ficava o escritório do detetive particular. Assim como no caso de Tony Bouza, a secretária mentiu na minha cara. Ele estava num caso na Dakota do Norte; liga assim que voltar. Estávamos no segundo andar de um modesto prédio de escritórios. Atrás dela ficava uma grande janela dupla. Ele passou correndo pelo estacionamento. Disse para ela se virar. Falei que ela era uma mentirosa e corri. Desci a escada de dois em dois, de três em três degraus. Sabia que ele me escutava enquanto eu corria pelo estacionamento e mandava ele parar. A cinco, talvez dez metros, fizemos contato visual pelo retrovisor lateral. Ele foi embora.

Por várias noites o ruído no aquecedor e a sensação de ardência na pele continuaram. Stella chamou a manutenção pela terceira ou quarta vez desde que isso tinha começado. Era o nome da Stella que estava no aluguel. Os sujeitos da manutenção falaram que, segundo Cody, estávamos mentindo, que a Stella tinha agredido a Josephine fisicamente, que *nós* éramos os encrenqueiros no condomínio; e que tinha uma pessoa (eu) que não devia morar ali — tradução: *Talvez a gente tenha que aumentar seu aluguel.* A mecânica das forças conhecidas e desconhecidas ficou insuportável.

144

Roubei a perua verde-samambaia com painéis de madeira falsa e treze adesivos de parques nacionais. Stella e eu garantimos que Cody nos visse desocupando o apartamento. E Josephine certamente nos viu da janela no andar de cima.

É uma nevoa, o rosto de todas as pessoas que nos hospedaram. Eu ficava espantado com o modo como Stella conseguia manter a cabeça erguida quando perguntava para os outros se podíamos ficar na casa deles. Ela estava cobrando o tempo e as lições que havia dado a essas pessoas ao longo dos anos. Uma jovem branca disse, dez anos atrás, como aluna da universidade, que aprendeu mais com Stella do que qualquer professor. Stella parecia ser qualquer coisa que essas pessoas brancas quisessem que ela fosse — uma fonte de alimento psíquico, Hattie McDaniel para Vivien Leigh. Eu ficava roxo de vergonha quando batíamos na porta de alguém e ela oferecia o que eles queriam para deixar que ficássemos; mas ela falava com eles como se ter acesso à casa fosse direito inato dela, e em certo sentido bastante verdadeiro, era mesmo. Mas algo sempre acontecia — o pai do jovem radical que Stella treinou não queria a gente ali, ou nossa presença causava confusão na vida de outra pessoa — e precisávamos ir embora.

Poucas noites antes de acabarmos na casa de Olivia e Chase, nós dois tivemos uma revelação do tipo "heureca". Josephine e Cody achavam que tínhamos ido embora para sempre, nós imaginávamos. Se estacionássemos a perua dos meus pais perto da universidade e andássemos seis quadras, tarde da noite, poderíamos entrar disfarçadamente no nosso antigo apartamento e dormir na nossa cama. Imaginamos que se tivéssemos cuidado de não dar a descarga até ter certeza de que Josephine tinha saído para o trabalho e de que Cody não estava por perto, se usássemos lanternas à noite, e deixássemos as persianas fechadas, podíamos ficar algumas noites lá sem ser percebidos e sem ser queimados (presumindo que eles achavam que tínhamos ido embora e que tinham desmantelado seja lá o que fosse que eles tivessem usado contra nós antes de mandarmos Malika para longe e de deixarmos o apartamento pela primeira vez.)

Quarenta anos depois, meu peito ainda fica apertado e sinto uma ferida fantasma na pele perto da virilha quando penso na manhã em que acordamos na nossa cama ouvindo o som de pneus esmagando o cascalho no pátio. Espiamos pela fresta das persianas. Não reconhecemos o carro. Estava em melhor estado do que os carros que em geral vinham ao condomínio. A mulher do FBI desceu. Fiquei aturdido e tomado por uma sensação de alegria. *Justiça*, pensei, *enfim teremos justiça*. Enquanto andava em direção à casa ela desviou para o lado. Ouvimos o som abafado do salto batendo nos degraus de Josephine. Eles ficaram lá em cima por trinta minutos ou mais. Depois, o mesmo som abafado de sapatos descendo, mas dessa vez duplicado. Elas ficaram lá fora, paradas do lado do carro, conversando amigavelmente. Vendo as duas apertarem as mãos como velhas amigas soubemos que tínhamos de ir embora de novo.

13

3h37, norte de Minneapolis

Stella diz que conhece um ex-Weatherman. "A gente pode dormir na casa dele." Os homens e as mulheres que fizeram parte da organização não só arranjaram abrigos seguros para o Exército de Libertação Negra como produziram carteiras de motorista falsas e compraram armas em lojas onde negros não podiam fazer isso sem ser colocados em uma lista de "pessoas que devem ser monitoradas".

Quando a guerra acabou, eles se cansaram do completo isolamento de estar sempre em fuga. Sentiam saudade de suas mães e de seus pais e dos amigos, mas principalmente se deram conta de que não eram negros: eles não eram vítimas de um isolamento genealógico, escravizados cujo status relacional foi negado desde o dia de seu nascimento. Essa vida de resposta armada contra o Estado foi uma escolha. Eles acordaram certa manhã e perceberam que a cor de sua pele significava que esse isolamento não era um *fait accompli*. Em setembro de 1979, Jalil Muntaqim, um Pantera Negra que se tornou soldado do Exército de Libertação Negra, enviou uma correspondência da prisão que expressava como se sentia traído pelo tipo de revolucionário branco que Stella e eu estávamos indo ver:

> Em 1973-75 [...] forças armadas revolucionárias euramericanas se recusaram a fornecer material significativo e apoio político ao Movimento de Libertação Negra, mais especificamente, ao Exército de Libertação Negra. Assim, em 1974, o Exército de Libertação Negra se encontrava sem um aparato de apoio político legítimo; logística e estruturalmente espalhado pelo país sem meios para unir suas unidades de combate; abandonado pelas forças armadas revolucionárias euramericanas; e sendo implacavelmente perseguido por forças reacionárias estatais — Cointelpro (FBI, CIA e departamentos de polícia locais).[14]

Na esquina da Vinte e Seis com a Hennepin, estaciono perto de um telefone público. O luar cintila na rua que a chuva tornou escorregadia. Pergunto a Stella por que ela não mencionou esse Weatherman antes. Ela me diz que ele podia ainda ser monitorado. Não há carros atrás de nós e, até onde posso ver, daqui até a rua Vinte e Oito, onde a Hennepin sobe e forma uma pequena ponte sobre os trilhos da ferrovia, não tem ninguém à nossa frente.

"Como vamos saber se ele não está mais sendo monitorado?"

"Não vamos", ela diz, "a não ser que eles queiram que a gente saiba. E isso podia ser pior do que não saber."

Na esquina sudoeste da Vinte e Seis com a Hennepin volto a ter oito anos com duas notas amassadas de dólar para comprar um balde de frango frito no Kentucky Fried Chicken. Minha mãe espera no carro. Esse é o único KFC elegante, minha mãe diz, o único encravado no canto saliente de um complexo vitoriano de apartamentos que lembra o triangular Flatiron Building de Nova York. A porta foi pensada para estar no ângulo base do edifício e acima da soleira gira um balde gigante com listras vermelhas e brancas com o rosto do coronel gravado nele.

Essa é a memória que me vem enquanto observo Stella colocar moedas no telefone. Como eu adorava comprar comida para minha mãe. Eu adorava entrar pulando no KFC debaixo daquele balde de frango listrado como aqueles doces em forma de bengala que ficava rotacionando acima da porta. Mas, à noite, eu sonhava que o balde listrado caía na minha cabeça e rachava meu crânio. Eu fazia xixi na cama e acordava com fome.

Agora está chovendo mais forte. Stella põe o telefone no gancho. Ela abre a porta da cabine telefônica e corre para o carro. Me inclino e abro a porta dela. "Até onde você contou?", pergunto.

"Eu disse que explico quando a gente chegar lá."

Imploro que ela não conte sobre Josephine. "E não conte que vimos a agente do FBI que devia estar nos ajudando entrar no apartamento dela."

"Ele aguenta isso", ela diz. Fala que ele já viu e ouviu coisas piores.

Eu me seguro. Acompanho a minha respiração, entrando e saindo pelas minhas narinas. Conte até dez e torça para morrer, diz o ditado, e não digo mais nada. Mas ela lê meus pensamentos.

"Tem mais de 100 mil dólares em jogo neste caso que vão mostrar a corrupção do Urban Risers", ela diz. "A gente podia estar na Espanha ou no Marrocos agora. Eu não dependeria de assistência social. A Malika estaria aqui, se eu só quisesse grana."

3h51

Uma forma escura se aproxima no retrovisor. Mas ainda estamos discutindo e aquilo não assume a forma de uma palavra na minha cabeça.

Agora gatos com garras de luz arranham o espelho.

Piso no acelerador.

"Não corra!", Stella me alerta.

"Ele está colado em mim!"

"Diminua, as ruas estão molhadas."

Diminuo, como ela me diz para fazer, mas ele se aproxima de nosso para-choque e ofusca ainda mais com seus faróis altos. Acelero e ela diz, "Você vai matar a gente".

3h51min30

Passo da pista da direita para a da esquerda e, por alguns segundos, o carro atrás de nós entra em foco como algo além de uma forma imensa numa capa de luz. Eu sabia que não era um carro de polícia; nada de giroflex azul aceso sobre o capô, nada de PROTEGER E SERVIR pintado nas laterais. Também não parece um carro de patrulha à paisana. Há mosaicos de fuligem e sal nas laterais, sugerindo ausência de cuidado institucional: nenhuma garagem coberta, nenhum contingente de homens recrutados para fazer limpeza e manutenção como seria o caso se o carro pertencesse à polícia. Esse carro é dirigido por alguém que não mantém um registro de suas mortes.

Piso no acelerador embora saiba que não tenho coragem para dirigir na velocidade necessária para escaparmos.

Ele mergulha atrás de nós.

3h51min45

Não estou alucinando. Ele está tão perto que vai acertar nossa traseira se eu parar ou diminuir a velocidade. Subitamente sei por que Stella não vai fazer um acordo extrajudicial. Ela quer ver o rosto ou os rostos da força que está por trás do tormento que ela passou durante e depois (e, de um modo estranho, mesmo *antes*) de sua provação com o Urban Risers. Ela quer forçá-los a aparecer. Hoje à noite, eu quero a mesma coisa: *saber*; ver o rosto atrás de nós. Aperto o volante como faria com a garganta dele.

"Foda-se." Viro o volante para a direita.

"Não, Frank." Mas a única coisa que escuto são as minhas necessidades.

Numa guinada, passamos para a pista da direita. Então piso no freio. O corpo de Stella é jogado para frente e para trás como um saco de pancadas; e o carro que estava atrás passa rápido por nós pela pista da esquerda. Agora *ele* começa a correr. *Ah, não, nada disso*, eu penso. *Eu tenho que ver a tua cara.* Pelas ruas molhadas desta cidade nós corremos a noventa quilômetros por hora.

De repente ele diminui; como se quisesse ser pego. Puta que pariu — a gente não está com a arma do Jamal.

3h51min47

Viro para a esquerda e vejo que ele está sozinho. Meu cérebro se enfurece porque ele não olha para mim. Pelo que posso ver, ele não tem a aparência que eu imaginava. Pensei nele muitas vezes desde o dia em que Noam Davidov foi à nossa casa contar sobre a data da audiência de Stella, e da sombria admissão de que, embora fosse advogado dela, ele não tinha como protegê-la nos meses entre a visita dele e a data da audiência. J. Edgar Hoover morreu faz oito anos;* mesmo assim, achei que ao nos pegar, seria um sujeito à paisana, com uma roupa de flanela sem graça, um rosto rosado e sem suíças; um porco tinindo de limpo. Ele não se parece nada com isso. Vejo cabelos iguais aos dele ondulando na noite em que dois homens saíram pela janela do meu apartamento e correram pela rua. Será que é o mesmo sujeito?, eu me pergunto. Quero ver o rosto dele.

Três vezes olho para ele e depois volto a olhar rápido para a rua para não passar num semáforo fechado nem atropelar ninguém, embora não pareça haver ninguém na rua a essa hora. O cabelo dele vai até o ombro. De perfil ele me lembra Uriah Heep, aquele canalha magricela de *David Copperfield* cujo verniz de humildade se revela tão vazio quanto sua moral; um homem cujas mãos estão sempre quase úmidas. E assim como Uriah Heep, ele finge que Stella e eu nem estamos ali. Ele dirige pela rua com nosso carro acelerando ao lado dele e não olha para mim; assim como eu não olho para Stella, embora ela esteja gritando, dizendo para eu deixar disso. Grito com ele, como se achasse que ele pode me ouvir através do nosso vidro e do dele. Viro o volante para a esquerda, forçando-o a passar para a próxima pista. *Ah, então agora eu consegui tua atenção.* Ele volta para a sua pista. Nossos corpos são jogados um contra o outro dentro do carro quando me afasto dele e o pneu dianteiro direito sobe no meio fio. Dessa vez, quando olho, ele está com uma arma na mão.

---

* Ele foi o primeiro diretor do FBI, e morreu em 2 de maio de 1972. Em Dinkytown, era possível comprar camisetas tie-dye com os dizeres J. EDGAR HOOVER ESTÁ VIVO E PASSA BEM NO INFERNO, no dia seguinte à morte dele.

3h56

A lua sai nadando de uma nuvem. Ela derrama vidro moído sobre a superfície do lago. O motor murmura enquanto a perua está parada na avenida Lake of the Isles. Stella fala, "O que *deu na tua cabeça* para perseguir um garoto branco com uma arma?". Ela gira a cabeça para aliviar a dor no pescoço. Minhas têmporas zumbem. Me sinto aéreo e nauseado. Sei que não posso vomitar justamente neste carro, mas minhas mãos não conseguem largar o volante. A casa espaçosa onde cresci fica três quadras ao norte indo por essa avenida e seis quadras colina acima. Do outro lado do lago há um buraco na noite no lugar onde fica uma igreja de pedra, faltando como um dente qualquer; e um buraco onde minha escola fundamental se esculpiu na escuridão.

É estranho, as coisas que passam pela cabeça nos momentos depois que você acha que podia ter morrido. Sete anos se passaram desde a última vez que meu pai e eu caminhamos por este lago. Era verão. Havia um leve perfume de algas na brisa. Eu tinha dezessete anos e o mundo era novo porque eu havia chegado nele há pouco tempo. Eu era cobiçado pelos técnicos de futebol americano de Dartmouth embora ainda faltasse um ano para terminar o ensino médio. Meu pai e eu estávamos a poucos passos de onde Stella e eu estacionamos. Estávamos perto de um salgueiro à beira d'água. Eu disse a ele que ia para Berkeley, falei que precisava estar mais perto da revolução. Eu não vou bancar isso, ele disse. Foi nesse momento que vimos Walter "Fritz" Mondale ser arrastado na nossa direção por Lonnie, seu Collie de pelo longo.

Lonnie esticava a coleira enquanto conversávamos à sombra do salgueiro.* O senador Mondale estava de mocassins e

---

* O cachorro queria passear, não papear.

as mangas do blusão cruzadas sobre os ombros e o pescoço. O estrabismo dava ao rosto dele um ar de bondade tranquila, em contradição com seu histórico na Guerra do Vietnã. Mondale perguntou se meu pai se candidataria a deputado federal. Provavelmente não era a primeira vez que algum figurão pedia a meu pai para concorrer a um cargo público; também não era a primeira vez que ele dizia estar honrado por uma oferta que teria de declinar. Ele não queria abandonar seu trabalho como professor e seu cargo na reitoria. Além disso, ele não tinha certeza se era possível derrotar o representante republicano de Kenwood. No meio-fio da avenida, Mondale se virou e disse, Quais são seus planos para depois de Dartmouth, meu filho? (*Primeiro erro, sr. Criminoso de Guerra, eu não vou para Dartmouth.*) Dei de ombros. Sorri. Disse a Mondale que quatro anos era muito tempo, que eu nem sabia no que pretendia me formar. Obrigado, meu pai disse quando o senador já não podia ouvir.

"Responde", Stella diz pela segunda vez. Ela esfrega o pescoço, e pode ser que ela tenha se machucado. "Não fica aí sentado como se não estivesse me ouvindo, Frank!"

O cheiro de vômito aumenta no meu esôfago e se mistura com o cheiro ruim do meu corpo. Um odor que até ali eu só tinha sentido no metrô em Nova York, quando as portas abriram e um sem-teto entrou. As calças dele davam a impressão de terem sido encharcadas em óleo e depois endurecidas ao sol. *Qual será*, eu me perguntei, enquanto ele segurava a barra e olhava como se não estivéssemos ali, *a história por trás desse tipo de cheiro?* A bile obstrui minha garganta. Abro a porta. Caio do lado de fora e vomito nos sapatos do senador Mondale, uma espuma amarela que me parece cheirar a carne assada e à putrefação fecaloide de um pântano.

4h

"O Chase viu direitinho", eu disse. "Depois que a Josephine pôs a gente pra correr, eu comecei a pensar em ir embora. A gente nem sabe o que ou quem está enfrentando. Meu cérebro e meu estômago querem explodir."

Stella me abraça enquanto choro. Estou desconfortável, porque sou o homem e acho que ela é que deveria chorar; que eu deveria consolar Stella. Queria levantar o rosto e beijá-la, mas estou com bafo de onça.

"Quando você tem um filho, você aprende a esconder o medo." Talvez tenha sentido que me esquivei, ainda abraçado a ela, pois acrescenta rápido, "Não estou dizendo que você é criança. Você não foi embora." Ela beija minha testa. Digo que lamento ter perdido a cabeça, e que lamento por isso ter machucado o pescoço e os ombros dela. Sentando no banco, começo a massageá-la, mas ela diz que devíamos ir embora.

4h45, o bairro Seward

Guardanapos de renda caem como perucas da borda da lareira, onde estão expostas fotos de família: deslizando de tobogã no Theodore Worth Park; um piquenique de verão perto da concha acústica no Lago Harriet. Mas não há cenas em preto e branco dos Dias de Fúria,* nenhum retrato de Ho Chi Minh; nenhum eco das minhas expectativas. Stella disse que ele tinha sido um Weatherman, mas aquela não parecia a casa de

---

* Indignados com a Guerra do Vietnã e com o racismo nos EUA, naqueles que ficaram conhecidos como Dias de Fúria, centenas de Weathermen carregando canos de chumbo e usando capacetes de futebol americano marcharam por um bairro comercial chique de Chicago. Eles golpearam carros estacionados, estilhaçaram vitrines e entraram em combate individual com a polícia de 8 a 11 de outubro de 1969.

alguém que tinha enfrentado os policiais nas ruas de Chicago ou bombardeado o Congresso americano; e o próprio homem parecia mais um psicanalista do que alguém que atirou seu corpo nas rodas e engrenagens da máquina quando a máquina se tornou odiosa e o deixou enojado.

"Vejo que você não está com sua bandeira tremulando", ela diz. O que quer dizer, Você raspou a barba e cortou o cabelo. Stella e eu demoramos para sentar.

"Eu precisava de um emprego", ele diz, sem malícia ou ironia na voz, e ignorando a decepção na voz dela. "Por isso me uni à espécie humana."

Ele pergunta o que nos leva à casa dele às quatro da manhã. Eu queria que ele oferecesse um pouco de comida. Mas ele só serve chá e mel.

Conte sobre o teu processo contra o Urban Risers. Conte sobre os cliques no teu telefone. Conte por que o Jamal te deu uma pistola. Conte sobre a invasão no meu apartamento, que os livros estavam alinhados direitinho em fileiras no chão, minhas páginas datilografadas espalhadas cuidadosamente, e que nenhum centavo foi roubado. Conte que Imani Price alegou que Kapalei Kenyatta e os policiais federais estavam um no bolso do outro. Conte que você machucou o pescoço quando virei o volante no asfalto molhado da Hennepin, brincando de gato e rato com um sujeito que me deixou furioso porque não olhava para mim; conte que uma vez um vira-latas me olhou com mais empatia quando levantou os olhos das sobras que comia; conte que demos um cavalo de pau no meio da rua, e que por algum motivo desconhecido ele nos deixou ir embora. Mas, por favor, Stella, não conte sobre Josephine.

Stella não está ouvindo meus pensamentos. Ela conta a história desde o começo até este momento.

5h30

Ele pergunta se tem mais alguma coisa, e ela faz que não com a cabeça. Ele leva as xícaras de chá para a cozinha. Quando volta, pergunta o que ela quer dele. Uma luz cor de salmão sangra por frestas nas venezianas. Ouvimos o ruído de vassouras de cerdas duras limpando as ruas. O mundo acorda. Então ele diz que lamenta, mas não podemos ficar aqui. Estou furioso. Digo a Stella que avisei que ele não ia acreditar. Stella pergunta se é verdade. Existem três possibilidades, ele tenta dizer enquanto levanto para ir embora. Mas se eu acho que o FBI recrutou Josephine para envenenar vocês? É uma das três possibilidades. Porém não acredito nela. Vamos, digo para Stella, já ouvi o suficiente.

14

Meu pai e eu mal nos falamos depois que fui expulso de Dartmouth há dois anos e disse que não voltaria. Adeusinho cadeira na Câmara dos Deputados. Minha mãe e meu pai são leais membros do Partido Democrata cujo filho mais velho é um comunista. A vida não é fácil para eles.

Estamos em abril, e quase esquecemos aqueles pés d'água de março. Acabo de completar vinte e quatro anos. Mês passado roubei o carro dos meus pais enquanto eles estavam em Moscou, ou Pequim, ou será que era Bremen ou Belize? Uma turnê de dois meses estudando as falhas das clínicas de saúde mental soviéticas, três semanas conversando com os gestores da educação especial na China, um estudo da Fundação Ford sobre a renovação urbana alemã, ou uma missão de resgate de estudantes americanos que fumaram maconha demais e acabaram presos em Belize — não sei porque não moro mais com eles.

Meu pai entrou em contato e perguntou se podíamos nos encontrar na avenida Hennepin no Uptown Diner. O casaco de couro preto dava a ele a aparência de um Shaft com cachimbo, em vez de pistola.* Eu estava com um sobretudo de segunda mão do Exército-Marinha e meus cabelos estavam trançados debaixo de uma boina. Meu pai dispensou o cardápio e pediu uma cerveja. Ele não foi direto ao ponto. Mas sabia que Stella e eu tínhamos pegado o carro, talvez tivesse até mesmo sentido nosso cheiro nele e descoberto que dormimos ali. Quando nem confirmei nem neguei o que meu pai disse, ele mudou de assunto.

Ele disse que a crise dos reféns no Irã já durava mais de cento e cinquenta dias. Disse que isso era ruim para a reeleição de Jimmy Carter (1980). Meu pai me lembrou da importância de ir votar; com isso ele queria dizer que era importante ir votar em Jimmy Carter e Walter Mondale para que Reagan/Bush não ganhassem. Quase disse a ele que ia votar no aiatolá Khomeini, já que ele e os estudantes iranianos libertaram todos os funcionários negros da embaixada, assim como as mulheres, no outono, durante os primeiros dias da ocupação. Mas meu pai e eu estávamos afastados fazia quase dois anos, e o sarcasmo é o último refúgio dos fracos; e embora a ardência na parte interna das coxas tivesse parado de incomodar, e agora tivesse se transformado numa coceira fraca, eu queria que ele me abraçasse. Queria que ele me deixasse chorar.

Eu estava tenso. Pensei que estávamos nos encontrando para que ele pudesse me dizer, olho no olho, que eu devia abandonar Stella. Ela era, como ele sabia, dezesseis anos mais velha que eu e a filha dela tinha metade da minha idade. Achei que meu pai tinha ido fazer a ladainha sobre os perigos de

---

* John Shaft era um detetive particular negro, interpretado por Richard Roundtree, no filme original *Shaft*, de 1971, dirigido por Gordon Parks.

entrar numa "família já feita" com uma mulher que dependia da assistência social e uma filha miscigenada. Mas ele jamais demonstrara insatisfação com nenhuma mulher que eu tenha namorado e, além disso, gostava da Stella, porque os dois tinham sido colegas na faculdade de pedagogia da universidade. Não respondi quando ele falou sobre a eleição; mas quando ele perguntou sobre quando eu pretendia voltar para Dartmouth e terminar minha graduação, me afastei da mesa. Ele levantou a mão no ar. Esqueça Dartmouth, ele admitiu, preciso te contar uma coisa.

Ele disse que foi à missa na Basílica de Santa Maria e sentou ao lado do diretor regional do FBI, agente especial Lindberg. Enquanto meu pai falava, seu rosto enrugava de preocupação. Quando meu pai e minha mãe saíram da missa no domingo, o agente especial Lindberg "me chamou num canto depois da igreja". É nesse ponto que minha memória me engana. Às vezes me lembro de meu pai dizendo que Lindberg falou para Stella e eu "deixarmos isso para lá". Às vezes vejo nós dois sentados na mesa do restaurante e ele me diz o seguinte: "O agente especial Lindberg sentou ao meu lado na missa. Ele disse que você foi ao escritório dele e falou com os agentes". Quando lembro assim, as palavras "deixe isso para lá" não saem da boca do meu pai, são pronunciadas pelos olhos dele.

Meu pai não me perguntou o que era o "isso" que eu e a Stella devíamos deixar para lá; nem eu perguntei como Lindberg explicou "isso", ou se nem explicou. Olhando em retrospectiva, sou lembrado de uma cena de uma época antes dos restaurantes e das peruas, uma época em que ainda éramos escravizados. É uma cena do filme *12 anos de escravidão*. Solomon Northup, o escravizado que, em 1853, escreveu sua autobiografia, que serviu de base para o filme, é enforcado em uma árvore. As pontas dos dedos dos pés dele encostam no chão. Essa é a única coisa que o mantém vivo. Da sacada da casa-grande, o feitor segura uma espingarda e olha para ele. As portas das cabanas dos escravizados começam a se abrir enquanto os escravizados dão início ao seu dia. Ninguém olha para Solomon. Ninguém pergunta qual foi o "isso" que o levou a ser pendurado naquela árvore. Eles simplesmente cuidam de suas parcas hortas e preparam suas parcas refeições. Eles sabem que é loucura pedir que o feitor explique. Sabem que seria suicídio cortar a corda de Solomon. Sabem como não chamar a atenção para si. Se me perguntassem quando eu tinha vinte e quatro anos se era eu ou meu pai pendurado na árvore, eu diria que era eu. Mas agora sei que éramos todos nós: Solomon, Stella, eu, Malika, minha mãe e meu pai, e todas as pessoas que saíram naquele dia úmido e abafado e não viram nada; e o agente especial Lindberg estava na sacada olhando para todos nós lá embaixo.

Saímos juntos do Uptown Diner. Enquanto eu abria a porta de um táxi Blue & White que dirigia meio expediente, ele me abraçou até eu começar sentir a vida dele despertar dentro da minha. No aperto dos braços dele, quase chorei. "Você é nosso filho mais velho", ele disse, numa voz que mal reconheci. "Por favor ligue para tua mãe. Amamos você."

Eu devia ter dirigido direto para o norte pela Hennepin, atravessando o centro, e cruzado o Mississippi até a região sudeste de Minneapolis onde morava com Stella e Malika, antes de a mandarmos para longe. Em vez disso, dirigi três quadras para oeste e estacionei perto da margem do Lake of the Isles. Era começo da noite. Um homem e uma mulher numa canoa abriam caminho em meio às vitórias-régias e iam rumo a um ponto da margem onde um salgueiro que eu conhecia desde os seis anos mergulhava suas barbas na água. Agora o sol se punha atrás das mansões de pedra que adormeciam ao longo da avenida Lake of the Isles. Elas pareciam bunkers abandonados na guerra. Um mergulhão arrulhou. Na escola joguei hóquei infantil quando o lago congelava até a ilha, onde um mergulhão agora se escondia em meio aos juncos. Eu estava a seis quadras da casa da minha infância, mas me sentia como se estivesse em terra estrangeira.

Tenho certeza de que o agente especial Lindberg era um homem pio; a maior parte das pessoas que se sentava no banco da igreja marcado com o nome dos meus pais era. Mas o caráter dele não é o ponto, nem deveria ser caso nosso interesse seja compreender a posição paradigmática de Lindberg em comparação com a das pessoas negras. Menos de nove anos tinham se passado desde que um grupo de ativistas contrário à guerra invadiu uma sede do FBI em Media, na Pensilvânia, em 8 de março de 1971, pegando todos os documentos que conseguiam encontrar, e expondo daquela maneira o labirinto de violência que J. Edgar Hoover havia criado.

Graças à pesquisa investigativa de William Maxwelll, sabemos bastante sobre esse violento labirinto que "protege a nossa liberdade". O livro de Maxwell, *F. B. Eyes: How J. Edgar Hoover's Ghostreaders Framed African American Literature* contou o caso em primeira mão, revelando que o maior departamento de estudos de literatura afro-americana não se encontra num campus universitário, mas que é um setor do FBI. Na verdade, 2019 marcou o aniversário de cem anos desse departamento dentro do FBI, que mantém agentes especiais lendo e analisando a poesia, a ficção e a não ficção criativa escrita por negros no país. Mas esse departamento literário/investigativo não é só um *think tank* do FBI. Por cem anos ele mergulhou suas garras secretas nas vidas de autores negros assediando-os nos EUA e no exterior, e acrescentou ou extraiu seus nomes de uma lista que o FBI mantém dos autores negros mais "perigosos", o que significa mais *influentes*, que deveriam ser detidos e encarcerados em um campo de concentração em caso de agitação disseminada na comunidade negra. Esse departamento do

FBI chegou a lançar periódicos literários para ajudar os agentes especiais a "capturar" novos textos de escritores negros emergentes — o FBI mantém muitos manuscritos inéditos de autores negros arquivados e monitora seus autores, assim como faz no caso de autores estabelecidos.*

Assim, temos o impacto da economia libidinal (a noção fóbica de que os negros são e sempre foram uma ameaça à estabilidade) associada a uma unidade de violência estrutural do Estado, o departamento de literatura afroamericana do FBI, criado em 1919, quando J. Edgar Hoover leu um poema do poeta Claude Mckay, do Renascimento do Harlem, "If We Must Die" — um poema que era uma resposta aos tumultos contra os negros da década de 1910. Hoover teria sido um estrategista melhor contra o crime caso, em vez de demonizar McKay por escrever um poema sobre autodefesa, tivesse criado um departamento de literatura americana *branca*, para que ele e seus agentes pudessem ver a quantas andava a violência da sociedade civil branca; uma vez que os tumultos a que McKay se referia no seu poema eram a violência das turbas de linchadores que invadiam a comunidade negra. O exemplo do isolamento literário do FBI pode nos ajudar a reimaginar o encarceramento negro não como um lugar no espaço e no tempo (esse é apenas um tipo de encarceramento), mas a pensar o encarceramento como um paradigma de contenção *permanente e contínua* pelo qual os não negros (aqueles a que o afropessimismo chama de seres humanos) entram e saem, e em que as pessoas negras são saudadas ao chegar, se despedem quando a história as liberta, e onde permanecem, à espera da próxima rodada de almas infelizes. "Não existe era de ouro para os negros antes da lei criminal. A vulnerabilidade estrutural contra a apropriação, contra uma abertura perpétua e involuntária

---

* Segundo o livro de Maxwell, *F. B. Eyes*.

[...] deve ser compreendida como a característica definidora no preconceito contra o negro no Novo Mundo [...]. Monitorar negros nos períodos colonial e antes da Guerra de Secessão [...] era a prerrogativa de todo branco (eles podiam ou não assumir esse papel) e só depois foi profissionalizado na forma do moderno sistema prisional que surgiu das cinzas da Reconstrução."[15] Isso faz surgir o próximo enigma, em que se torna impossível para os negros discernir onde termina a violência do Estado e onde começa a violência do seu vizinho branco.

Foi esse enigma que expulsou Stella e eu de casa.

15

Hanover, New Hampshire, maio de 1980

Os estudantes, os professores e mesmo os representantes da reitoria no Comitê de Decoro e Conduta já não são os mesmos que me expulsaram dois anos antes e me mandaram arranjar um emprego ou me alistar no Exército antes de pedir para voltar. Desbastei meu afro e raspei a barba, e pus uma gravata azul em vez de um laço elegante.

Um dos representantes da reitoria me pergunta o que andei fazendo nesses dois anos. Como janelas de compartimentos de um trem passando rapidamente em um trilho ao lado do meu, vejo as respostas em alta velocidade.

(Pedi carona no meio de uma nevasca para ir de Minneapolis até Columbus, Ohio. Fumei haxixe com um membro das forças especiais americanas que me pegou no rio St. Croix; ele tinha os dois braços tatuados de marcas de bala desde os pulsos até os ombros, onde o colete à prova de balas segurou a rajada que cruzou o peito dele durante a Ofensiva do Tet. Dormi num abrigo para sem-tetos e trabalhei sendo pago por dia. Carreguei lixo em Columbus. Viajei de LSD pela décima primeira vez; um esquilo num parque derrubou uma bolota de sua boca só para me dizer, Jesus salva. Eu sei que Jesus salva, eu disse impaciente, mas onde é que ele faz compras? O esquilo saltou de uma bolsa; empinou o nariz e disse que não podia divulgar esses detalhes. Quando a alucinação passou, voltei para Minneapolis três meses depois de vocês me expulsarem. Atuei quatro noites como comediante de stand-up em um bar de música country; eles queriam Redd Foxx, que, por acaso, começou com Malcolm X antes de se tornar mais convencional, mas dei a eles Lenny Bruce. Não durei nem uma semana. Por um ou dois meses trabalhei para Prince como leão de chácara na boate dele em uma estação rodoviária abandonada no centro de Minneapolis, a apenas uma quadra da avenida Hennepin. Levei uma surra de dois brancos bêbados e de uma mulher no meio da boate. Mas o Comitê de Decoro e Conduta da Faculdade deveria levar em consideração que permaneci de pé por pelo menos um minuto; então, minhas mãos e meus joelhos fizeram o melhor que puderam. Foi a luz do estroboscópio ou foram estrelas que explodiram nos meus olhos quando a mulher acertou minha nuca com uma caneca ou com uma garrafa de cerveja? Ela subiu nas minhas costas como se eu fosse um bezerro e choveram de sua doce e loira boca todos os tipos de palavras como "crioulo", enquanto os dois homens me chutavam nas costelas. Ganhei uma boa grana como garçom. Mas isso não durou e não sei por quê. Ou, eu sei por que, mas se eu contasse vocês iam ter que ouvir o resto: como eu me apaixonei pela Stella; como fomos perseguidos por fantasmas.) O trem passa, com suas janelas de cenas indizíveis.

Dou ao representante da reitoria a outra verdade.

"Jornalismo como freelance para jornais das Twin Cities; trabalhei como pesquisador para a Urban League; Relações Públicas da Sociedade de Auxílio Jurídico de Minneapolis; e estudei Dickens e Hardy por dois trimestres na Universidade do Minnesota."

O representante da reitoria, enquanto falo, lê meu arquivo atualizado. Enquanto lê ele diz, "Tem períodos sem nada entre os empregos — e quase nada nos últimos três meses".

16

Do outro lado do gramado ficam os longos edifícios coloniais, Reed Hall, Wentworth Hall e Fayerweather Hall, com suas janelas de gelosias, e as venezianas pintadas de verde-Brunswick. Rio sozinho lembrando minha primeira noite no meu quarto no dormitório do Fayerweather Hall há seis anos, em 1974, e me pergunto quem era aquele sujeito recém-criado, olhando para o teto, deitado na cama e querendo partir. Agora os alunos e ex-alunos com um D bordado em seus blusões verdes andavam para lá e para cá numa ensolarada rua principal como se não tivessem nada a temer. Há um aroma de folhas de pinheiros no ar e as coníferas sufocam as montanhas que cercam a cidade de Hanover. As pessoas aqui dizem que não fazia tanto calor há semanas. A grama do campus está seca.

Em uma cabine telefônica com painéis de carvalho no Centro Hopkins, coloco duas moedas de vinte e cinco centavos no local indicado. Dois anos se passaram. Tempo suficiente para que eu tenha esquecido por que parei de ligar para casa dessa cabine que é a terceira de uma fileira de telefones públicos. Uma pichação ali diz, *O crioulo é a prova viva que o índio trepou com o búfalo*. Mas as moedas caíram e o telefone está tocando e hoje estou feliz demais para me magoar.

"Stella, eles me deixaram voltar!"

"Ah... Que bom. Como?"

"Eles estavam confusos quanto às acusações. No final, o representante da reitoria olhou as últimas linhas da minha sentença, de 1978, e disse, 'Aqui diz que para voltar você precisa demonstrar que aprendeu a ter o *esprit de corps* de uma instituição da Ivy League. Então, perguntamos a você, nos últimos dois anos você aprendeu a ter o *esprit de corps* de uma instituição da Ivy League?'. Como se houvesse mais de uma resposta. Todo mundo no comitê fez que sim com a cabeça quando respondi; e foi isso. Vou começar a procurar uma casa. Volto lá pelo sábado, e vamos vir juntos e mandar buscar a Malika. Logo vou me formar numa faculdade da Ivy League. Vou arranjar um emprego bacana e pagar para você terminar o bacharelado."

"Depois do julgamento, vou ter meu próprio dinheiro para estudar. Vamos voltar em novembro para o julgamento, certo?"

"Bom, sim."

"Promete?"

"Vamos com Noam até o tribunal e voltamos com ele. Vamos ficar em Minneapolis só por uns dias."

"Pode levar mais tempo."

"O.k., Stella, quanto tempo precisar."

17

Tem uma foto da Stella que tirei com a minha câmera Miranda no Marrocos. Estávamos em um cais em Tânger prestes a ir a bordo de um barco que nos levaria a Gibraltar. Ela foi tirada quatro anos depois daquela noite na avenida Hennepin. O Rochedo de Gibraltar, a Espanha e um mar azul, enevoado ornamentam o cenário atrás dela. Em casa, na sala escura, senti um tremor de pesar quando vi como o sorriso dela estava tênue e cansado naquela foto. Aquilo me lembrava a aparência que ela tinha quando saímos da casa do amigo Weatherman dela e nos sentamos no Uptown Diner, planejando nosso próximo passo em um salão salpicado de insones e com um encontro de estranhos no balcão perto da cafeteira. Fotos de férias não deviam fazer você se lembrar desse tipo de passado. Fiquei na sala escura e sobrepus uma foto de lanternas coloridas que tirei no pátio externo de um restaurante chinês em Torremolinos, para que meus olhos lembrassem de outra coisa que não aquela noite na avenida Hennepin.

18

Antes de irmos embora do apartamento do ex-Weatherman, ele tentou explicar da melhor maneira que pôde por que não podíamos ficar.

"Não quero pensar que minha tribo é necessariamente inclinada para o mal", ele nos disse.

Depois ele falou que quando a Guerra do Vietnã terminou e o Weather Underground começou a se desmantelar, algumas pessoas que queriam continuar lutando foram para o Sul e se infiltraram na Ku Klux Klan. Por um longo período ele tentou se esquecer das histórias que um deles contou ao voltar. Ele disse que não havia limites para a imaginação lá quando se tratava de atos violentos cometidos contra negros. Eles ficam com enxaqueca, uma pressão da comunidade no cérebro, o amigo dele disse, se ficam muito tempo sem matar ou queimar alguém.

"Stella, eu consigo enfrentar a máquina de guerra, mas não consigo enfrentar isso", ele disse. "Os policiais federais não vão deixar vocês apresentarem essas fitas e esses documentos em juízo."

O ex-Weatherman disse que mesmo que os policiais não estivessem interferindo em nome de Kapalei Kenyatta, algum órgão federal estava.

"O FBI me assusta, mas é só medo", ele admitiu. "Gente comum como a Josephine me *apavora*. É como olhar para o rosto da minha mãe ou para mim. Fico apavorado pela intimidade. Essa agente do FBI pode só ter feito uma visita de rotina para

Josephine; não se trata dos fatos. O ponto é que estamos no Norte, mas é igualzinho ao Sul." Ele quis dizer com isso que você não tem como saber onde terminam as pessoas e começam os porcos no salão de espelhos em que Stella e eu estávamos correndo. Depois ele riu pela primeira vez naquela manhã, mas não foi um riso que lhe desse alívio.

"Os porcos e a minha mãe, ou os porcos e eu, tanto faz..." Ele parou. Depois disse, "Você me conhece, Stella, eu estive nas trincheiras quando achei que fazia sentido, mas não consigo lutar contra um exército de fantasmas. É por acreditar em vocês que peço para vocês irem embora."

Capítulo quatro

Parque da Punição

I

Copenhague é uma cidade sem cheiro. Ao contrário de Berlim
com suas fragrâncias de bratwurst e cerveja, espetos de *sha-
warma* e café forte, em Copenhague você nunca tem certeza
se está respirando ar puro ou lufadas de produtos orgânicos
para limpar as mãos. Para ser justo, a falta de sujeira urbana
de Copenhague, mesmo no centro da cidade, não foi o único
motivo para achar que minhas palestras sobre o filme iconoclasta que Peter Watkins fez em 1971, *Parque da Punição*, seriam
muito mais bem recebidas em Berlim do que na Dinamarca,
"o lugar mais feliz do mundo".

Eu tinha sido convidado para fazer uma apresentação em
Berlim. Como a passagem para Berlim exigia uma conexão
em Copenhague, meu plano era passar dois dias lá, e depois ir
de carro, trem e ferryboat atravessando o mar Báltico de Copenhague até Berlim, para a conferência sobre os cinquenta
anos de Maio de 1968. Para mim, 1968 foi um divisor de águas
(fiz doze anos e abandonei a Igreja Católica naquele ano), por
isso estava empolgado por ter sido convidado cinquenta anos
depois para falar em um simpósio sobre arte e revolução em
1968, num centro que uma universidade americana com bom
orçamento mantinha em Berlim.

Meu plano era exibir dois trechos de *Parque da Punição*[1] na oficina afropessimista organizada para ativistas dinamarqueses — os mesmos dois excertos que eu planejava exibir e criticar na conferência em Berlim. A maior parte das pessoas com menos de sessenta anos nunca ouviu falar de Peter Watkins. (E isso pode muito bem ser verdade para as pessoas com sessenta anos ou mais que, por assim dizer, não estavam "no movimento" naquela época.)

Parque da Punição oferece um panorama perturbador das represálias sofridas pelo ativismo de esquerda que ocorreram depois de acontecimentos como a Convenção Democrata de 1968 em Chicago e o massacre da Kent State University. O enredo é o seguinte: trata-se da história da Maioria Silenciosa de Nixon julgando jovens que estão lutando (alguns de maneira pacífica, outros de maneira violenta) pelo fim da guerra no Vietnã e por justiça social nos Estados Unidos. A história oscila entre a mise en scène do tribunal (que decide o destino dos ativistas do Grupo 638) e o deserto onde os membros condenados do Grupo 637 recebem a "oportunidade" de viajar oitenta e cinco quilômetros a pé em três dias com provisões mínimas de água e comida num calor de mais de quarenta graus. Dizem que se eles alcançarem a bandeira dos EUA no prazo, vão ter permissão para saírem livres.

Em um ambiente "normal" de um tribunal, nada além do zumbido de um ar-condicionado, o arrastar de pés das pessoas que vão em direção a seus lugares e, talvez, uma tosse aqui e ali completariam a paisagem sonora. Mas no julgamento que acontece no tribunal de *Parque da Punição*, as paredes de lona da tenda no deserto onde a audiência acontece não oferecem aos réus abrigo contra a invasão de sons ambientes. Eles ouvem a explosão sônica de jatos rompendo a barreira do som sobre o deserto, o que os faz lembrar dos aviões jogando napalm e das missões de bombardeio que esses aviões farão sobre o Vietnã e o Camboja. Os réus do tribunal, como Charles

Robbins (Stan Armsted) e Nancy Jane Smith (Katherine Quittner), também ouvem tiros ocasionais, nos lembrando da Guarda Nacional, da Polícia de Los Angeles, e dos xerifes do distrito de Los Angeles que estão lá fora à caça dos membros do Grupo 637, aos quais os membros do Grupo 638, que vão sendo interrogados um a um, vão se unir em breve.

2

Lá pela metade do filme, Nancy Jane Smith entra por uma abertura na tenda em que o tribunal a aguarda. Ela está algemada e é ladeada por dois xerifes. Ela bate nos ombros deles. A voz britânica de Peter Watkins apresenta a personagem em off ao espectador como "Nancy Jane Smith. Cantora e compositora de música popular". As algemas são mantidas nos pulsos dela e, enquanto ouvimos o presidente do tribunal confirmar com o advogado de defesa que Nancy Jane Smith deseja fazer a própria defesa, os xerifes a colocam numa cadeira de escritório metálica de frente para o tribunal e acorrentam seus tornozelos às pernas da cadeira. Quando Nancy Jane Smith está totalmente acorrentada à cadeira e os trâmites estão prestes a começar, há um corte e a cena passa para o Grupo 637 no deserto. Os jovens no deserto sofrem com muita sede, desidratação e vários mal-estares físicos por serem expostos a temperaturas altíssimas durante o dia e frio extremo à noite.

À medida que o julgamento fica mais intenso, o mesmo acontece com as respostas de Nancy Jane Smith confrontando seus interrogadores. A cena termina com Nancy Jane Smith gritando no tribunal — "Quantas crianças vocês mataram?" — enquanto membros do tribunal também gritam com ela, acusando-a de compor canções que mandaram os jovens para as ruas para lutar (e em última instância de mandá-los para serem condenados por este tribunal) — enquanto os xerifes erguem a cadeira em que ela está sentada no ar e a levam para fora da tenda.

O interrogatório de Charles Robbins começa com ele sentado na mesma cadeira em que Nancy Jane Smith estava. Ele também está algemado e suas pernas estão igualmente acorrentadas às da cadeira. Mas ao contrário do que ocorreu no interrogatório de Nancy Jane Smith, o de Robbins não começa com as perguntas dos membros do tribunal sobre os pontos de vista políticos dele (muito menos sobre sua família ou seu código moral). O interrogatório começa com o presidente do tribunal minimizando o tamanho e a relevância política do Exército do Povo Negro.

A cena do interrogatório de Robbins é entrecortada por cenas dos membros do Grupo 637 no deserto. A certa altura da alternância, chegamos a uma cena em que uma mulher negra e um homem branco mantêm um engenheiro de som da Alemanha Ocidental como refém. A polícia no monte acima deles mantém o grupo preso nas pedras. O chefe dos policiais faz mira com um rifle poderoso (com a ajuda de um telescópio) e atira no radical branco, libertando o engenheiro de som alemão. Todos os policiais perseguem a solitária mulher negra por vários metros; atiram nas costas dela diversas vezes, e depois atiram mais seis vezes quando ela está de bruços no chão. Enquanto isso, a quilômetros de distância, dentro da tenda do tribunal no deserto, o interrogatório de um revolucionário negro chamado Charles Robbins continua. O filme tem um longo trecho de interrogatórios dele e de outras pessoas em um local secreto que fica no deserto a leste de Los Angeles: um tribunal dentro de uma tenda, uma situação que a Lei McCarran de Segurança Interna de 1950 tornou perfeitamente legal.[2] A Lei McCarran autorizou o presidente (na época Truman), em uma emergência (definida como invasão, declaração de guerra ou insurreição em auxílio de um inimigo estrangeiro), a prender e deter pessoas que ele acreditasse que podiam participar de espionagem ou sabotagem.

Do verão de 1968, quando eu tinha doze anos, até 1974, quando fui para a faculdade, meus professores foram os jovens e heroicos homens e mulheres que foram algemados, baleados e assassinados em *Parque da Punição*. Depois de ter passado os primeiros seis anos escolares na Escola Elementar Kenwood, batizada em homenagem ao enclave branco em que ficava localizada na extremidade oeste de Minneapolis, fui lançado inesperadamente em um universo paralelo, em Seattle, no verão depois da sexta série. Conheci muitos duplos de Robbins, Smith e da anônima mulher negra no deserto que manteve um engenheiro de som alemão como refém, todos eles assassinados em *Parque da Punição*. Nancy Jane Smith tinha vinte e um anos. A mulher negra anônima não podia ser mais velha. Charles Robbins tinha vinte e cinco e já era membro do Exército do Povo Negro (uma organização clandestina cujos nome e filosofia de guerrilha eram próximos, senão idênticos, aos do Exército de Libertação Negra de Assata Shakur).

Quando o verão de 1968 terminou, minha família foi embora de Seattle, voltando a Minneapolis, para Kenwood, onde comecei e completei o sétimo ano. Partimos de novo, no oitavo ano, dessa vez por um ano escolar inteiro — um sabático para meu pai, e uma chance para minha mãe estudar para o exame de francês dela e terminar de escrever sua dissertação. Nós moramos nos conjuntos habitacionais de St. Antoine em Detroit, menos de dois anos depois dos tumultos e do incidente no motel Algiers;[3] estávamos em Chicago quando Fred Hampton foi baleado em sua cama;[4] e morávamos perto do campus em Berkeley, na Califórnia, quando Nixon bombardeou o Camboja e quando aconteceram os assassinatos na Kent State e na Jackson State.[5]

Nessa viagem atravessando o país, conheci uma versão da mulher negra anônima que Peter Watkins entrevistou em

Parque da Punição enquanto ela fugia. Escondida do departamento do xerife do Distrito de Los Angeles, da Guarda Nacional e da polícia na fenda de um penhasco rochoso, ela está com um rifle que pegou de um policial que ela e um camarada mataram. Está sem fôlego de tanto correr. Sabe que o bando se aproxima.

Ela diz para Peter Watkins e sua equipe, "É um jogo, cara. Uma merda de um jogo. Esse establishment todo. Ou você ganha ou você morre".

Então aparece o trecho dela correndo pelo terreno plano e quente abaixo do ponto onde a entrevista foi gravada. A polícia de Los Angeles, o departamento do xerife e os homens da Guarda Nacional estão no encalço dela. Fora do quadro, um deles diz, "Acerta a vadia". Então, de um cume, um deles atira nas costas dela. Ela cai de bruços na areia, mas eles continuam atirando e atirando.

Conheci a versão dela em Chicago no mês em que Fred Hampton foi assassinado. Ela foi uma das Panteras Negras que abriu para o público o apartamento marcado de balas onde ele foi assassinado. Quatro anos depois, minha família e eu partimos de Chicago e fomos para Berkeley, onde voltei a vê-la. Em Berkeley, jamais soube quais eram as afiliações políticas dela, mas sabia que a revolução era seu sonho. Eu tinha treze e catorze anos quando fomos amigos, e ela tinha pelo menos vinte. Ela trabalhava em um restaurante de peixe com fritas na avenida Telegraph, a meio caminho entre minha escola e a universidade. Queria que ela casasse comigo antes de meus pais me arrastarem de novo para Deadsville (Minneapolis) quando o ano letivo terminasse. O fato de que eu precisaria de uma escada para fazer os votos e beijá-la não diminuiu meu desejo. A pele dela cintilava como mármore. Ríamos e conversávamos em morosas tardes de primavera. Às vezes eu levava a última edição da *Ramparts* até a lanchonete e ela passava o intervalo comigo.

Conversávamos sobre as reportagens da revista. Eu tentava impressionar lendo passagens que considerava notáveis de textos sobre o julgamento dos Oito de Chicago, sobre protestos na América Latina durante a missão que Nelson Rockefeller fez a pedido de Nixon para estabelecer fatos, ou sobre a morte musical do Jefferson Airplane.

Nem por um momento passou pela minha cabeça que uma mulher que estava na luta e que era seis anos mais velha talvez não *precisasse* de um menininho de treze anos como interlocutor ou candidato a amante; que talvez ela fosse perfeitamente capaz de encontrar por conta própria os parágrafos relevantes da *Ramparts*; e que, além disso, talvez ela tivesse lido a revista antes de eu entrar saltitando e sorrindo. Quando, em raras ocasiões, esses pensamentos violavam meu espaço, eu olhava no espelho, segurando meu queixo, e dizendo: "A idade é só um número, sacou?". Era isso que eu diria a ela um dia, eu imaginava, mas não no dia seguinte.

Em vez de dizer de fato como eu estava encantado com ela, eu fantasiava quanto ao meu futuro com ela diante do espelho do meu quarto. O nome dela era Bernadette. Nas minhas fantasias, ela tinha conexões com o mundo da clandestinidade que jamais disse ter naquela lanchonete de peixe com fritas da avenida Telegraph. No expediente do jornal dos Panteras Negras, sempre havia alguém do conselho editorial que não era nomeado. Um dia, na escola que os Panteras mantinham depois do horário escolar, um irmão me disse que aquela pessoa não identificada agia clandestinamente; ela ou ele era a ligação dos Panteras com as células secretas que operavam naquilo que era chamado de maneira "ofensiva-defensiva". Dei àquela pessoa o nome de Shirley, e imaginava que ela era prima de Bernadette; e que, na minha trajetória com Bernadette depois que nos casássemos, íamos conseguir dinheiro e apoio para Shirley e as operações "ofensivas-defensivas" da célula clandestina de Shirley no Exército de Libertação Negra. Em meus sonhos, Bernadette e eu iríamos a todos os lugares a que meus pais haviam me levado — a Universidade de Washington, a Universidade de Chicago, a Universidade de Berkeley, a Universidade Estadual de Wayne e a Universidade do Minnesota — levando a mensagem do Nation Time!

Uso óculos escuros e uma jaqueta de couro preta, uma mistura de um jovem Bobby Seale e de "Linc" Hayes em *The Mod Squad*. Bernadette está com uma minissaia preta, brincos de argola e seu afro grande e cheio. Seis microfones estão colocados juntos como tulipas de aço no púlpito do centro acadêmico. Quando defendo uma ideia e bato com o punho no púlpito, as tulipas de aço tremem e o retorno perpassa o auditório. Ninguém está sentado desde o momento em que ergui meu punho e alertei, "Se vocês não querem problemas, mantenham essas mãos brancas e imundas longe de nossas belas mulheres negras!". Um belo mar de rostos negros ruge; e repórteres branquelos em capas de chuva desbotadas olham espantados para o palco. Tocadores de conga na outra extremidade do palco marcam o ritmo com mãos calejadas.

Agora Bernadette vem ficar ao meu lado. Me afasto para a direita e ela se inclina sobre o microfone. Ela diz à plateia que traz saudações de sua prima, a revolucionária clandestina.

"O nome dela é Shirley Jones! O *meu* nome é Bernadette Jones. É isso aí, Shirley Jones é minha prima. Agora vão correndo contar *isso*!", ela diz para os repórteres lá embaixo. "Os porcos dizem que minha prima está fugindo. Mas vocês estão prontos para isso?"

Vozes enfeitam o ar com, *Estamos prontos! Estamos prontos!*

"Muito bem, então, lá vai. Lá vai. Shirley Jones não está fugindo; ela está botando os *Oinc-Oinc* pra correr! São eles que estão fugindo. Agora, me corrijam se eu estiver errada."

Estou ao lado dela, aplaudindo, dizendo *Me corrijam se eu estiver errada*, em meio ao ruído. Bernadette ergue a mão. O auditório começa a silenciar.

"Abram as janelas", Bernadette diz a eles. "É isso aí, abram as janelas e ouçam os *Oinc-Oinc* guincharem! Shirley Jones não vai a lugar nenhum; e ela mandou que eu e meu Frank disséssemos a vocês que ela está *bem aqui*, sacaram, aqui mesmo em Babilônia. Shirley Jones está em *mim*. Shirley Jones está no meu Frank aqui. Shirley Jones... o.k., o.k., espera um pouco, eu não tenho muito tempo."

Bernadette enxuga o suor da testa com o lenço que dou para ela.

"Shirley Jones está em *cada um de vocês, em cada belo irmão negro e em cada bela irmã negra*."

Ela espera novamente enquanto eles ficam o mais silenciosos que conseguem. Ela se inclina tão perto do microfone que o retorno torna suas palavras quase ininteligíveis.

"Corram e digam aos *Oinc-Oinc* que é melhor ele papar o farelo dele." Ela olha para os repórteres lá embaixo. "Vocês têm que papar pra poder se defender." Os repórteres não têm certeza se ela está brincando, embora a sala gargalhe. Então, para a multidão, ela diz: "Voltem pra casa. Passem óleo nos berros. Ajustem a mira. *E explodam aquele porco quando ele der as caras!*".

A sala treme como num leve terremoto.

"Mais uma coisa, pessoal, mais uma coisa. Esperem. Mais uma coisa. Meu Frank aqui, meu marido. Esse homem aqui do meu lado." Uma moça da primeira fila grita, Que gato!, Bernadette para, ela ainda está sorrindo, mas para. "O.k., o.k., o.k., minha irmã, mulher que fica com as minhas sobras eu apago rapidinho, como se fosse um porco." A sala inteira ri. "Meu marido vai falar um pouco da Ofensiva de Primavera; e sobre o que a gente precisa fazer pra se preparar pro confronto."

Volto calmamente ao púlpito e começo a falar de novo. Mas nunca falhava, meu sonho sempre se desintegrava quando minha "esposa", Bernadette, me chamava de volta para o microfone.

Foi nesse período, a primavera de 1970, que também conheci Nancy Jane Smith. Mas ao contrário de Bernadette, não há um trecho de *Parque da Punição* que mostre seu assassinato. Porém podemos presumir que a polícia ou a Guarda Nacional a matou. No filme, Nancy Jane Smith sabe que vai morrer; ela diz isso ao tribunal quando depõe algemada. Nancy Jane Smith pode ter sido filiada aos Estudantes para uma Sociedade Democrática, mas os registros do tribunal não refletem isso.[6]

Quando encontrei uma versão de Nancy Jane Smith, ela lecionava estudos sociais na Escola de Ensino Médio Willard Junior em Berkeley, na avenida Telegraph, a um quilômetro da Universidade de Berkeley e da lanchonete de peixe com fritas onde Bernadette Jones trabalhava. Ela tinha cabelos escuros que caíam nas costas, e os brincos eram duas penas azuis. Um dia, Nancy ficou diante da classe, em sua minissaia e bata de costume. Ela perguntou se compreendíamos a simbiose entre "mulher branca" e "imperialismo americano". Primeiro explicou *simbiose*: uma relação mutuamente benéfica entre duas pessoas ou dois grupos diferentes. Depois colocou um vinil quarenta e cinco rotações na vitrola portátil Dansette que estava sobre sua mesa. Acordes de hard rock de uma guitarra faziam a introdução de uma música que todos tínhamos ouvido — ela tinha sido lançada em março. Então Burton Cummings, vocalista do Guess Who, começou a cantar "American Woman". Quando a música terminou, ela ergueu e tirou a agulha do disco. Durante o resto da aula, analisou a canção, a simbiose entre a mulher branca e o imperialismo americano, usando a letra da música.

3

Quando Nancy Jane Smith entra na tenda do tribunal, as perguntas começam com dilemas éticos elaborados por conflitos de afiliação[7] (como luta de classes) passando por dilemas morais elaborados a partir de ansiedades filiais (como a conduta adequada para moças, o futuro da reprodução dos brancos, e uma ansiedade generalizada quanto ao status da família nuclear).

O interrogatório de Smith se dá sob uma dinâmica constante que, por meio da seleção de tópicos, da distribuição das preocupações, do peso emocional e da ênfase dados às perguntas relativas à conduta sexual e não às perguntas sobre poder institucional, e da preocupação do tribunal com a higiene mental, a criação dos filhos e o modo de falar decente versus o indecente, leva a escala de abstração do interrogatório para baixo, do político para o pessoal.

Evita-se uma avaliação ética da máquina de guerra de Richard Nixon, da disparidade econômica do capitalismo, do complexo penitenciário-industrial, e do sexismo e do patriarcado como manifestações do poder institucional (e não como meras práticas interpessoais) em troca da fixação dos integrantes do tribunal pela higiene moral de uma jovem branca. O julgamento moral não deixa espaço para a avaliação ética. *Infelizmente, essa inclinação para colocar o pessoal acima do político, e a moralidade acima da ética, é uma preocupação tanto de Nancy Jane Smith quanto do tribunal.*

O julgamento começa com o representante do sindicato (e membro da junta militar), um "chicano" conservador, pedindo que Nancy Jane Smith conte um pouco sobre ela. Mas o que eles querem saber sobre "ela" não tem a ver com as escolhas de *afiliação* (as afinidades políticas) e sim com o mundo *filial* em que ela nasceu e sobre o qual não teve escolha, uma família branca e abastada.

Ele diz, "Você veio de uma família rica e teve tudo do bom e do melhor, como foi acabar assim?".

Essa pressão filial no interrogatório que se segue e no discurso complementar sobre o estado de sua saúde mental — em outras palavras, essa constante pressão para fazer com que a conversa gire em torno de identidade e escolhas pessoais, e não sobre posição e poder — é algo em que Nancy Jane Smith *consente*, em vez de combater. O consentimento dela, claro, é espontâneo, o que significa que não é algo que ela premeditou — o que torna a cumplicidade dela com a escala de abstração do interrogatório *mais* constitutiva de seu desejo, e não menos. O inconsciente é uma iniciativa baseada na fé. Em outras palavras, muito embora Nancy Jane Smith seja uma insurgente revolucionária, decidida a derrubar o governo dos Estados Unidos a todo custo, e os membros do tribunal sejam exemplares da "Maioria Silenciosa" de Richard Nixon, em um nível profundo do inconsciente eles estão igualmente *investidos* do status e da integridade da família branca.

Os membros do tribunal *e* a pessoa que eles estão prestes a condenar à morte se importam mais ou menos com a mesma coisa: o status da família branca. E esse interesse comum e inconsciente conduz o interrogatório de maneiras que são mais essenciais do que suas discordâncias políticas e ideológicas sobre a revolução e a Guerra do Vietnã.

Então o agente do FBI lê um relatório para ser incluído nos autos que termina com uma avaliação psiquiátrica que declara Nancy Jane Smith esquizofrênica. A implicação é que ela é uma histérica, e não uma "verdadeira" revolucionária.

"Aposto que a sua mãe e o seu pai vão ficar realmente orgulhosos de você", diz a dona de casa que preside uma organização chamada "Maioria Silenciosa por uma América Unificada".

Mas essa desvalorização da política de Nancy Jane Smith também funciona para fortalecer e estender o status relacional dela. Para dizer de outro modo, a subjetividade humana dela é *assegurada*, e não desvalorizada, por esses ataques, assim como pelas respostas dela. Por mais contraintuitivo que isso possa parecer, a *estrutura* do diálogo — e não o *conteúdo* do diálogo — é o que garante a Nancy Jane Smith o tipo de possibilidade relacional do qual Charles Robbins e a mulher negra assassinada no deserto estão excluídos desde o princípio.

Já de cara, o tribunal deixa claro que Smith tem uma mente, uma mente com a qual todos eles estão preocupados. (É preciso deixar de lado o fato de que a preocupação deles mimetiza os pontos de vista vitorianos sobre a histeria feminina — isso não é essencial aqui, por não poder se estender à mulher negra, portanto sua dinâmica opressiva segue sendo importante, mas não tanto quanto a dinâmica mais fundamental, que é o modo como ela fortalece e estende o paradigma das relações humanas entre o tribunal e Smith.) Ao contrário do negro, do escravizado, Nancy Jane Smith tem aquilo que Frantz Fanon chama de "resistência ontológica aos olhos"[8] de seus interrogadores, o que significa que os esforços espaço-temporais de um sujeito têm potencial transformador sobre os esforços espaço-temporais de outro sujeito. Essa capacidade compartilhada de transformação, e de reconhecimento e incorporação, não se estende ao escravizado.

É importante reiterar que Nancy Jane Smith não tenta mudar o *perímetro*, ou a estrutura, do diálogo de qualquer modo significativo. Quando confrontada com sua avaliação psiquiátrica, ela grita, "É isso que você acha, seu estúpido?". Então ela tem a oportunidade de cantar uma de suas músicas. Depois de recitar a letra, cheia de expressões sexuais que o tribunal, certamente, considera sediciosas e pornográficas, Smith faz um comentário sarcástico para a dona de casa que preside a organização chamada "Maioria Silenciosa por uma América Unificada".

"A senhora sabe o que é 'boceta'?" O comentário pretende ser chocante e estabelecer as credenciais de Nancy Jane Smith como mulher branca liberada às custas da interrogadora branca mais velha e mais reprimida.

Esse espetáculo de ataque/contra-ataque que se segue ao longo do interrogatório de Smith revela uma tendência a imaginar o conflito político, o que equivale a dizer conflitos "de afiliações" (ou seja, políticas e institucionais), por meio de estruturas filiais (ou seja, familiares). Questões de cidadania e poder estatal que em geral seriam categorizadas como dilemas de afiliação, questões de poder institucional, são substituídas por questões que em geral seriam categorizadas como filiais, como questões de lealdade familiar. O interrogatório tece uma tapeçaria de articulações, "conexões, transferências e deslocamentos",[9] entre estruturas de afiliação e estruturas filiais em que a estabilidade da família branca se torna hegemônica ao longo de todo o interrogatório, enquanto questões sobre poder político (a máquina de guerra de Nixon e a praga do capitalismo) se tornam, na melhor das hipóteses, secundárias.

O que essa estruturação mobiliza é uma profunda e inconsciente saturação e naturalização da autoridade da família branca como autoridade de Estado, em que "características da família são projetadas no ambiente social"[10] de maneira a não permitir "desproporção entre a vida da família [branca] e a vida do [Estado]".

Em claro contraste, o interrogatório de Charles Robbins começa com um ataque, disfarçado de afirmação.

"Sabemos pelos nossos registros que há apenas um punhado de militantes negros dirigindo o chamado Exército do Povo" — começa um membro do tribunal. "Esse grupo não representa a comunidade. Vocês estão tentando derrubar o governo — e vocês são apenas um punhado de pessoas."

A câmera então nos mostra um close de um dos outros homens do tribunal. Ao contrário dos homens e mulheres durante o interrogatório de Nancy Jane Smith, ele não olha para Charles Robbins, a pessoa interrogada. Ele está rabiscando.

Outro interrogador fala rispidamente, "Martin Luther King se opunha a essa violência de vocês!".

A abertura dessa cena é exemplar dos modos como a prerrogativa da classe senhorial, além de decidir que Charles Robbins e o Exército do Povo Negro não têm uma delegação dada pelos negros, chega a ponto de designar que tipo de política poderá ser usada para obter essa delegação e qual será sua natureza. Tudo isso fica evidente antes que Charles Robbins tenha dito uma única palavra! Na verdade, o interrogatório se encerra do mesmo modo como começa, embora com mais ênfase: Robbins é amarrado e amordaçado, enquanto um membro do tribunal fica gritando.

"Façam ele calar a boca... Façam. Ele. Calar. A. Boca!"

E um advogado de defesa branco se ergue para articular os dilemas éticos sobre os quais Robbins foi impedido de falar desde o começo.

Em algum nível, trata-se da mesma violência discursiva imposta a Nancy Jane Smith, em que os membros do tribunal acabam com qualquer esperança de que o interrogatório se desenvolva em um rico campo semântico de afiliações — uma avaliação ética do poder institucional baseada em orientações políticas e filosóficas concorrentes. Em outras palavras, de acordo com o valor de face, o tipo de argumento que marxistas como Negri e Hardt fazem — que, nessa distopia pós-industrial em que vivemos desde o fim dos anos 1960, ou seja, desde o fim da Era de Ouro do Capital, a temporalidade do encarceramento, ou "tempo de prisão", usurpou o tempo da sociedade civil, para *todos* independente de raça ou gênero.

Mas ao contrário do que ocorreu com Nancy Jane Smith, Charles Robbins não tem a oportunidade de participar de uma redução da escala de abstração, ou seja, de uma passagem da afiliação para a filiação. Ele não é o filho rebelde de alguém, do mesmo modo como Nancy Jane Smith é a filha rebelde de alguém. Charles Robbins não é sequer um sujeito humano; o que significa dizer que ele vivencia a sociedade civil *não* como um sistema de leis, códigos e costumes que usa de violência contra aqueles que transgridem suas leis e códigos de comportamento. Para ele, a sociedade civil é um rolo compressor de vingança assassina que não contém qualquer contingência, julgamento ou debate. Para Charles Robbins e a mulher negra no deserto, a sociedade *sempre* foi um rolo compressor de violência. A sociedade civil nunca foi um terreno caracterizado pelo consentimento, em oposição à coerção. Para eles dois, a usurpação da sociedade civil por meio da violência não é um fenômeno novo, baseado em mudanças da economia política (como o fim do padrão ouro). *Pelo contrário, a violência sem refúgio é a condição sine qua non da negritude.*

Assim como Nancy Jane Smith, ele é um estímulo para a ansiedade; porém não a ansiedade de uma natureza ideacional. Não é como se as ideias de Robbins fossem uma ameaça para as ideias arraigadas defendidas pelo tribunal conservador. O interrogatório dele é sintomático do fato de que as únicas ideias que ele tem são aquelas que ele personifica, ou seja, as ideias que *eles* têm dele. Como meu interrogatório feito pela mãe de Elgar, Celina Davenport, quando eu era menino, uma mulher cujo inconsciente a levou a reclamar da falta de espírito de torcedor do marido quando minhas respostas fugiram das referências que ela tinha, o tribunal não tem necessidade de interrogar Robbins.

A "*carne*" (sua cor, seu tamanho, seus genitais — a *biofacticidade* da negritude), não sua orientação filosófica ou sexual, é o que estimula a ansiedade.[11] Não há necessidade de que o tribunal analise a retórica dele, como fez ao pedir, em sua fixação filial, que Nancy Jane Smith cantasse para eles uma de suas músicas; ou quando, num raro momento em que eles concedem a ela a *noblesse oblige* de um combate oficial, e perguntam qual era a filosofia de governo dela. A incapacidade do tribunal de imaginar Charles Robbins como ser relacional, sua incapacidade inconsciente de vê-lo como ser humano, como alguém dotado da capacidade espaço-temporal de possuir status relacional — a ausência de resistência aos olhos do outro — se estende ao povo negro como um todo, e, posso acrescentar, é também a limitação essencial do cineasta, Peter Watkins, e do próprio filme.

Os negros formam uma massa de carne indistinguível no inconsciente coletivo, não uma formação social de interesses, agendas ou ideias.

No começo do interrogatório, *dizem* a Robbins que ele não tem delegação política, que não tem nenhuma eficácia política.

Mais tarde, o mesmo membro do tribunal pergunta a ele, "Por que você está levando seu povo a essa histeria coletiva?".

O que ele é afinal, alguém desprovido de eficácia política ou de posse de poderes sobre-humanos? Os dois. Nenhum. A verdade e o lugar onde ela se encontra são irrelevantes. O que *de fato* se consubstancia aqui é que a espécie que está diante deles é uma ameaça a seu inconsciente coletivo a um ponto que eles não são sequer capazes de manifestar. Charles Robbins é um objeto fobogênico;* um estímulo corporificado à ansiedade.

A extensão da atuação dele é totalizante a ponto de parecer deformada, de se tornar irreconhecível e sem fronteiras. Trata-se da mesma orientação que as pessoas brancas e seus sócios minoritários não negros têm com relação à sexualidade negra;

---

* Algo que é induzido ou causado pelo medo.

uma ubiquidade sexual e uma potência tão abrangentes que tornam impossível falar dela em termos sexuais. Algo a que a pessoa deve se abandonar, se entregar, como se *a jouissance* não tivesse começo nem fim; algo que deve nos apavorar, como se o prazer sem fronteiras só pudesse levar à morte. O negro é mantido no cativeiro pela alegria e pelo terror do senhor, que oscila entre a negrofilia (como, por exemplo, no monótono consumo de rap hard-core pelos jovens brancos no subúrbio) e a negrofobia (como no interrogatório, desprovido de diálogo significativo, de Robbins pelo tribunal).

É importante lembrar que não se trata de uma dinâmica recíproca. Se o comitê por um lado estava de fato preocupado com os lugares em que Nancy Jane Smith ia à procura de seus prazeres e com os meios que usava para obtê-los, e se estava preocupado com quais ideias motivavam seu ódio pelos Estados Unidos (sua "paranoia" depois do massacre de Kent State), não há preocupação com relação aos motivos por trás da busca de prazer pessoal ou de retribuição política da parte de Charles Robbins. Como escravizado, a *jouissance* dele, assim como seus objetivos políticos, está sempre usurpada desde o início, já foi entregue ao poder e ao desejo daqueles que não são escravizados.[12]

Frantz Fanon nos lembra que o judeu, assim como a mulher branca, é um objeto fóbico no nível das *ideias* que os outros têm de suas *ideias*, como argumentei em *Red, White & Black*, os indígenas americanos são objetos fóbicos em função de sua demanda corporificada (mais uma vez, a ideação) por uma compensação territorial. Mas o negro não é um objeto fóbico que estimula ansiedade em torno de suas articulações (reais ou imaginárias) em relação ao tempo (o medo antissemita da "dominação financeira" judaica) ou do espaço (um conflito relativo às reivindicações que os indígenas têm com relação à terra). O negro é uma ameaça, para parafrasear Fanon, num nível genital. "É um monstro!" é o elogio mais comum usado para um atleta negro. Em outras palavras, a violência contra o negro assassina, *destrói* a subjetividade (eviscera a capacidade de relacionalidade), ao passo que a violência misógina e antissemita, assim como o genocídio dos povos indígenas, explora e aliena a subjetividade *sem* obliterar a capacidade relacional. Em outras palavras, a violência que em última instância mata Nancy Jane Smith não pode servir de analogia para a violência que mata Charles Robbins e a mulher negra no deserto — ainda que a mesma arma seja usada em ambas as *espécies*. Embora todos eles parem de respirar, a morte de Nancy Jane Smith de nenhum modo lembra a morte de Robbins e a da mulher negra no deserto. A diferença entre *alguém* morrer e *algo* morrer não pode dar origem a uma analogia.

É isso que torna o *assassinato*, e não a exploração e a alienação, o mecanismo gerador da "relação" entre Charles Robbins e o tribunal; ou seja, a "relação" escravo/humano. Há um paradoxo embutido nesse assassinato, pelo fato de que ele não pode ser outra coisa que não assassinato; porém deve ser um tipo suficientemente abrangente de assassinato para obliterar o desejo do escravizado, do negro, de reconhecimento e incorporação de seus esforços espaço-temporais, e as tentativas que ele faz para chegar a isso, muito embora a natureza abrangente do homicídio não acabe com o povo negro de uma vez por todas. Sem o povo negro, a existência humana seria ininteligível, do mesmo modo que "gato" não tem sentido sem "cachorro". Trata-se de algo muito diferente do genocídio dos nativos americanos. Pois os indígenas são, na verdade, humanos. Eliminá-los, empiricamente, não ameaça a estabilidade da humanidade. Assim como a violência antissemita do Holocausto não teria tornado a "humanidade" ininteligível caso o holocausto tivesse acabado com todos os judeus.

Mas caso os negros fossem completamente eliminados por um genocídio, a humanidade se veria no mesmo dilema que ocorreria se os negros fossem reconhecidos e incorporados como seres humanos. A humanidade cessaria de existir; porque ela perderia sua coerência conceitual, tendo perdido o outro que usa como comparativo. A humanidade se veria no abismo de um vácuo epistemológico. O negro é necessário para demarcar a fronteira da subjetividade humana. Sem o espetáculo da violência usada contra Charles Robbins e a mulher negra no deserto (um espetáculo de violência que não depende de eles darem as respostas "erradas" ao tribunal, uma violência que os considera uma massa de carne, não membros de uma formação social), os seres humanos não teriam meios para saber que são humanos. Por contraste, Nancy Jane Smith morrerá, isso é evidente, mas sua morte depende de seu "mau comportamento" sexual e político. Essa contingência imbui a morte dela de significado e rejuvenesce sua espécie (a raça humana e sua mais santificada instituição, a família branca) mesmo quando ela está caída, fria e inerte no solo do deserto. Como escreve Jonathan Lee, ao parafrasear Lacan, "A morte é um momento futuro imensamente essencial e revelador. A morte da pessoa pertence inevitavelmente a ela."[13] Em outras palavras, mesmo quando Nancy Jane Smith morrer, suas canções e suas ideias contraculturais viverão (embora como espinhos) na psique de seus interrogadores e dos humanos que ainda estão por nascer; por isso os esforços do tribunal para discipliná-la e transformá-la em uma jovem adequadamente edipalizada.

Mas precisamos recorrer a Patterson para compreender o significado do assassinato quando se trata de Charles Robbins e da mulher negra no deserto: "O escravo morre, é verdade, mas morre no senhor".[14] Essa passagem não marca a morte de um sujeito relacional, mas a perda de uma ferramenta; uma ferramenta dotada de fala, mas que não tem quem ouça os sons que ela produz.

O que é notável no interrogatório de Charles Robbins é que, diferente do que acontece com Nancy Jane Smith, Robbins não tem oportunidade de fazer com que suas ideias sejam reconhecidas e incorporadas por seus interlocutores — nem no nível da filiação nem no nível da afiliação. Na economia libidinal do antagonismo entre humanos e escravos, ele não pode ser imaginado como filho ou pai ou irmão de alguém, nem pode ser imaginado como alguém que fala uma linguagem filosófica, a política em que ele ou concordaria ou discordaria com os membros do tribunal. Ele não tem "resistência ontológica aos olhos do homem branco". Assim como objetos em uma estrutura gramatical, Charles Robbins e a mulher negra assassinada no deserto são objetos sobre os quais age o sujeito de uma sentença, e a estabilidade da raça humana depende de que esses papéis jamais se alterem ou sejam invertidos.

4

Em Copenhague, o dono de uma pequena editora de esquerda me pediu para fazer uma palestra no lançamento de uma antologia que contava com textos de Jared Sexton, Saidiya Hartman, Frantz Fanon e meus. Eu disse que sim, mas fiz um pedido: eu queria me encontrar com um grupo de organizadores negros sem mais ninguém na sala para ministrar uma oficina de três horas sobre afropessimismo que seria semelhante às oficinas que eu havia feito na América do Norte, na África do Sul e em outras partes da Europa.

"A Dinamarca é um lugar muito branco", ele disse, numa conversa via Skype. Embora conhecesse organizações multirraciais fazendo trabalho político na Dinamarca, encontrar uma que fosse exclusivamente negra seria desafiador. Uma semana mais tarde, ele voltou a me procurar com o nome de um grupo relativamente novo chamado Marronage; uma organização do "povo racializado". O tipo de grupo que eu solicitei não existia. Mas como o Marronage foi fundado para se contrapor às celebrações autoengrandecedoras do centenário da abolição do colonialismo, quando, em 1917, o país vendeu as Ilhas Virgens para os Estados Unidos (o que também permitiu à Dinamarca se livrar da mácula de seu passado como economia dependente da escravidão), fazia sentido para mim conduzir uma oficina para pessoas que estavam interessadas nas ramificações da longa duração da escravidão.

5

Cheguei a Copenhague firme na minha convicção de que mesmo as mais perseguidas dentre as mulheres brancas são a priori posicionadas como senhoras em relação aos negros, *inclusive* em relação aos homens negros. Essa afirmação fica mais clara quando levamos em conta que no nível do consciente, aquilo que a psicanálise chama de interesses pré-conscientes, o domínio da psique que pode ser trazido à consciência — e falado —, *pareceria* que Nancy Jane Smith, Charles Robbins e a mulher negra no deserto são todos da mesma espécie. São revolucionários marxistas que diriam pertencer a uma mesma espécie: a classe operária. Mas o que se torna claro quando comparamos seus interrogatórios é que embora eles compartilhem uma mesma consciência, e embora *digam* pertencer a uma mesma espécie (humanos da classe trabalhadora), na verdade o domínio do inconsciente da psique não tem capacidade para reconhecer Charles Robbins e a mulher negra anônima no deserto como seres humanos. Eles não podem ser incorporados a imaginários de filiação ou afiliação de família ou de relações políticas, *independente das manifestações pré-conscientes/*

conscientes em contrário. Em resumo, a mente consciente de um radical diz, "Não vejo cor", ao passo que o inconsciente está "dizendo" (de modos raramente legíveis): "Vivo com medo de um planeta negro". Essa dualidade se sustenta pelo fato de que a violência que coloca Nancy Jane Smith como uma mulher branca e como um ser humano é estruturalmente diferente da violência que posiciona Charles Robbins e a mulher negra anônima no deserto como negros e escravizados.

Isso contradiz as premissas teóricas e políticas caras a intelectuais e ativistas não negros sobre violência e gênero. O desafio apresentado por esse argumento não é intelectual, e sim emocional; especialmente quando se trata de um homem negro cisgênero que critica o paradigma da feminilidade branca em tons não muito suaves.

Porém mulheres brancas, como seres humanos, são estruturalmente mais poderosas do que pessoas negras, porque elas, as mulheres brancas, são membros da espécie humana, ao passo que os negros são seres sencientes *contra os quais a humanidade se define*. Mesmo no ato horroroso do estupro (de uma mulher branca por um homem negro, por exemplo), a *estrutura* da relação não muda. Essa é uma afirmação incendiária. Mas nenhuma teoria que se preza deveria ter receio de pirotecnias. Para começo de conversa, o afropessimismo de modo algum desculpa a violência sexual ou procura explicá-la. Pelo contrário, a violência, como estrutura ou paradigma, e a violência sexual, como um conjunto de práticas dentro desse paradigma, está no cerne das reflexões afropessimistas, embora de maneiras que divergem da sabedoria convencional.

Nos séculos em que a escravidão ainda era legal, e não estranhamente sublimada por eufemismos como "cidadão" e "sufrágio universal", um escravizado negro que forçasse uma dona de escravos a fazer sexo contra a vontade dela estava tão errado *moralmente* quanto um escravizado que forçasse uma escravizada a fazer sexo contra a vontade dela. Sexo como arma é revoltante e não pode ser desculpado. Apesar de todas as injunções *morais* contra tais atos, sugerir que o estupro cometido pelo escravizado contra sua dona seja também um problema *ético* equivale a confundir *força*, a musculatura do estuprador, com *poder*, a teia de capacidades institucionais que o tornam uma extensão da prerrogativa e do poder dela, mesmo durante o ato do estupro. No que diz respeito ao ato, ela é vítima dele. No nível do paradigma, ele segue sendo uma ferramenta dela. O que fazer quanto a isso? Não se trata de procurar respostas que "solucionem" o problema da ação ao mesmo tempo em que se ignora o problema do paradigma. Aceita-se.

Nenhum revolucionário marxista diria que uma jornada de trabalho mais curta e salários maiores para os trabalhadores compensam o paradigma antiético do capitalismo. Mas quando muitas pessoas encontram o negro, um ser senciente que, ao contrário do trabalhador, não *tem* um problema, mas, como escreveu Du Bois, *é* um problema, a imagem queima de modo excessivamente intenso para os olhos.

Mas mesmo com o risco de queimar nossas retinas, olharemos inabalavelmente para essa chama.

Embora as mulheres que estavam na sala onde a oficina de Copenhague aconteceu não fossem na maioria mulheres brancas, muitas delas também não eram negras; e elas sabiam por minha apresentação que a mulher branca em *Parque da Punição* de Peter Watkins (uma prisioneira radical de esquerda chamada Nancy Jane Smith) era uma substituta de qualquer mulher não negra. Planejei voltar a essa afirmação espinhosa — de que o status das mulheres não negras em comparação com o dos homens negros não mudou ao longo do tempo — com uma citação de um artigo de Jared Sexton, em que ele escreve:

Parece contraintuitivo [...] mas em função da implicação histórica dela nas estruturas da supremacia branca (marcada pela capacidade limitada dela de ordenar o uso de violência estatal ou de violência paramilitar sancionada pelo Estado), a mulher branca pode fazer com que o homem negro (ou a mulher negra) seja torturado por transgressões reais ou imaginárias. No entanto, e em função dessa relação de poder, *ela também pode estuprá-lo*, revertendo assim a polaridade de uma fantasia de estupro universal no mundo antinegro; independente de seu tamanho e força, de suas proezas e de seu orgulho, ele é *estruturalmente vulnerável* a ela. (Ao contrário de muitas definições legais padrão, ela é capaz de estuprá-lo sem necessariamente ser fisicamente penetrado contra a vontade dele. Nesse sentido, o medo do estupro e o medo da penetração precisam ser *cuidadosamente distinguidos*). Talvez o estupro seja mais bem compreendido não como um ato isolado, mas como parte de um *espectro de coerção social gerado dentro de um conjunto mais amplo de relações sociais, políticas e econômicas* reguladas (porém não simplesmente controladas) pelo estado racial e por permutações que permitem o ato.[15]

Durante a palestra da noite para cento e quarenta pessoas — que se seguiu à oficina de três horas com trinta ativistas radicais dinamarqueses — distribuí folhas com a citação de Sexton para as pessoas que tinham chegado depois da oficina, para que elas pudessem ler quando eu a citasse; e assim elas a teriam diante dos olhos caso quisessem discuti-la na hora das perguntas. A plateia pensou sobre aquelas ideias e participou da discussão, tanto na oficina quanto na palestra que se seguiu; o que quer dizer que eu estava com a guarda baixa quando cheguei a Berlim para discutir essas ideias com acadêmicos de esquerda que, presumivelmente, tinham mais experiência teórica do que os ativistas em Copenhague.

A maior parte das pessoas que participou da oficina para o Marronage tinha lido muito pouco sobre afropessimismo. Eram organizadores sem muitos recursos, muitos dos quais tinham visto a violência estatal dinamarquesa de perto. Isso os tornou abertos para uma teorização mais profunda daquela violência, ainda que o que eles ouvissem estilhaçasse suas ideias anteriores acerca da estrutura — e não simplesmente da atuação — daquela violência. Fiquei impressionado com a disposição deles para sentar, por três horas, participando de discussões e de exercícios que desafiavam uma parcela tão grande do que lhes tinha sido ensinado e, indo mais direto ao ponto, *uma parte tão importante das fundações que eram a base de seu trabalho como organizadores.*

A oficina e a palestra que se seguiu ocorreram em Folkets Hus. Eram dois eventos realmente especiais para as trinta pessoas que estavam na oficina e para as pessoas que foram assistir à palestra, porque o edifício, a Folkets Hus (a Casa do Povo), tinha sido o foco do ativismo radical e das lutas comunitárias por décadas. No passado, a Folkets Hus havia produzido tanto artesanato quanto rebelião e resistência à polícia de Copenhague. A polícia manteve o centro fechado por cerca de dois anos. Minha oficina e a fala foram os primeiros eventos de sua reabertura. As pessoas estavam empolgadas e também um pouco nervosas, se perguntando se os policiais apareceriam, como haviam feito no passado, e levariam todas as mais de cem pessoas para a prisão.

Uma mulher asiática-dinamarquesa me perguntou "se a violência da supremacia branca e capitalista, a violência patriarcal é o que eu, como mulher asiática, sofro, e se você está sugerindo que a supremacia branca e a violência contra o negro não são a mesma coisa — na verdade, me parece que você está dizendo que as pessoas que sofrem com a supremacia branca são também as pessoas que, junto com os brancos, perpetram a violência contra os negros — então minha pergunta é o que isso quer dizer... o que isso tem a ver... talvez o que eu queira dizer é, como nós forjamos solidariedade em coalizões multirraciais como a Marronage?".

(Me fariam a mesma pergunta dois dias depois, em Berlim, mas o tom e a intenção seriam hostis, e eu diria, "Não dou a mínima para solidariedade". O que não era verdade; mas o *modo* como eu me importava com a solidariedade não era o mesmo modo que a turba que fez as malas para se encontrar comigo em Berlim se importava com isso.)

"O que estamos fazendo nesta oficina é uma forma de solidariedade", respondi. "As coisas importantes que precisamos compreender são os modos como as pessoas racializadas não negras podem eliminar discussões sobre uma gramática negra do sofrimento ao insistir que a coalizão precisa se concentrar naquilo que todos temos em comum. É verdade que todos sofremos com a agressão policial; que todos sofremos com a dominação capitalista. Mas devemos usar *o espaço aberto pela organização política que está voltada para objetivos reformistas — como eliminar a brutalidade policial e acabar com as políticas migratórias racistas — como oportunidade para explorar problemas para os quais não existe solução coerente. A violência contra os negros é um paradigma de opressão para o qual não há uma forma coerente de compensação, além do 'fim do mundo' de Frantz Fanon.* Solidariedade significa não eliminar discussões sobre a morte social dos negros simplesmente porque não existe uma forma coerente de compensação no horizonte. Acho que isso foi o que fizemos hoje. A participação de vocês nesta oficina junto com negros na Marronage é um ato de solidariedade."

Não existe como fazer uma explicação ponto a ponto de como os excertos de *Parque da Punição* tornaram a oficina de Copenhague um sucesso; ou para explicar por que a mesma análise naufragou quando fui a Berlim.

6

O calor de Berlim era o mesmo de Copenhague dois dias antes. Mas a maior densidade de prédios lá, as multidões de turistas e o fato de que, ao contrário de Copenhague, Berlim não é cercada de três lados pelo oceano, aumentavam ainda mais a sensação de calor. A sala usada para a conferência sobre Maio de 1968 não tinha o mesmo cheiro da sala da Folkets Hus em Nørrebrogade.* Foi a primeira coisa que percebi: não havia cheiro. Era uma sala limpa de ângulos retos e janelas que iam do chão até o teto mantendo o ar frio e sem odor do lado de dentro. O pentágono de mesas brancas de fórmica no carpete que ia de parede a parede estava muito distante das mesas sem verniz na Folkets Hus em Copenhague, a maioria das quais teve de ser trazida de um depósito e claramente havia sido doada ao longo dos anos, já que não se encaixavam tão bem quanto as de Berlim. Em Nørrebrogade todos tínhamos ajudado, arrastando mesas, desempilhando cadeiras, trabalhando com o quadro-branco que foi doado para a oficina pelo Kapelvej 44, outro centro comunitário de Nørrebrogade, administrado por uma mulher alegre e direta chamada Lisbeth Bryhl; um quadro-branco que tivemos que apoiar em uma cadeira, e que precisávamos segurar com uma mão para impedir que ele deslizasse enquanto eu escrevia nele. Escadas de mão e cabideiros estavam nos cantos da sala na Folkets Hus; e o chão era um palimpsesto de marcas de cadeiras metálicas ou solas de borracha de botas da equipe da SWAT. Folkets Hus tinha aroma de um lugar em que havia vida e disputas, um lugar que a maconha e o gás lacrimogêneo chamavam de lar; cheirava ao suor seco e

---

* O bairro de operários árabes, africanos e brancos de Copenhague onde fica a Folkets Hus.

ao riso de *foda-se a polícia*; e as janelas tinham parapeitos largos onde se sentaram os camaradas que chegaram atrasados.

Em contraste com a Casa do Povo em Copenhague, a sala de reuniões em Berlim ficava no quarto andar de um prédio comercial com câmeras embutidas em interfones na entrada de cada andar. Você precisava esperar que alguém do lado de dentro do panóptico reconhecesse seu rosto na lente ao lado da porta e permitisse sua entrada. A equipe de roupas bem passadas servia em louças brancas como ossos café e chá e bolos duas vezes por dia.

Comparado aos ativistas em Copenhague, que achei que desdenhariam do afropessimismo, o grupo de acadêmicos em Berlim era uma triste e insípida coleção de animais em cativeiro.

Na maior parte do tempo, disputas entre acadêmicos parecem não ter a menor importância para as pessoas comuns. É corriqueiro que os acadêmicos atribuam mais importância para o que está em jogo em seus debates do que deveriam. A disputa com relação ao afropessimismo é diferente, no entanto. É diferente não por sua importância para as pessoas dentro da academia. Pelo contrário, é diferente pelo modo como ela capturou o imaginário dos negros ao redor do mundo. No afropessimismo, o imaginário dos negros comuns, e os esforços intelectuais dos negros revoltados finalmente encontraram significado inabalável num conjunto de intervenções produzidas por intelectuais negros. Seria de imaginar que intelectuais de esquerda veriam nisso um motivo de alegria. O afropessimismo não é um conjunto de intervenções intelectuais que *conduz* à luta pela libertação negra. Ele deve ser visto como uma teoria que é legítima por ter assegurado um mandato *do povo negro no maior grau possível*; o que significa dizer, um mandato para fazer em alto e bom som as análises e expor a raiva que a maior parte dos negros tem liberdade apenas para murmurar.

Por alguma razão tola, achei que aqueles acadêmicos brancos em Berlim e seus sócios minoritários asiáticos, iriam participar de uma reunião segura para compartilhar aquilo que, em circunstâncias normais, não devia ser compartilhado. A dica de que se tratava de um refúgio seguro estava no convite que os professores Ian Bryce e Helmut Jahn me enviaram. "Resistiremos até o limite a circunscrever o tema da conferência em termos de data e lugar (ou seja, Maio de 1968, Paris em 1968)", dizia a carta com o convite. O texto prosseguia sugerindo que o objetivo da conferência era desafiar narrativas arraigadas ao refletir sobre como a gestação de cinquenta anos de 1968 nos permitiu considerar as novas coalizões raciais, sexuais e práticas do período, tanto estéticas quanto políticas, com novos olhos.

"Até o limite?" Pode ser que eu tenha passado dos limites. Mas acreditei que se algum grupo de pessoas tinha o treinamento teórico necessário para discutir e debater os primeiros princípios do afropessimismo, como meio para avaliar 1968 com novos olhos, era provável que se tratasse dos acadêmicos marxistas cheios de títulos da conferência de Berlim, e não os ativistas muito mais jovens e com um currículo menos extenso em Copenhague.

O professor Ian Bryce era forte e entroncado, e não era muito alto. Durante os intervalos da conferência, abria caminho por entre a mesa da conferência e as cadeiras, em direção ao carrinho com o chá e o café como um jogador de futebol americano que atravessa o campo de um lado para o outro para receber a bola. Fui jogador de defesa na faculdade e fui esmagado mais de uma vez por um atacante fazendo esse tipo de jogada. Mas não achei que Ian iria liderar o ataque em Berlim. Na verdade, achei exatamente o oposto, tendo em vista o fato de que em um de seus e-mails para mim, e depois outra vez pessoalmente, ele disse o quanto minha crítica à lógica presuntiva de Antonio Gramsci o ajudou a escrever sua monografia sobre Pasolini.[16] Depois da conferência, percebi que ele não era diferente da maior parte dos acadêmicos brancos que usam o afropessimismo para seus próprios fins sem dar atenção ao fato de que estão segurando uma granada sem pino. O afropessimismo é o credo de um saqueador: uma crítica sem redenção nem visão de compensação exceto pelo "fim do mundo". Nas mãos de um acadêmico marxista, ele tende a ser corrompido e distorcido até se tornar algo que não traz vantagens para a revolta dos negros. Em mãos como essas, mãos que moldam visões de antagonismos como disputas entre o trabalhador e o capitalista, e que não compreendem que o antagonismo *essencial* é o antagonismo entre os negros e o mundo, matam-se dois coelhos com uma só cajadada: a centralidade da morte social do povo negro, a gramática do sofrimento do escravizado, é desprezada ou recebe pouca atenção; e, em segundo lugar, o imaginário do escravizado (que frequentemente sonha com a dissolução do mundo sem sofrer com o fardo de uma visão de um mundo novo, como o socialismo ou uma nação-Estado libertada) tem de caber nos limites do que a coragem dos não negros consegue suportar. James Baldwin disse isso melhor em seu ensaio "The Balck Boy Looks at the White Boy Norman Mailer", onde escreveu sobre "a terrível lacuna entre a vida [de Norman Mailer] e a minha própria vida".[17] É um ensaio doloroso na medida em que ele explica como vivenciou, do começo ao fim de sua "amizade" com Mailer, aqueles momentos em que a negritude inspira os sonhos brancos de libertação, e fala da sensação que ele teve ao subitamente perceber a impossibilidade do inverso: "O que é realmente sinistro na tentativa de explicar a um homem branco a realidade da experiência do negro não tem nada a ver com o fato da cor, mas sim com a relação que esse homem tem com sua própria vida. Ele irá enfrentar na tua vida apenas aquilo que está disposto a enfrentar na dele."[18] As longas noites com Mailer em Paris traziam frutos apenas na medida em que Mailer era capaz de dizer, "Eu também". Para além disso havia o vácuo que Baldwin carregava dentro dele e que, por consequência, ficava de fora da "amizade". "Infelizmente acho que a maioria dos brancos que conheci me deram a impressão de estar tomados por uma estranha nostalgia, sonhando com um estado de segurança e ordem que deixou de existir, um sonho que, sem falta e inconscientemente, era usado como teste para suas vidas e pelo qual eles frequentemente a perdiam."[19] Ele escreve sobre os encontros entre negros e brancos em Paris e Nova York na década de 1950, mas podia muito bem falar sobre Ian e o bando que veio atrás de mim na conferência sobre Maio de 1968 em Berlim. Em breve, haveria sangue no chão, e na maior parte ele seria meu. Mas eu não podia imaginar isso quando Ian Bryce anunciou meu nome. Feliz, exibi os dois trechos de *Parque da Punição*. As luzes se acenderam e, na minha palestra, fiz a crítica do filme que foi bem recebida na oficina de Copenhague: como e por que uma putativa solidariedade política entre Nancy Jane Smith e Charles Robbins não mitigava o antagonismo estrutural que eles personificavam; como o inconsciente do filme dramatizava esse conflito ao mesmo tempo em que o negava no nível consciente de sua intenção narrativa.

Concluí dizendo que, em vez de levar adiante o projeto de revolução (tanto política quanto estética), as revoltas radicais brancas do final dos anos 1960 e início dos anos 1970, assim como filmes bem-intencionados como *Parque da Punição*, quando percebidos pelos olhos dos escravizados (Charles Robbins e a mulher negra no deserto), faziam mais para fortalecer e estender a vida interlocutória da sociedade civil ocidental do que para apressar sua queda.

Fiquei perplexo com a magnitude dos aplausos. Mais de uma vez me disseram como minha fala tinha sido "elegante" e "sofisticada". Sandra Dove, uma historiadora britânica da arte, chegou a usar a palavra *belo* ao refletir sobre o estilo da prosa.

Mas o significado emocional dessas palavras era familiar. Era a experiência que as mulheres negras, e alguns homens negros, têm quando uma pessoa branca toca nos nossos cabelos sem pedir permissão, mas presume que como essa violação veio acompanhada de um elogio ("É tão macio"), você deveria, como um lhasa apso sendo acariciado, ser grato pela atenção deles; é isso que significa quando dizem que você "fala tão bem". Você pode fazer com que eles desmaiem de emoção, mas isso não significa que eles ouçam o que você diz, significa que estão experimentando algo próximo ao orgasmo no modo como você diz o que diz. *Soul music!* O revés, no entanto, ocorre à medida que eles prestam atenção na letra. Pode se preparar para os três momentos que virão a seguir: *Culpa. Ressentimento. Agressão.* Em Berlim, seguiram-se ressentimento e agressão. O grupo de professores reunidos ali pulou o momento da culpa.

Foi nesse momento que a negrofobia deu as caras, de uma maneira que foi, no mínimo, estranha; estranha no sentido que, pelos vinte minutos seguintes, reencenamos a mesma dinâmica que caracterizou o interrogatório de Charles Robbins pelo tribunal de *Parque da Punição*. É verdade que o conteúdo das "perguntas" disparadas contra mim era mais diverso do que uma tigela de cereal Froot Loops mas elas compartilhavam um *afeto* comum de hostilidade e condescendência.[20] Em um nível a cena foi mais, na ausência de uma palavra melhor, "civilizada" do que o tribunal. Não fui algemado e acorrentado a uma cadeira e os dez membros da conferência não tinham poderes para me acusar judicialmente. Mas seria possível argumentar que o código de civilidade da academia tornou meu interrogatório algo mais bizarro do que o de Charles Robbins.

Em pouco tempo, a capacidade de raciocínio lógico e de debate do grupo se transformou numa justa indignação pelo modo como eu, no entendimento deles, fui "leviano com o filme"; pelo desdém que demonstrei pelos "vínculos de amor forjados" nos anos 1960 entre pessoas como Charles Robbins e Nancy Jane Smith; e, por fim, uma indignação contra minha afirmação de que pessoas racializadas não negras (os sócios minoritários da sociedade civil branca) tinham algo para tentar salvar, ao passo que os negros nada tinham a perder — que asiáticos e negros são antagonistas estruturais *mesmo quando estão juntos numa coalizão lutando por direitos civis e humanos.*

7

A professora Li-ling Chen discordou que os asiáticos fossem postos no papel de sócios minoritários da sociedade civil branca. Ela não discordou, porém, na forma de considerações e/ou críticas à minha análise. Simplesmente disse o quanto aquilo a deixava "irritada"; como se a coisa mais importante a ser levada em conta era como os não negros *se sentiam* ao ser criticados, e não o impacto material sobre as vidas negras que *precisavam* daquela crítica para começo de conversa. (Uma turba pode perguntar se você realmente estuprou aquela mulher ou roubou aquele homem enquanto te enforca, mas raramente vai se aquietar e esperar pela resposta.) Eu me senti como se tivesse sido colocado no papel de facilitador de uma sessão de terapia em grupo e tivesse feito a pergunta errada (ou a pergunta certa) que detonou uma reação em cadeia. Eu tinha, no entanto, não só detonado essa reação em cadeia como me transformara no repositório de sua transferência latente.

Ian Bryce liderou o ataque. O modo como seu queixo se projetava para frente quando ele falava, e as pequenas e involuntárias lufadas de ar que saíam como bolas de canhão entre suas palavras lembravam Reg em Seattle levando o jovem Luke para o estacionamento; um homem que eu raramente evocara nos últimos cinquenta anos.

Bryce começou com uma forma de repreensão com motivos oblíquos. Reclamou que ao longo de toda a minha apresentação ouviu apenas uma vez o nome "Peter Watkins". Ele me acusou de fazer uma leitura pouco sofisticada do filme — de não respeitar o filme como objeto cultural. Me acusou de usar o filme em si como reflexo transparente do que acontecia em segmentos de cenas durante as quais Charles Robbins era interrogado. Ele queria uma "descrição mais densa" do filme, mais exegese dele como obra de arte (sem dúvida de acordo com as outras apresentações da conferência).

Eu disse que meus pontos de atenção estavam em outro lugar. Poderia ter acrescentado, Se estivesse prestando atenção, você teria ouvido como abordei as estratégias cinemáticas do filme *que defendem exatamente que isso que você diz é redutivo demais*, que o filme de fato trabalha de modos que acompanham — mais do que criticam — o racismo contra os negros que Robbins sofre no tribunal. *E, além do mais, não importa que o diretor pense estar fazendo algo diferente. O que importa é o modo como o filme opera.*

Mas eu não disse isso porque (ingenuamente) esperava que Bryce me respondesse dizendo, O.k., então me fale sobre seus pontos de atenção. Desculpe insistir num tema que você não tratou, vamos usar o pouco tempo que temos de modo produtivo, discutindo a sua apresentação em seus próprios termos.

Isso teria feito sentido demais. Ele estava a todo vapor, ou melhor, soltava baforadas de exasperação como uma maria-fumaça. Ele era a "pequena locomotiva que podia", resfolegando e fumegando, puxando os outros nos trilhos atrás dela.

Enquanto Ian Bryce mascarava sua exasperação com minha falta de devoção ao filme como objeto cultural, outro professor, Arthur Winter, mascarou sua exasperação em uma devoção jesuítica semelhante à história do filme como objeto cultural: o contexto, em 1971, da produção e distribuição de *Parque da Punição*.

"Você não percebe", seria uma tradução prosaica de seus comentários, "que Peter Watkins era um homem branco que estava sendo solidário com gente como Charles Robbins? Você não percebe que ao fazer e exibir esse filme ele sofreu pelas pessoas negras?" Em outras palavras, Winter tomou para si o papel de me dar aula, de me dizer o que eu sabia e sabia bem. Com o tipo de incredulidade mal contida que você usa quando o Joãozinho derrama o leite no chão pela *terceira vez* (*que droga!*), Arthur Winter se esforçou para me explicar que *Parque da Punição* e Peter Watkins foram ferozmente atacados na imprensa e em campi universitários (quando o filme era exibido lá) por dramatizar uma visão paranoica dos Estados Unidos, e por ser um estrangeiro que odeia os Estados Unidos.

O tribunal estava furioso com Robbins porque os Estados Unidos haviam estendido a mão para os negros (embora discretamente) e a insurgência dele cheirava a ingratidão. O professor Winter estava dizendo o mesmo para mim — com Watkins no papel do Estado. "Ninguém é negro", Frantz Fanon alertou certa vez, "impunemente".

"Nenhum cinema aceitou passar o filme", Winter protestou. "E ele foi retirado de cartaz em menos de uma semana da única sala que aceitou exibi-lo." Os olhos dele mostravam sinais de aflição. Mãos se agitavam para serem vistas por Ian Bryce. A voz de Winter parecia embargada; como se eu tivesse maculado não um cineasta que ele nunca viu na vida, mas um parente próximo e amado. *É minha família*, o tom dele revelava. Ele ignorou as pessoas cujas mãos estavam levantadas. Winter se apressou antes que Ian Bryce passasse a palavra para outra pessoa.

"Quando Watkins levou o filme para campi universitários ele foi *atacado* por professores na plateia."

Winter fez um discurso dos anjos. Meus olhos ficaram rasos d'água. Eu estava certo de que ele terminaria com uma moção para que Watkins fosse canonizado ou declarado Amigo dos Negros. O comentário de Winter seguia crepitante rumo a seu final quando me lembrou que o fim da cena com Charles Robbins (Robbins acorrentado e amordaçado na tenda do tribunal) era uma citação cinematográfica do julgamento dos Oito de Chicago, em que Bobby Seale foi amarrado e amordaçado. O argumento dele era, caso eu não tivesse entendido, que essa citação cinematográfica, somada ao inferno sofrido por Peter Watkins quando ele saiu em turnê com o filme e com o modo como o filme foi criticado na imprensa, deixa claro como o filme era solidário ao meu projeto e à luta de Charles Robbins e da mulher negra no deserto que era cravejada de balas em *Parque da Punição*.

Eu ri, pois não tinha intenção de insultar Winter levando aquilo a sério. Mas ele não estava brincando. Ele estava tão exaltado e levava-se tão a sério quanto Ian Bryce quando me repreendeu por ter driblado a integridade estética de *Parque da Punição*.

Do outro lado da sala, os disparates professorais eram modestamente batizados pelo professor Helmut Jahn, que fazia que sim com a cabeça e resmungou falando para dentro: "Eu também me preocupei com o lugar da história na sua apresentação".

As comportas de alargaram. Mais vozes derramavam críticas. Às vezes as pessoas falavam entre si, como se tivessem chegado tão atrasadas ao linchamento que precisassem empurrar as costas dos outros com os cotovelos para poder olhar mais de perto, ou poder apunhalar melhor, aquela coisa-não--exatamente-humana pendurada na árvore.

Foi o que meus alunos chamariam de "piração total", no sentido de que esse cenário de uma carga afetiva a serviço da mais histérica demonstração de negrofobogênese foi, *primeiro*, projetada na tela no auditório, na forma do clipe de Charles Robbins em *Parque da Punição*, e depois reencenada na sala pelas pessoas que participavam da conferência. Em outras palavras, o interrogatório de Charles Robbins não envolvia nada que tivesse a ver com uma disputa entre *ideias* comunistas e capitalistas, nem era, como no caso do interrogatório de Nancy Jane Smith, uma disputa entre dois pontos de vista diferentes sobre higiene moral. Charles Robbins foi estruturalmente impedido de participar da dinâmica da reciprocidade. Essa injunção estrutural foi o que caracterizou a conferência — e essa caracterização é exemplar do que acontece com vozes negras quando essas vozes defendem argumentos baseados numa teoria da violência que (a) não se aplicam ao sofrimento de todas as pessoas e (b) sugere que mesmo as pessoas que sofrem com o flagelo da supremacia branca, do capitalismo e da opressão de gênero são, *simultaneamente*, agentes e beneficiárias da violência contra os negros. Esses argumentos abrem as portas do inconsciente como evidencia o fato de que eles dão origem a uma ira comunitária de meias frases, ânimos exaltados e estratégias de defesa. Era a isso que Sebastiaan, um aluno de pós-graduação canadense que se apresentou a mim do lado de fora de um *imbiss** na noite anterior, se referia quando descreveu o desastre ocorrido no auditório e a agressividade da plateia como "aquilo que Fanon poderia ter chamado de um rasgo na infraestrutura psíquica da conferência sobre 1968; o que equivale a dizer que o trabalho do afropessimismo estava feito, ainda que apenas momentaneamente" naquele auditório de Berlim.

---

* Uma palavra alemã que significa um pequeno quiosque ou loja de comida na rua.

A esquisitice deu as caras novamente. Tive a mesma sensação que me ocorreu quando vi pela primeira vez aquela cena da mulher negra anônima, de bruços no deserto de *Parque da Punição*, quando vários xerifes do distrito de Los Angeles crivam de balas as costas dela. A cacofonia do auditório de pura exasperação imitava os estalidos secos dos tiros (e as vozes rugindo, "Acertem a vadia") enquanto os policiais com calor e com sede ficavam numa elevação acima dela e gastavam toda a sua munição.

Para meu desalento, a carga emocional foi igualmente intensa quando duas mulheres — uma branca, professora Sandra Dove, e a asiática, professora Li-ling Chen — falaram. Em alguns aspectos havia uma estranha honestidade no modo como elas falaram. Minha apresentação tinha como premissa a afirmação de que todas as pessoas naquela sala eram estruturalmente antagonistas em relação a mim, a Charles Robbins e à mulher negra anônima assassinada em *Parque da Punição*. Todas as demais apresentações tinham como premissa a lógica presuntiva segundo a qual o antagonismo estrutural se dava entre trabalhadores (de qualquer raça, gênero ou nacionalidade) e os capitalistas do mundo. A confrontação com uma palestra, a minha, que afirmava que a exploração e a alienação (o mecanismo gerador do antagonismo entre o proletariado e o capitalista) era *um mero conflito*, uma luta ocasionada e permitida pelo antagonismo *essencial* entre negros (escravizados) e humanos (senhores), levou as professoras de Berlim a sofrer daquilo que Jared Sexton chamou de "ansiedade do antagonismo".[21]

Os homens brancos (Ian Bryce, Arthur Winter e Helmut Jahn) responderam de modo sintomático, falando de coisas que passavam longe da fonte de seu trauma, franzindo a testa ao evocar pistas falsas sobre meu a-historicismo e minha demonstração de má-fé em relação aos esforços cavalheirescos de Peter Watkins e a compaixão de seu filme.

A honestidade de Sandra Dove e Li-ling Chen se manifestou no fato de que *elas* de fato tinham algo a dizer sobre minha apresentação, ao contrário dos homens brancos que tinham algo a dizer sobre aquilo que eu não falei. Isso não significa erguer uma catedral em homenagem à sabedoria de Dove e Chen. Sandra Dove e Li-ling Chen estavam "entristecida" e "irritada", respectivamente, com minha apresentação. A honestidade das intervenções delas (no sentido de que eram fragmentos sonoros dispersos) se manifestou no fato de que responderam ao que eu disse. A natureza *pervertida* da honestidade delas se devia ao fato de que as respostas *não* se manifestaram num engajamento verdadeiro com meu argumento, mas, em vez disso, puseram em primeiro plano o *sentimento* que a palestra causou nelas: Sandra Dove estava magoada e decepcionada — talvez se sentindo traída; Li-ling Chen estava irritada e perplexa.

Li-ling e eu tínhamos nos encontrado diversas vezes em eventos acadêmicos no passado. Assim, no primeiro dia em Berlim, nos abraçamos e sentamos ao lado um do outro. Ofereci pastilhas contra tosse e fiz que sim com a cabeça como uma beata dizendo amém sempre que ela fazia uma intervenção deleuziana a um dos dois palestrantes anteriores, cujos argumentos estavam mais para acessórios teóricos ao individualismo neoliberal do que parte da iconoclastia social que Deleuze e sua prole espiritual elogiam em si mesmos. Éramos almas gêmeas no alvoroço; e poderíamos ter seguido assim caso eu não tivesse levado a crítica ao neoliberalismo um pouco mais longe do que ela estava preparada para aceitar.

E, também no primeiro dia, Sandra Dove piscou para mim do outro lado da mesa, onde ela estava; aquela piscadela universal de amizade entre as raças.* E eu, que nunca fui de

---

* Ou talvez eu tenha me enganado e ela só estivesse com um cisco no olho.

economizar charme, sorri com meus cinquenta e dois dentes. Quando voltei do banheiro em um dos intervalos, vi que ela tinha sentado do meu lado. Ela se apresentou e perguntou se tudo bem ela se sentar ali. O sol batia nas costas dela no lugar onde ela estava sentada, explicou. Fiquei num confortável sanduíche entre Dove e Chen; e isso me deu certo alívio. Pois, certamente, Dove e Chen estariam atentas ao que eu tinha a dizer! Achei que Sandra Dove e eu estávamos nos dando bem. Nada mais fatal do que a autoilusão do negro que faz esquecer que não pode haver amor sem ódio. Culpa. Ressentimento. Agressividade. Era tudo uma questão de tempo.

A força da honestidade delas tinha a mesma origem que a fuga raivosa dos homens brancos. Em outras palavras, Dove e Chen dialogaram com a apresentação em si (colocando em primeiro plano a mágoa e a raiva que a palestra causara nelas), ao mesmo tempo em que fortaleceram e estenderam o *desejo* de linchamento que as precedeu quando os dois homens brancos falaram. As palavras delas eram diferentes das palavras dos homens brancos, mas o desejo era o mesmo; e, desse modo, elas mapearam uma formação cultural que atravessava gêneros e raças, costurada por uma antinegritude compartilhada e, mais importante, sustentada pela capacidade para violência comum a todos eles. *A comunidade foi vítima de uma injustiça; era hora de fazer justiça.*

Em vez de explorar meu argumento e *depois* criticá-lo, junto com a bibliografia de literatura crítica que o embasava — algo que ela tinha capacidade para fazer e que fez tão bem ao criticar a falsa política de Deleuze e em sua própria apresentação e crítica da teoria de Winnicott via Lacan — Li-ling Chen desviou tanto da bibliografia do afropessimismo quanto da tese da minha palestra. Em outras palavras, em vez de debater a tese que considerava tão questionável, ela simplesmente disse qual era sua objeção ("O afropessimismo é absoluto e totalizante!") e depois passou a destacar o modo como aquilo fazia ela se sentir.

"Estou tão irritada!" "Isso me deixa tão irritada!" "Não quero falar nada, porque vou ficar irritada com o Frank se tiver que falar, e somos amigos." Ela deve ter visto minhas sobrancelhas arquearem quando ela falou *amigos*, pois falou a mesma frase de novo, "Não quero dizer nada, porque vou ficar irritada se tiver que falar", e mudou o final com "e somos *colegas*"; antes de exaltar pela terceira vez, "E estou *cansada* e com *fome* e quero ir *almoçar!*"

Nem todo mundo na sala estava afetado por múltiplos transtornos de ansiedade. Mas das dez pessoas presentes, seis falaram, e o professor Tilsen McMann era o único livre disso.

Tilsen McMann tentou argumentar com Chen. Na verdade, ele tentou argumentar com a sala toda. Disse que minha crítica importava porque meu argumento era forte e era preciso dar atenção a ele. McMann observou as ressonâncias entre minha apresentação e a apresentação de Li-ling Chen, em que ela, Chen, demonstrou como "As políticas culturais de esquerda de 1968 criaram uma oportunidade para que a direita emergisse tanto como defensora da tradição quanto como força pseudopopulista".

Estava claro que McMann *não* falava que Li-ling Chen e Frank Wilderson tinham as mesmas posições políticas; ou que nossas bibliografias tinham algo em comum. O que ele dizia era que caso Chen e o restante das pessoas na sala pudessem controlar a raiva, poderíamos ter uma conversa decente e debater sobre as duas apresentações que tinham semelhanças entre si (e que eram diferentes da maior parte do que tinha nos antecedido); podíamos debater como as falas de Chen e de Wilderson eram semelhantes pelo fato de abrirem caminho para discutir as forças amplas e paradigmáticas que afetaram o ativismo e a estética de 1968, e que continuam a ter impacto ainda hoje.

McMann estava dizendo, Não é maravilhoso que vocês dois compartilhem dessa inclinação para a análise de forças políticas mais amplas?

Li-ling Chen retaliou, "Meu trabalho não tem *nada* a ver com o de Frank! Eu não saio por aí dizendo que as mulheres chinesas são as pessoas mais oprimidas do planeta". (Presumivelmente, do modo como Wilderson sai por aí dizendo que os negros são o povo mais oprimido do planeta.)

O professor McMann ficou perplexo e desanimado. Ele tentou novamente argumentar com ela. Mas ela repetiu o quanto ficaria irritada se tivesse que falar disso e quanto queria ir almoçar. McMann, sem dúvida, não tinha contado que a força do inconsciente dela se manifestaria de maneira tão tenazmente feroz em seu discurso consciente. Mas o inconsciente é uma iniciativa baseada na fé, e nele a razão não tem lugar.

Caso houvesse dez Tilsen McManns na sala em vez das dez pessoas que lá estavam, poderíamos ter tido uma discussão robusta — o que não significa dizer que ele seja afropessimista; nem significa dizer que eu exigiria isso. Das cento e quarenta pessoas na Folkets Hus em Copenhague, e das trinta pessoas que participaram da minha oficina, antes da palestra, eu não presumiria que mais de um punhado de fato *concordava* comigo ou com o afropessimismo. Mas não importava. Concordância não era meu pré-requisito. O pré-requisito era um debate honesto. Mas havia mais semelhança entre o documento do FBI sobre extremismo identitário negro e a infraestrutura psíquica das objeções de Chen sobre o que ela via como minha espécie de Olimpíada da opressão do que entre a análise política dela e a minha.

Por fim, Sandra Dove falou. Ela estava inabalável em sua crença de que os homens negros *não* são estruturalmente vulneráveis a mulheres brancas. Ela acreditava que *todas* as mulheres são estruturalmente vulneráveis a *todos* os homens; como se donas de escravos não tivessem poder sobre os escravizados do sexo masculino; ou como se o paradigma da escravidão fosse algo do passado que não se replica no presente. Sandra Dove tinha sido traída; e por vários minutos ela oscilou entre usar a chibata e mostrar seus estigmas.

Mais cedo, durante a exibição do segmento de Nancy Jane Smith, percebi pelo modo como Sandra Dove ria aplaudindo as saraivadas feministas que Nancy Jane Smith disparava contra seus interrogadores sexualmente ansiosos que Dove podia ter dificuldades com o modo como *eu* criticava tanto Nancy Jane Smith quanto o tribunal; com o modo como eu caracterizava a demonstração de ódio entre as duas partes como pequenas rusgas de família que terminariam fortalecendo os vínculos entre eles *ainda que eles matassem* Nancy Jane Smith. Talvez seja por isso que minha análise parece ter magoado Sandra Dove de modo tão profundo. Via Nancy Jane Smith, Sandra Dove era não apenas criticada, mas, em alguns aspectos, ridicularizada pela mesquinhez que emana do sofrimento das mulheres brancas diante do patriarcado dos homens brancos.

A força das objeções de Sandra Dove era tão palpável quanto a das objeções de Li-ling Chen e a dos homens brancos, e veio com a mesma sensação de vitimização nas mãos de um homem negro. Talvez ela se visse em coalizão com os Panteras Negras e achou que minha apresentação zombava de seu desejo. Ela tinha razão, é claro, mas o que deu permissão para que ela não pensasse duas vezes antes de mostrar sua dor em público, como se a legitimidade do meu argumento dependesse do sentimento que ele causava nela? Isso lembra a lógica de milhões de torcedores de futebol americano cuja queixa em relação aos protestos da NFL vem do fato de que essas manifestações interrompem sua diversão (mas dane-se o fato de que somos assassinados nas ruas).

Complementando a qualidade de sua mágoa ela manifestou profunda tristeza, por *mim*. Eu havia dado as costas para a oportunidade de uma rica conexão cultural que a voz queixosa dela me dizia ser algo que ela esperava muito. Minha tese esnobou sua piscadela.

"E as coalizões?", ela disse. "E a solidariedade entre as raças?" Agora Sandra Dove estava sentada ereta, seus olhos de cobalto incendiados. Ela jogou os braços no ar e, com o dedo indicador apontado para a parede onde havia uma tela branca de projeção, disse, "E o filme que foi projetado na tela [uma ou duas sessões antes da minha] — a foto daquele belo casal inter-racial [um homem negro, a esposa branca, o filho miscigenado] de 1967, em Haight-Ashbury durante o Verão do Amor? A sua apresentação não deixa espaço para aquela foto".

"A minha apresentação caga para a inspiração da solidariedade", eu disse para ela. "Não dou a mínima para a solidariedade."

Dove era uma professora educada em Oxbridge, que mantinha o nariz tão empinado enquanto me repreendia que podia se afogar na chuva. Os olhos dela se esbugalharam diante do escárnio de minhas palavras. Ela deve ter pensado, O que foi que aconteceu com o amigável rosto negro e com aqueles dentes de neve que se mostraram quando ela piscou para mim um dia antes?

"Isso é *tão* terrível", ela murmurou. "Isso é *realmente* uma pena."

Ela prosseguiu dizendo que recentemente tinha ouvido Angela Davis dizer que havia transcendido a estatura de escravizada. Ela disse isso duas ou três vezes e eu estava prestes a perguntar se ela tinha ouvido isso de mais algum negro quando Ian Bryce encerrou a sessão e disse que era hora do almoço.

Sandra Dove se levantou e bloqueou meu caminho de saída. Ela disse, mais uma vez, o quanto eu a havia entristecido. Depois ela me disse que, no futuro, eu precisava levar minha plateia em conta ao fazer minhas apresentações. (!)

"Escute", eu disse para ela, "eu nem estou falando para ninguém nesta sala. Nunca. Quando falo, estou falando para negros. Sou só um parasita dos recursos de que preciso para trabalhar em nome da libertação dos negros." Assim como o mundo sempre me parasitou em busca de sua legibilidade e senso de presença. Mas eu não precisei dizer isso, porque ela tinha se deslocado para o lado.

Eles foram almoçar em grupo. Não fui com eles. Em vez disso, fui almoçar com Sebastiaan, o pós-graduando canadense que conheci por acaso na noite anterior em uma rua lotada de Berlim. Juntos, conversamos sobre o que tinha acontecido. Ele estava quase tão chocado quanto eu pelo que tinha se passado. Depois do almoço, fui andando para o prédio, peguei minhas coisas, voltei para o hotel e fiz as malas. Durante a sessão da tarde, Ian Bryce me mandou um e-mail:

Oi Frank, Tudo bem? Estamos na nossa mesa redonda final aqui. Ia adorar se você estivesse aqui. Ian.

Nunca dá para saber o que é mais cruel, o alegre desprezo que os brancos impõem a você ou o pio remorso com que eles se purificam.

8

Você pensa que viu de tudo, e viu. Você conheceu Sandra Dove quando ela tomava gim e limonada e jogava a bituca do cigarro pela janela da cozinha. Ela se chamava Celina Davenport. Celina Davenport era o *presente* que fazia as malas para encontrar você no futuro, em Berlim, só para dizer que continuava não gostando das respostas que você dava às perguntas dela; que quando você fala ela escuta apenas o ruído da morte contando o tempo. Ela piscou, confundindo você com Eros, e você a traiu do pior modo possível, quando podia ter triunfado como uma duplicata reduzida do desejo dela.

Uma vez, outra vez e mais outra, na mesma árvore em que você nasceu. Sandra e Celina, Ian e Reg, Li-ling e todos os indígenas que se irritam com o som da voz de um "crioulo", olham para cima para os galhos e dizem, "Olha o que você obrigou a gente a fazer". Você se contorce num pedido de desculpas. As últimas sementes de luz morrem em seus olhos.

Você olha para baixo, e sente a dor deles.

II

O escravo é o objeto ou terreno que torna possível a existência do sujeito burguês e, por negação ou contradistinção, que define a liberdade, a cidadania e os limites do corpo social.

Saidiya V. Hartman[1]

Capítulo cinco

O problema com os humanos

I

Em suas reflexões sobre escravizadas estupradas, Saidiya Hartman impugnou a tese do marxista que me era mais caro, Antonio Gramsci, o pai dos estudos culturais. Hartman questionou a teoria dele do consentimento e, por extensão, da hegemonia.* Ela argumentou, com base no estudo de casos de mulheres negras que tentaram processar seus estupradores (seus senhores) na Justiça, que o inconsciente coletivo, assim como o *discurso consciente dos estatutos legais do século XIX*, não reconhecia o consentimento como propriedade do escravizado. Simplesmente não havia como traduzir o *estupro*, como forma de agressão, quando se julgava a violência sexual contra mulheres negras: não havia crime porque não havia violação do consentimento. Não havia violação do consentimento porque o consentimento não era algo que cabia ao escravizado, e sim "uma extensão da prerrogativa de seu senhor".[1] Reduzindo ao absurdo, mas sem ser menos correto, ninguém jamais diria a uma pessoa que amassou uma garrafa de água vazia, "A garrafa de água consentiu em ser tratada assim?". O que acontece com a garrafa

---

* *Scenes of Subjection: Terror, Slavery, and Self-Making in Nineteenth Century America.*

de água é uma extensão da prerrogativa de seu dono. Li o livro da maneira que Hartman queria que fosse lido: não como relato histórico, mas como alegoria do presente. "Vim ao mundo preocupado em suscitar um sentido nas coisas, minha alma cheia do desejo de estar na origem do mundo", Fanon escreve, "e eis que me descubro objeto em meio a outros objetos". Em outras palavras, Fanon tenta se ver como sujeito, alguém com as habilidades de outros sujeitos (sendo o consentimento um dom essencial). Mas Fanon leva um tapa na cara da lição de Hartman: ele não é imbuído de habilidades humanas. Ele não ficaria tão chocado ao saber que, como trabalhador, não tinha as mesmas capacidades de um capitalista. Bastaria olhar sua conta bancária e ver que ele não era dono dos meios de produção. Em outras palavras, enfrentar a compreensão de que alguém é um trabalhador e não um capitalista é muito menos traumático do que se perceber negro, escravizado e não humano. A revelação anterior não é nem de perto tão traumática quanto a que acontece com o ser senciente ao acordar para o fato de que não tem nenhuma capacidade para produção humana; e, além disso, ele passa a entender que assim como a produção econômica parasita a força de trabalho da classe trabalhadora, a produção da capacidade humana parasita a carne do escravizado, do negro. Assim como uma pessoa precisa ter capital (ou recursos naturais) para ser capitalista, é preciso contar com uma variedade de capacidades para ser humano: uma delas é o consentimento. E isso é garantido pela relação da pessoa com a violência. O ponto que precisa ser constantemente repetido é que a relação do escravizado/negro com a violência não tem nenhuma analogia essencial com a relação que os humanos têm com a violência, mesmo quando esses sujeitos humanos representam membros extremamente agredidos e degradados da família humana.

Há uma série televisiva que (sem querer) demonstra isso. A série se chama *Homeland*, e fala sobre os desafios e tribulações de uma agente da CIA com transtorno mental, bipolar, chamada Carrie Mathison. Num episódio ela se disfarça de jornalista investigativa e convence o sobrinho de um líder do Talibã afegão de que vai conseguir tirá-lo de Islamabad e ajudá-lo a encontrar um lugar seguro na Inglaterra.[2] Ela o convence de que ambos devem ficar escondidos num apartamento secreto por três dias enquanto o transporte para sua fuga é providenciado. É tudo mentira. Na verdade, ele é uma isca para atrair o tio, para que ela possa assassiná-lo. O apartamento na realidade é um abrigo da CIA no qual Carrie mantém o jovem preso. Ela então passa a seduzi-lo; ele pensa que os dois estão no limite de algum tipo de caso amoroso sobredeterminado pelo consentimento mútuo.[3]

Em outras palavras, ele não sabe que está sendo estuprado... repetidamente estuprado... que seu consentimento para o ato sexual foi anulado pela própria estrutura das condições em que o sexo acontece. É um cenário de estupro porque o sexo que ele confunde com atração mútua é na verdade uma série de múltiplos atos de agressão em que seu consentimento foi completamente eviscerado. A arma que a mulher branca aponta para sua cabeça não precisa estar na mão dela. Na verdade, o que ela mantém apontado para a cabeça dele não é uma arma, mas as armas de 3 milhões de soldados uniformizados e seus arsenais de drones e tecnologias da morte. Ela usa de sua capacidade para impor o sexo a ele; a capacidade que sua pele branca incorpora. Outra maneira de dizer isso é que o desejo branco é sempre já armado. Ela impõe sexo a ele através da capacidade que os corpos brancos têm de usar o desejo branco como arma. O jovem afegão está fodido! Ele está sendo fodido em todos os níveis de abstração. As armas estão no quarto (a pistola escondida de Carrie Mathison). As armas estão também apontadas para a cabeça dele lá fora na rua: os agentes da CIA que vigiam a casa. E as armas estão apontadas para a cabeça dele no céu, nos 9 mil drones que o rastreiam enquanto ele toma o caminho de volta para o objetivo genuíno de Carrie — seu tio, que ela espera matar à distância com um ataque de drone.

Aqui temos um exemplo claro dos modos como a feminilidade branca *e* a masculinidade branca ocupam a mesma posição *estrutural* em relação a um homem ou a uma mulher racializados. Parafraseando Frantz Fanon: a família branca é um veículo do Estado.[4] Jared Sexton oferece uma definição mais precisa dessa dinâmica. Encontramos sua análise em nossa discussão de *Parque da Punição*, o filme de Peter Watkins no qual Richard Nixon decretou lei marcial e enviou jovens dissidentes para um tribunal no deserto. Naquele filme observamos que embora Nancy Jane Smith, de um lado, e Charles Robbins e a mulher negra anônima no deserto, do outro, estejam todos ideologicamente comprometidos com a derrocada dos Estados Unidos, com o fim da guerra do Vietnã e com o estabelecimento de um Estado socialista ou comunista, Nancy Jane Smith antagoniza com eles no que diz respeito à espécie, estrutura e capacidade. Eles são escravos dela independente de sua mente consciente rechaçar a ideia de que ela existe como membro da mesma espécie das pessoas do tribunal de *Parque da Punição* que vão executá-la. Vamos resumir os pontos principais da reflexão de Sexton sobre a feminilidade branca em relação ao homem negro (e, por extensão, da mulher negra e/ou pessoa transgênero negra).

* *Ela tem uma capacidade limitada de ordenar a violência do Estado ou a violência paramilitar sancionada pelo Estado contra pessoas negras de todos os gêneros e idades.*
* *Ela pode fazer pessoas negras de todos os gêneros e idades serem brutalizadas por transgressões reais ou imaginárias.*
* *Ela também pode estuprar um homem negro (como a agente da CIA estuprou o rapaz afegão), dessa forma revertendo a*

polaridade de uma fantasia de estupro pervasiva no mundo antinegro; independente de seu tamanho ou força, sua coragem e seu orgulho, ele é estruturalmente vulnerável a ela.[5]

Em outras palavras, a capacidade de provocar violência antinegros está imbuída na ontologia do ser da mulher branca; é parte e parcela de sua herança humana. Sexton toma o cuidado de não incluir o jovem afegão sendo estuprado por uma mulher branca, como eu fiz (e o que vou corrigir em breve). Ao invés disso, ele se concentra na especificidade do homem negro com relação à mulher que é branca.

A explicação histórica de Saidiya Hartman do paradigma da violação sexual antinegro coincide com a explicação sincrônica de Sexton: "Homens escravizados não são menos vulneráveis aos abusos arbitrários de seus donos, embora a extensão de suas explorações sexuais provavelmente nunca seja conhecida, e por causa da elusividade ou instabilidade do gênero em relação ao escravo como propriedade e ao erotismo do terror no imaginário racista".[6]

As agendas geopolíticas da nação branca não podem ser separadas da vida sexual da feminilidade branca (e da masculinidade branca). Em outras palavras, a sexualidade branca é sempre usada como arma. Para explicar de outra forma, mas sem reduzir a ênfase, os Estados Unidos da América são um grande e vil estuprador; um grande, cruel estuprador que *projeta sua* fantasia de vulnerabilidade nos muçulmanos, mexicanos, americanos nativos e negros. Fanon discute a fantasia de estupro da mulher branca em grande detalhe em *Pele negra, máscaras brancas*. Não vou repeti-la aqui. Para nossos propósitos devemos notar que o estuprador projeta a fantasia de vulnerabilidade ao sugerir que ela ou ele são vítimas do jihadismo islâmico ou vítimas da agitação negra ou da desobediência civil contra os assassinatos cometidos por policiais.

O grande e cruel estuprador quer nos fazer acreditar que a *América* é a vítima; e sob essa projeção fantasmagórica, sob a fantasia de vulnerabilidade, há um conjunto de suposições de que a América é de fato uma formação ética social e política; que os problemas que a América tem não são estruturais, mas sim performáticos (isso é, encontrados nos atos de discriminação ou no uso de camadas excessivas de força). Nada disso seria um problema se não fosse a estrutura de violência que suporta essa fantasia, a violência institucional que dá a essas fantasias aquilo que David Marriott chamou de "valor objetivo".[7] Jared Sexton dá uma explicação concreta para a frase "valor objetivo" de David Marriott quando diz, "É bom entender as fantasias das pessoas brancas porque amanhã elas serão leis".[8] Isto é a lei: fantasias brancas como valor objetivo.

A família branca e o Estado branco têm o poder de fogo e a infraestrutura institucional para impor suas projeções. O que as pessoas racializadas podem fazer quando votam é decidir qual sabor dessa fantasia de estupro vão apoiar. Nas palavras de George Jackson, "uma escolha eleitoral entre dez fascistas diferentes é como escolher de que maneira você quer morrer".[9]

O voto é uma importante *atuação* de desapropriação das pessoas racializadas que *não* são negras. Mas para as pessoas negras, o voto não é apenas uma atuação de desapropriação. Temos que ir mais fundo e ver como a própria base, a estrutura, o próprio paradigma da política eleitoral tem como predicado a violência sexual contra pessoas negras. A violência sexual contra pessoas negras é a *condição de possibilidade* da política eleitoral!

De Willie Horton à manipulação do tamanho dos distritos eleitorais, chegando aos mercados de escravos, a antinegritude é o genoma da política eleitoral. Em resumo, a antinegritude é o material genético deste organismo chamado Estados Unidos da América. As projeções de fantasias que foram usadas como armas para estuprar o jovem rapaz afegão não seriam possíveis se o paradigma armado já não estivesse colocado antes do conflito entre muçulmanos e os EUA; e esse paradigma armado é pré-determinado pela antinegritude. O governo dos EUA *poderia* se tornar uma democracia para as pessoas racializadas que não são negras (não é provável, porém é inteiramente possível); mas se nunca se livrar do ingrediente central que predetermina sua condição de existência — ou seja, se os Estados Unidos da América pudessem, de alguma forma, não ser antinegros — então não teríamos mais um país; os Estados Unidos da América deixariam de existir. Assim como os tomates definem o gaspacho! Sem tomates não há gaspacho. Sem antinegritude não há nação.

Já expliquei como os EUA são uma entidade antinegra ao usar a análise sincrônica da domesticação. Quero agora indicar como os EUA também são *historicamente* antiéticos: como os EUA são diacronicamente antinegros. Um livro recente de história faz essa explicação diacrônica de modo brilhante. O livro se chama *The American Slave Coast: A History of the Slave-Breeding Industry*, e foi escrito por Ned e Constance Sublette. Uma pequena porção do livro se concentra no Colégio Eleitoral.

O Colégio Eleitoral é um grande exemplo da chamada instituição "democrática" que deve sua *condição de possibilidade* à violência sexualizada contra pessoas negras e a seu cativeiro. Sem a violência sexualizada e o encarceramento em massa de centenas de milhares de cativos negros, os americanos não seriam capazes de eleger um presidente americano. Thomas Jefferson nunca teria se tornado presidente. No fim do século XVIII e início do século XIX, "389 mil [isto é menos de meio milhão] [...] escravos americanos, criados como cavalos ou ovelhas, se tornaram 4 milhões de afro-americanos escravizados [...]. [O] acasalamento forçado de escravos [...] deu aos estados escravocratas mais poder eleitoral baseado no número de escravos que mantinham".[10] A Virginia era o maior estado escravocrata. Como resultado, ganhou vinte e cinco por cento dos quarenta e seis votos do Colégio Eleitoral, mais do que o suficiente para mandar Jefferson para a Casa Branca.

Pense nisto. O tipo de cativeiro necessário para procriar escravizados torna insignificante o tipo de encarceramento ao qual muçulmanos são submetidos em Guantánamo ou o "ninho de amor" onde a agente da CIA estuprou o jovem afegão. De que outra forma 389 mil pessoas podem ser obrigadas a procriar, sob a dor da tortura ou morte, até se tornarem 4 milhões de pessoas se elas não estiverem encarceradas e não forem forçadas ao sexo? A procriação de escravizados é o tipo de sexo forçado que torna palavras como *estupro* e *encarceramento* débeis e inadequadas. O jovem afegão teve um momento anterior de liberdade, e um espaço anterior de consentimento, antes de a mulher branca mantê-lo preso e estuprá-lo. Para os negros não há espaço anterior ou tempo de liberdade e consentimento: a liberdade de todos os outros — na forma da política eleitoral — deve a circunstância da possibilidade à falta de liberdade (ausência de consentimento) das pessoas negras e à violência contra elas. As pessoas racializadas *experimentam essa loucura de tempos em tempos;* mas a procriação forçada da negritude é a fundação dessa loucura.

Os direitos do jovem afegão foram violados pela mulher branca; mas o *conceito* de direitos que podem ser violados, ou respeitados, surge da procriação dos negros como gado. Você pode falar dos direitos de prisioneiros, mas o termo *direitos de escravos* é um oximoro.

Uma análise histórica do Colégio Eleitoral ilustra como as pessoas negras eram *moeda* política, não *sujeitos* políticos. E esse é o paradigma da existência das pessoas negras hoje. As pessoas negras são moedas ou objetos políticos, não atores ou sujeitos políticos. Sujeitos têm casas, ou pelo menos a condição de ter algum tipo de santuário. Objetos existem como implementos, ferramentas na vida psicológica dos sujeitos humanos.

A análise que Hartman faz do paradoxo do que a ideia de estupro representa para a mulher que é negra, que é escravizada, me alertou para o fato de que essa possessão universal do oprimido e do opressor — o *consentimento* — não era universal de forma alguma. O consentimento não é uma condição inerente, orgânica, um elemento da ontologia política que pertence a todo mundo, de cima a baixo. Minha mente passou por uma espiral de círculos concêntricos cada vez maiores de abstração: se a mulher negra não pode ser estuprada porque não pode consentir ou deixar de consentir, e se essa ausência é tanto particular quanto geral — em outras palavras, se ela se aplica amplamente ao status da negritude, e não apenas ao status da mulher negra diante do tribunal como parte queixosa no século XIX, e se, como diz Sexton, o homem negro pode ser estuprado pela mulher branca, e se (o principal e mais devastador *se*) "estupro" é um conceito frágil para explicar a violação* da carne negra — então todos nós que somos marcados como negros somos de uma espécie diferente do que todos aqueles que não são. Somos uma espécie de seres sencientes que não podem ser machucados ou mortos, para todos os efeitos, porque estamos mortos para o mundo. Nenhum arco narrativo de desapropriação pode se aplicar a nós. O que quero dizer com isso? Só isto: para que exista um arco narrativo, a personagem da narrativa deve ir da posse à perda à (e eis o desenlace) perspectiva da posse. Outra forma de marcar os pontos no arco narrativo seria: do equilíbrio ao desequilíbrio ao equilíbrio (restaurado, renovado, e/ou reimaginado). O estupro pode ser visto neste arco: consentimento com uma posse ontológica e social, seguido pelo estupro, que seria a perda do

---

* Aqui, palavras não bastam! Pois como um objeto pode ser violado?

consentimento, seguido pela restauração do consentimento através do julgamento do criminoso, ou seu assassinato, ou então a narrativa poderia explicar como a vítima retomou sua autoestima ou autovalorização mesmo que a justiça não tenha sido feita. Mas mesmo aqui, quando o desenlace não inclui a justiça, há uma *suposição* de que a vítima tinha um "eu" a ser violado. Em outras palavras, não importa como você analisa, não importam os detalhes do arco, o arco narrativo *em si* é possível porque existe dentro da ontologia do sujeito da capacidade humana de consentimento que pode ser restaurada da mesma forma que foi tirada.

Esse tipo de lógica não faz sentido quando se pensa no escravizado. Tampouco o argumento de que isso tudo mudou em 1865 é convincente — não é um argumento, é uma afirmação sentimental, mobilizada pelo medo do interlocutor de pensar na escravidão como uma dinâmica relacional; o interlocutor insiste que a escravidão é um evento histórico, algo do passado. Tais afirmações são exemplares da ansiedade do antagonismo. Meu colapso na pós-graduação foi parte dessa ansiedade. Como escritor criativo e teórico crítico eu não podia me conceber como um ser senciente exilado do arco narrativo. E, para complicar ainda mais as coisas, estava apaixonado por uma mulher branca; e isso significava que muito embora fôssemos parceiros de maneiras significativas, eu era escravo dela em um aspecto que era essencial para nosso relacionamento. Eu havia fugido do inferno da guerra na África do Sul, e cheguei a uma guerra em minha mente. Fui deixado sem nada — sem inimigos nem aliados. Inimigos e aliados, guerra e solidariedade, exigem uma condição humana; algo que eu nunca tinha possuído. Estimulantes e tranquilizantes eram meus dois melhores amigos.

Meu colapso mental não acabou comigo, não visivelmente pelo menos. Talvez, se eu tivesse mesmo latido como um filhote para a enfermeira na clínica psiquiátrica de Berkeley que me olhava como se eu fosse um, teriam me mantido internado para "observação". E quem sabe quando ou se eu poderia ter voltado à universidade? Mas eu não lati, nem pedi um biscoito canino. Segui com meu doutorado em teoria crítica no Departamento de Retórica da Universidade da Califórnia, Berkeley, escrevendo artigos, assistindo a aulas e conferências, conquistando nota máxima em tudo no caminho. Ninguém exceto minha parceira (e mais tarde minha esposa) Alice sabia que eu tomava duas formas altamente dissonantes de medicação. E ela não entendia a bomba que havia espalhado tantos detritos no meu cérebro. Éramos amantes e antagonistas; e o antagonismo estava constantemente surgindo para sabotar nossa visão ingênua e quintessencialmente americana de que "o amor tudo vence". Eu sabia, ainda que apenas intuitivamente, que o amor já havia sido derrotado pela violência. Mas eu me recusava a acreditar que a violência antinegritude era um bálsamo curativo para a mente humana.

A percepção de que o sofrimento negro é de uma ordem diferente do sofrimento de outras pessoas oprimidas, e de que o sofrimento negro é a força vital do mundo, estava nos esperando cento e vinte quilômetros a frente.

Seis meses antes da queda das Torres Gêmeas, viajei de carro com Alice, uma mulher branca com quem namorei, logo após meu retorno de cinco anos morando na África do Sul, e com quem depois eu morei, e com quem acabei me casando, pela costa acidentada para uma conferência em Santa Cruz chamada Race Rave.

Alice e eu nos conhecemos na África do Sul, quando eu ainda estava casado com uma sul-africana chamada Khanya.[11] Uma das minhas atribuições como insurgente clandestino era espionar americanos que fossem à África do Sul; ficar ao lado deles e descobrir por que eles estavam lá; para depois escrever dossiês para meus superiores. Isso incluía participar de eventos para americanos expatriados para investigar quem poderia estar ligado ao exército dos EUA ou a comunidades de inteligência. Desenvolvi um talento para fazer as pessoas que eu conhecia *quererem* contar para mim sobre elas mesmas e porque estavam lá.

Quando alguém descobria que eu era um americano que também era uma autoridade oficial eleita no partido de Mandela, algumas vezes revelavam suas intenções para mim *não* diretamente, mas indiretamente, por meio das *perguntas que me faziam (que sugeriam o quanto elas já sabiam) sobre o funcionamento da CNA*. Depois, eu ia para casa e ficava acordado até de madrugada digitando meus relatórios. Isso era inteligência de baixo nível, mais poeira e fofoca do que ouro, que eu passava adiante para os peixes grandes. Eu só ficava sabendo o que era feito disso em raras ocasiões, como quando descobri que um "empresário" americano que se apresentava como consultor de ação afirmativa havia, anteriormente, sido um agente do Departamento do Tesouro, e trabalhado no Congo para o fantoche dos EUA Mobutu Sese Seko. Alice Wilson foi o tema de um de meus relatórios. Ela chegou, em ano sabático, no fim de 1992, para realizar pesquisas para as disciplinas de literatura estrangeira que ministrava em uma faculdade no norte da Califórnia. Nadine Gordimer e eu éramos amigos e colaboradores em eventos literários havia um ano quando Alice chegou. Apresentei ela a Nadine Gordimer, logo depois de Gordimer vencer o Prêmio Nobel em Literatura.

Em fevereiro de 2001, Alice e eu participamos da Conferência Race Rave na Universidade de Santa Cruz. Entre duzentos e trezentos ativistas, estudiosos, estudantes e pessoas que trabalhavam fora da academia ou que estavam empregadas precariamente se encontraram "para explorar o racismo e as interseções de opressão, para promover reparações e cura, e para desenvolver uma estrutura para um processo de verdade e de reconciliação nos Estados Unidos". Foi o primeiro de uma série de encontros do gênero em campi universitários por todo o país.

No fim do dia, nos reunimos em um grande salão. Os dois organizadores nos disseram para nos separar em grupos para refletir sobre como éramos vistos pela polícia. Isso significava que haveria um grupo branco, um grupo negro, um grupo marrom, um grupo vermelho ou nativo americano e um grupo amarelo.

Lembro de ter pensado, *Finalmente, vamos sair da política de cultura para uma cultura de política.* Os sussurros de alguns poucos negros sentados perto de mim confirmaram meus sentimentos. Uma irmã que estava perto suspirou como se estivesse segurando o ar há um dia e meio e disse, "Agora *nós* vamos falar". Um irmão sentado em frente a ela riu, "Não sabia que *negro* estava no vocabulário deles".

A resistência veio antes do início do exercício; e não veio dos brancos. Veio das pessoas racializadas não negras — os amarelos, os marrons e os vermelhos que não queriam ser conhecidos por sua cor, nem mesmo por duas horas. Eles insistiam que não eram só cores, mas identidades culturais.

Em contraste, os negros, estimulados pela nossa alegria com a oportunidade de falar sobre a maneira como a violência do Estado funciona em nossas vidas, já estávamos na porta. Mas a comoção no centro do salão nos fez virar e olhar para trás. Sentimos como se um tremor sísmico houvesse rompido o assoalho, separando o salão em dois, deixando um pequeno grupo de escravizados perto da porta, enquanto os humanos argumentavam sobre suas identidades culturais no meio da sala.

As pessoas racializadas não negras estavam com raiva, em uma cena não muito diferente da minha apresentação em

Berlim. Elas exigiam poder dizer como deveriam ser categorizadas. Os organizadores fizeram seu melhor para se fazerem ouvir sobre aqueles que se recusavam a ouvir. Disseram que ser rotulado era justamente o objetivo; que a polícia *tratava* você como uma cor e ignorava suas particularidades culturais e étnicas; e que o objetivo do exercício era supor essa formação e ver o que ia sair da discussão. É esse o exercício! Vamos em frente! Vamos lá!, bramiram os negros que esperavam no fundo.

E poderia ter continuado assim. Mas algo inesperado aconteceu. Um grupo que havia tomado parte desse início de descontentamento se tornou mais vocal que o resto. Mas eles não expressaram suas objeções com base na integridade cultural. Na realidade, utilizaram o mesmo termo que os organizadores: *raça*; mas eles usaram a raça a serviço das metas e dos objetivos das pessoas racializadas não negras que insistiam em uma *política de cultura* (versus a *cultura de política* que havia animado os negros). Era estranho, mas "funcionou". Eles eram birraciais (filhos de uma pessoa negra e uma branca) e não queriam ser "rotulados" como negros (embora não tenham dito que ficariam tão irados em ser "rotulados" como brancos).

Vendo as tais pessoas birraciais, metade negra/metade branca, defenderem por que não queriam ser colocadas como negras, fiquei impressionado em ver como o argumento delas não se parecia de forma alguma com a lógica das pessoas racializadas; e por ver quão pouco isso importava — o que quer dizer que *ninguém as questionou por essa contradição*. Ao invés de afirmarem a especificidade de sua herança cultural e origem étnica — e por que as cores gerais atribuídas a elas apagariam essas marcas culturais — as pessoas birraciais argumentaram que as quatro cores (vermelho, branco, marrom e negro) não as representavam. Elas não eram nem negras nem brancas. Eram ambos; e como amálgamas, mereciam sua própria sala.

Os dois organizadores estavam chocados. Paralisados. Mas não pelo argumento — uma criança poderia ter replicado simplesmente dizendo, Nenhum de vocês parece uma zebra; e nenhum porco ia colocar vocês numa fila de criminosos brancos, ou atirar no teu ombro em vez de mirar no coração porque percebeu que tua mãe era branca. Vocês todos são *vistos* como negros, então vão para a sala dos negros e parem de fazer a gente perder tempo! Talvez a criança tivesse dito isso sem a clareza e o rancor que eu impus, mas mesmo assim, não é uma objeção difícil de fazer, especialmente tendo em vista o fato de que as pessoas birraciais não questionaram a pretensa lógica, como havia sido o caso dos outros; eles simplesmente disseram, "Não nos deram o direito de uma sala da cor certa".

Por que os organizadores pareciam veados diante de faróis; e, mais importante, o que os fez ceder?

Foi o afeto, a verve, a energia, o desempenho corporal do contingente birracial. Eles tinham postura e gestos que eram mais esteriotipicamente "negros" do que birraciais. Em outras palavras, a voz alta, a indignação, a fúria de escravizado em fuga fizeram os organizadores tremer.

Era uma carga afetiva diferente da que tinha sido apresentada pelas pessoas racializadas. Os não negros haviam implorado, gemido, bajulado. O contingente birracial, para citar Queen Latifah, *Surtou com os filhos da puta!* Eles forçaram uma atuação hiperbólica, de *negões com atitude* a serviço de seu desejo de estar o mais longe possível da negritude. Funcionou perfeitamente. Os organizadores, confrontados com o som e a fúria da raiva negra (cinicamente divorciada do desejo negro), deu às pessoas birraciais uma sala própria. E, como consequência, cederam às outras pessoas que queriam ser agrupadas de acordo com sua cultura, *não* de acordo com sua cor. A emoção negra (ou a exploração da emoção negra) foi utilizada como arma para matar o desejo negro.

Todos os grupos receberam o mesmo papel com as mesmas instruções e temas para discussão. O papel também incluía uma tarefa: teríamos que criar uma maneira de falar sobre nossos grupos com nossos "aliados", quando voltássemos para o plenário noventa minutos depois.

A primeira coisa que os negros fizeram assim que ficamos sozinhos e a porta foi fechada foi rasgar o papel e jogá-lo fora. Percebemos que o regime de violência pelo qual éramos subjugados não poderia ser reconciliado com o regime de violência que subjugava nossos supostos aliados; e que o que aconteceu no auditório havia confirmado isso. Em outras palavras, os organizadores deixaram claro que a opressão tem dois regimes de violência, não um: a violência que subjuga o subalterno e a violência que subjuga o escravizado, ou o negro.

Libertados das limitações de tornar nosso sofrimento análogo ao sofrimento das pessoas racializadas, algo verdadeiramente profundo aconteceu. Para mim, alguém que estava começando a abandonar o marxismo em direção àquilo que um ano depois seria chamado de afropessimismo, a sessão foi instrutiva porque fui capaz de ver e sentir como uma sala cheia de pessoas negras se sentiu confortável em transitar pelo espetáculo da violência policial, pela banalidade das microagressões no trabalho e na sala de aula, pelas experiências da escravidão como se o tempo e a intensidade de todas as três coisas fossem iguais. Ninguém, absolutamente *ninguém*, falou, "Ei, espere um minuto", por exemplo, quando uma jovem disse que foi forçada a amamentar todos os brancos no trabalho como havia sido feito na *plantation*. Ninguém disse, "Você está falando metaforicamente, certo?". A sala disse simplesmente amém e com certeza. O tempo da escravidão era o tempo de nossas vidas. E isso não era um problema, como alguns psicanalistas diriam, de fusão neurótica entre o imaginário e o simbólico. Em outras palavras, isso não era uma falha de nossas psiques coletivas para restaurar a violência do Estado à lógica relacional, isto é, para separar o tempo da escravidão do tempo da discriminação, ou para separar o espaço dos pelourinhos da cartografia do escritório. Era um reconhecimento coletivo de que o tempo e o espaço da escravidão compartilham aspectos essenciais com o tempo e o espaço, a violência, de nossas vidas modernas.

As pessoas choraram e riram e se abraçaram e pediram o fim do mundo. Ninguém jogou água fria perguntando, O que isso significa — o fim do mundo? Como você pode dizer isso? Aonde isso vai nos levar? Ou, Como vamos dar sentido ao *fim do mundo* quando voltarmos para falar com nossos "aliados"? O perigoso pavio da imaginação negra havia acendido apenas com a mágica do diálogo intramural. Ninguém queria parar.

Faltando trinta minutos para o fim da sessão, um sentimento de medo se estabeleceu: os organizadores em breve iam nos chamar de volta para *aquele* terrível auditório. Alguém sugeriu não voltar; simplesmente ir para casa. Mas alguém deu uma ideia melhor: podíamos voltar e nos recusar a falar com eles. Não um protesto, só um reconhecimento silencioso de que não íamos corromper o que experimentamos com sua exigência por uma articulação entre a gramática de sofrimento deles e a nossa.

Agora havia movimento do lado de fora da nossa porta. Olhamos, pensando que os organizadores iam nos chamar de volta antes do previsto. Mas quando abrimos a porta descobrimos que não eram os organizadores, e sim todo o grupo de pessoas birraciais resgatadas de nossa sala por sua "negritude" hiperbólica. Elas foram cumprimentadas com grunhidos e olhares frios. Uma delas perguntou se podiam entrar. Silêncio.

Rompi o silêncio dizendo, "Vocês nunca saíram". Eles entraram e se sentaram, cautelosamente. Abrimos espaço para eles, com igual cuidado. Perguntamos por que eles decidiram se juntar a nós.

A discussão deles havia se centrado na presunçosa noção de que eles podiam acessar o capital social da sociedade civil. A fala deles foi verticalmente integrada a partir de discussões sobre o que um espaço especial no Censo americano poderia significar para sua mobilidade e sua busca por reconhecimento naquilo que eles descreveram como seus "próprios termos", aos conflitos angustiantes experimentados na disputa por lealdades em suas vidas familiares individuais. Em outras palavras, como podemos honrar ambos os pais, ambas as heranças culturais, branca e negra? Mas essa discussão não tinha o peso necessário para noventa minutos; então, uma hora eles se voltaram para o tópico que receberam — seu relacionamento com a violência policial e sua experiência com ela. E não demorou muito para que eles percebessem que pensar nisso usando o viés birracial não iria levá-los a lugar nenhum. Nenhum policial jamais disse, Veja, vou atirar em você no ombro e não no coração porque você é apenas metade negro.

Quando voltamos para o plenário, a sala nos percebeu — todos nós.

Alguém disse, "Quero um pouco do que esse grupo tem!". Nós não tínhamos falado nada.

Outra pessoa disse, "Vejam todo esse amor!".

Ainda não tínhamos falado.

Uma terceira pessoa disse, "Então, o que há com vocês, todos estão brilhando!".

Os organizadores nos perguntaram quem tinha sido designado como porta-voz do grupo. Levantei a mão. Eles pediram meu relatório.

"Decidimos permanecer em silêncio", eu disse. Eles quiseram saber por quê.

"Decidimos permanecer em silêncio", repeti.

Você pode falar *alguma coisa*?, me perguntaram.

Disse tudo que fui autorizado a dizer: "Tivemos uma boa sessão".

Bem, dá pra *ver* isso!, eles disseram. Então pediram ao grupo birracial que falasse. Um deles simplesmente disse, "Acabamos nos juntando ao grupo negro".

O salão ficou ainda mais confuso. Mas nenhuma explicação ia vir.

As coisas só pioraram daí em diante. Os brancos relataram seu diálogo de amenidades. Alice foi voto vencido. Ninguém na sala dela queria pensar em si mesmo como branco *com relação à polícia*. As mulheres brancas disseram que era importante dividir a sala por gênero e discutir como era a situação das mulheres sob o patriarcado. Muitas pessoas disseram ser judias e que talvez devessem ter pressionado os organizadores para ter sua própria sala, como fizeram as pessoas birraciais. Um homem branco chegou a dizer que era importante fazer uma rodada em que cada um diria em qual estado viveu antes de ir para a Califórnia. Para horror de Alice, quase todo mundo achou que era uma boa ideia. Um a um eles começaram a gritar os estados em que nasceram e foram criados, e teriam continuado com suas narrativas pessoais sobre como e quando vieram para a Califórnia, o que os havia levado ali, se minha esposa Alice não tivesse explodido.

"Isso não tem nada a ver com nosso relacionamento com a polícia! Vamos voltar ao que importa."

Mas ninguém estava disposto a voltar ao que importava. O interessante sobre a trajetória da conversa na sala branca era a maneira como isso estranhamente era um espelho da recusa absoluta estabelecida pelos negros em fazer o exercício — embora por razões diferentes. Alice foi colocada de lado porque o exercício ameaçava o elemento mais formativo da branquitude: pessoas brancas *são* a polícia. Isso inclui aqueles brancos que, como Alice, conscientemente, não desejam esse direito inato. No inconsciente profundo todos eles intuíam o fato de que a polícia não estava *lá fora*, mas *aqui dentro*, que o policiamento estava entrelaçado ao tecido de sua subjetividade. Não me surpreende que a discussão tenha seguido para uma miríade de direções que não fossem um encontro consciente com esse aspecto horroroso de sua posição estrutural em um coro de declarações sobre identidade de gênero e histórias sobre trajetórias individuais até a Califórnia. E, ao contrário, as pessoas negras, em sua sala no outro extremo do corredor, entenderam que nenhum tipo de imigração psíquica ou material jamais seria extenso o suficiente para abrir tais portas para eles — para Alice e seu povo. Mas para as pessoas racializadas não negras a questão do acesso permanecia aberta.

As discussões dos asiáticos e latinos e americanos nativos começaram com questões sobre violência e terminaram com perguntas sobre acesso: política de imigração, espanhol nas escolas, questões sobre os cassinos indígenas, e a questão da terra e da soberania. Estava claro: a articulação era entre os brancos, cujo acesso à sociedade civil era tão inquestionável que eles não tinham razão para reclamar ou questionar o regime de violência que o fortalecia ou estendia; e seus sócios minoritários, que estavam ansiosos para expandir seu acesso. Nenhum desses grupos incorporava um antagonismo à sociedade civil em si. O que eles incorporavam eram gradações de marginalização. O antagonismo não era entre eles e a polícia, mas entre todos eles e todos nós, mesmo os que queriam sua própria sala.

Até os dois organizadores estavam errados, o que significa que o exercício estava certo, ainda que por acidente. Os organizadores haviam dividido as pessoas com base em sua cor; com base no olhar da polícia. Mas apenas um grupo de pessoas é *essencialmente* elaborado e subjugado por esse tipo de violência gratuita. Os negros. Os escravizados. Para todos os outros grupos de pessoas há uma certa contingência que interrompe a violência do Estado e a torna legível. Essas pessoas precisam transgredir a lei, ou serem percebidas como transgressoras, antes que a bigorna da violência do Estado caia sobre suas cabeças. Para os negros, os escravizados, nenhuma noção de transgressão é necessária. O prazer de mutilar corpos negros é sua própria recompensa. É esse prazer que dividiu a conferência *não em cinco cores, mas em duas espécies: negros e humanos.*

Embora os mapas cognitivos das pessoas na conferência Race Rave não pudessem compreender ou explicar essa divisão a priori entre humanos e escravizados. As pessoas negras e, no fim, as pessoas birraciais (negras) sabiam disso, ainda que intuitivamente. Mas o terreno não era fértil o suficiente para que esse conhecimento florescesse. As pessoas negras estavam presas aos mapas cognitivos de seus donos bem-intencionados.

2

Dois meses depois do atentado contra o World Trade Center, e nove meses depois da Rave Race, uma van de aeroporto me buscou em meu apartamento em Berkeley. Era inverno, quase cinco da manhã. O ar estava claro e gélido, como frequentemente é o caso nas manhãs de inverno na baía de San Francisco. O sol ainda não tinha nascido. O inverno não merece esse nome no norte da Califórnia quando comparado com as nevascas do Minnesota da minha juventude. Agora, no amanhecer, relâmpagos acendiam o céu laranja-sangue acima da baía de San Francisco. Ia chover.

Em pé ao lado de sua van parada, o motorista sul asiático me perguntou duas vezes se eu era a pessoa que ia para o aeroporto — como se a pessoa errada tivesse de alguma forma saído do condomínio certo; como se eu o tivesse chamado sob falso pretexto, não para ir ao aeroporto, mas simplesmente para sair naquele horário sacrílego das 4h55 da manhã para incomodá-lo, talvez para roubá-lo. Senti um calafrio de condenação em seu olhar.

Joguei minha bagagem no porta-malas, dei a volta e abri a porta. Na luz fraca que vinha do teto me vi diante de uma mulher de meia-idade branca e de um hesitante homem de meia-idade barbudo que estava do seu lado esquerdo; e nos olhamos com aquele medo momentâneo, familiar, mas mútuo quando percebemos que eu iria me sentar ao lado dela. Tomei muito cuidado para garantir que não tocaria sua perna enquanto procurava meu cinto de segurança no escuro.

A van desceu a rua atravessando os últimos momentos da noite. A única luz na rua Martin Luther King Jr. vinha dos postes intermitentes. Estávamos silenciosos como a morte: o motorista, a mulher, seu marido e eu. Senti raiva; tive a sensação de que antes de eu chegar eles estavam todos animados conversando, e que isso parou quando entrei. Eu era a razão para pararem de conversar? Era possível ter certeza de que eles *estavam* conversando? Isso era paranoia negra entrando em ação onde um pouco de bom senso era necessário?

A cara do motorista paquistanês quando saí do meu apartamento ainda estava clara na minha mente. Agora este silêncio desconfortável; este silêncio por causa de mim; este movimento intenso da minha massa cinzenta para dar sentido a isso; esta dúvida de que realmente havia algo acontecendo. *Nem quero falar com esses branquelos e seu sócio minoritário*, pensei. Mas eu queria que eles falassem comigo.

"O George aqui trabalha na Cal", ela finalmente disse, gaguejando. "Você é da Cal? É professor ou estudante de pós-graduação?"[12]

Não, dona, sou um craqueiro, saindo à caça pela manhã.

"Que maravilha!", ela disse, "Conhece Judith Butler?"

Contei a eles um pouco sobre a minha pesquisa, mas em vez de empacotar meu projeto de pesquisa na linguagem que me anima mais (uma sinopse da estrutura dos antagonismos nos EUA entre as posições triangulares dos imigrantes/

colonizadores/donos de escravos, os vermelhos/"selvagens", e os negros/escravizados), empacotei-a na linguagem que menos me agradava — questões de teoria do cinema e historiografia do cinema. Reduzi tudo à versão mais simples e apolítica. Quando terminei de falar, todos pareciam aliviados. Até o motorista sorriu para mim pelo retrovisor e parecia ter relaxado. Atingi o principal objetivo da diplomacia internacional negra: fazer com que eles se sentissem seguros.

Agora o professor taciturno resolveu falar.

"Antes de você entrar", disse, "estávamos discutindo essa nova lei, o Ato Patriótico. Que negócio medonho. Isso ainda é os Estados Unidos? Este homem aqui" — ele apontou para o motorista, que sorriu novamente e acenou para nós pelo retrovisor — "não deveria chegar a este país e encontrar xenofobia e perseguição — para onde estamos indo?"

O motorista paquistanês compartilhou anedotas que dramatizavam as injustiças às quais ele e os membros de sua comunidade foram submetidos desde a aprovação da lei. O Ato Patriótico tinha quatrocentas páginas e nem o professor nem a esposa ou o motorista haviam lido nenhuma delas. Eu havia lido cento e setenta páginas e escrito uma sinopse do que li para alguns negros em uma casa de repouso em Oakland. Eles também haviam concluído que a lei era draconiana e injusta — mas, diferente das pessoas na van para o aeroporto, não pensavam que havia algo particularmente novo ou não americano na "nova" lei. Uma mulher na casa de repouso, de oitenta anos, olhou para mim, sacudindo a cabeça. "E eles continuam indo votar, esses caucasianos. Votam de novo como se importasse."

Mas a memória da resposta desses negros ao meu resumo não fazia sentido para mim enquanto viajava para o aeroporto porque as pessoas na van haviam tomado um interesse renovado em mim. Eu havia passado de temido para tolerado chegando a ser valorizado. Eu não era mais motivo de ansiedade.

Hoje à noite, pensei, *vou ser alguém de quem o motorista paquistanês vai falar bem para sua mulher ou para seus compatriotas, o professor e sua esposa vão falar sobre mim e sobre o que eu disse, no avião ou talvez em sua conferência quando chegarem a seu destino.* Meu desejo era ser objeto do desejo deles. Não havia mais negro ou branco ou marrom naquela van. Através das minhas palavras, um sentimento comum de alegria e um senso de propósito comum surgiu dentro daquela pequena van, onde antes havia existido medo e divisão. Éramos todos pessoas. Só pessoas. Pessoas que exigiam a mesma forma básica de justiça e de responsabilidade de nosso governo. A ideia de mandados expressos de busca e apreensão, a ideia de grampos ilegais, a ideia de aumento de limitações mais amplas à nossa liberdade de associação, a ideia do governo fuçando em nossas bibliotecas e livrarias — bem, nisso todos concordamos, isso é levar as coisas um pouco longe demais. E eu não era só parte e membro desse consenso multirracial, mas foi o milagre dos *meus* esforços, da *minha* pesquisa, da *minha* erudição, do *meu* trabalho, e do meu charme de cinquenta e dois dentes que costurou esse populismo vigoroso, esse acordo da ira de Deus nas primeiras horas da manhã. Eles não só me levavam a sério — o que quer dizer que realmente achavam que eu podia pensar — como agora eu era essencial para eles: eu acendi o fogo de sua nostalgia por um passado democrático; e eles pareciam precisar, ao mesmo tempo, que eu, de alguma forma, os castigasse, agredisse, como se apenas eu fosse capaz de dar conta do desejo masoquista deles de ouvir quão ruim o futuro deles ia ser. Para isso, a mulher virou para mim e disse algo como, *Sambo, vem cá, não me poupe, Sambo, está ouvindo, não me esconda nada, Sambo. Conte-me o quão terrível tudo vai ser.*

Iáiá Ann, eles pegaru az liberdadi civiu que nois tinha e jogaru beeeem pro alto.

O professor ficou sentado balançando a cabeça. Bem para o alto. Ele olhou para o teto. Bem para o alto.

Agora o terreno da conversa estava preparado, mais uma vez, para o motorista.

"Deixe eu contar sobre minha comunidade, deixe eu contar a história das prisões injustas, das detenções sem julgamentos."

Ouvimos o que ele falou a partir de nossa fé renovada na redenção. Éramos mais do que uma mera coleção de interesses em comum; éramos uma intrépida coalizão de afeto. Nosso humor e nossa vontade envolvidos no tecido aquecido do *amém* e *isso não é uma vergonha?*

O motorista disse, "Não sei por que trouxe minha família para este país".

E antes que eu pudesse desembaraçar a estrutura de minha negritude inassimilável da trama de afeto multirracial, eu disse "Nem eu".

Mas essas palavras destroçaram nosso humor.

A terra girou. Caímos todos.

O motorista havia dito, "Não sei por que trouxe minha família para cá".

E eu respondi, "Nem eu".

A van estava outra vez estranhamente silenciosa. Foi como se um ponto final tivesse sido colocado no meio de uma frase. Os olhos do motorista piscaram para mim no retrovisor. A mulher branca ao meu lado se mexeu como havia se mexido quando entrei. Meu "nem eu" não era abordado. Meu "nem eu" permanecia no ar como um odor fraco, mas inquestionavelmente fétido — um peido inesperado, mas de autoria certa. Com certeza meu odor havia sido liberado, mas não de má-fé. Achei que estávamos em comunhão — certamente eles podiam conviver com meu cheiro se eu posso conviver com o deles. Eu tinha sido tão fortemente saudado pelos dilemas do paquistanês sobre acesso *à* sociedade civil e pelos dilemas das boas pessoas brancas sobre a elasticidade relativa ou a rigidez *da* sociedade civil que tinha esquecido a primeira regra da diplomacia negra internacional: faça com que eles se sintam seguros. Minha incorporação presumida do princípio da imigração (a presunção de que se mudar da *plantation* para a cidade era uma forma de imigração) — a presunção de que eu tinha os elementos constituintes da filiação (*"minha família"* se mudou da *plantation* para a cidade) em vez da farsa da institucionalidade emprestada e que além disso eu tinha os elementos constituintes da vontade e da iniciativa ("Trouxe minha família da *plantation* para a cidade"), tudo isso, dito no meu "nem eu", de alguma forma interferiu com a segurança de que a boa vontade triangular e os sentimentos agradáveis entre o que Jared Sexton chama de cidadãos, não cidadãos e anticidadãos depende: o professor branco e sua esposa branca sendo os cidadãos, o paquistanês um não cidadão, e eu sendo um anticidadão. Eu havia costurado o equilíbrio do universo recitando o temido Ato Patriótico e então, com a mesma facilidade e intuição impensada, ousei ameaçar o equilíbrio desse universo frágil ao dizer em voz alta um pensamento negro. Nos trinta segundos de silêncio deles, senti minha pele ser arrancada. Com duas palavras, *Nem eu*, eu tinha perdido a boa vontade deles. Fui do caloroso e divertido Sambo a W. E. B. Du *Blac*.

O professor e sua esposa estavam prontos para que essa viagem até o aeroporto acabasse. Mas o motorista paquistanês tinha em si a luta típica dos recém-chegados, a mesma luta que o casal teve há duzentos anos quando seu povo ainda era de imigrantes. Ele me olhou sem compaixão pelo retrovisor, como se dissesse, Será que você cometeu um erro, um erro honesto, inocente, o tipo de erro que qualquer um pode cometer na alegria e euforia do momento; ou você está fodendo com a gente — sendo um espertalhão que só queria detonar a inspiração do pronome pessoal *nós*?

Os olhos dele passavam da rua para a minha imagem no retrovisor. Vagarosa e deliberadamente, ele disse, "Às vezes quero fazer minhas malas e ir para casa".

Ninguém falou nada. Nem respirou. O motor rugiu com dificuldade enquanto virávamos na próxima saída.

Tirei as luvas, sentei direito e limpei a garganta. "É", disse, "eu também". Desta vez, o cheiro era inconfundível. Era o cheiro de algo queimando; o campo de algodão em chamas.

A esposa do professor correu rumo ao incêndio com a única água disponível. "Saudades de casa", ela disse, "está aí um fenômeno universal. Vamos a essa conferência há anos e ainda sentimos falta das crianças quando vamos."

"Já as crianças não sentem a menor falta da gente", o marido concordou hesitante.

Senti algo pressionando a palma da minha mão ao meu lado — insistindo que eu segurasse. Até hoje não sei se era a fria maçaneta da porta ou o cabo de uma lâmina.

A van que peguei para o aeroporto logo após o Onze de Setembro era um microcosmo do cenário de um cativeiro onde a negritude existe dentro e abaixo do espectro do policiamento, mal disfarçado sob a aparência do trabalho dos movimentos sociais dedicados à expansão e democratização da sociedade civil. Isso mostra como a economia libidinal de valores (acesso à institucionalidade, voto universal, mobilidade livre etc.), quando colocada em movimento pelas iniciativas de justiça social, implica a intensificação do sofrimento e da morte dos negros. Quatro pessoas estavam naquela van naquela manhã. Mas uma dessas quatro estava subjugada por um regime de violência que subjuga as demais. As pessoas na van policiaram minha dor, meu testemunho da estrutura singular da violência contra os negros.

3

Assim como no caso dos americanos nativos, a violência que subjuga o motorista paquistanês tem limites temporais (a época, por exemplo, da Guerra ao Terror), e limites espaciais (a ocupação do Iraque e o gulag na Baía de Guantánamo). Não apenas não há pontuação ou limite de tempo para a violência que subordina as pessoas negras como, além disso, nenhuma violência cartográfica pode ser mapeada, pois isso implicaria a perspectiva de um mapa de espaço não violento: a possibilidade de um refúgio para os negros, algo que, por definição, é um oximoro. Em vez disso, as pessoas negras existem na agonia daquilo que o historiador David Eltis chama de "violência sem limites",[13] o que significa: (a) na economia *libidinal* não há formas de violência excessivas que seriam consideradas cruéis demais para infligir aos negros; e (b) na economia *política* não há explicações racionais para esse teatro de crueldade sem limites, nem explicações para o que daria sentido *político ou econômico* à violência que posiciona e pune a negritude. Enquanto a relação humana com a violência é sempre contingente, disparada por suas transgressões contra as proibições regulatórias de ordem simbólica ou por mudanças macroeconômicas em seu contexto social, a relação do escravizado com a violência não tem data para acabar, é gratuita, não tem razão nem limitador, é disparada por catalisadores pré-lógicos que não dependem de suas transgressões e não responde a mudanças históricas. Em resumo, a violência infligida ao povo negro não é resultado de transgressões simbólicas, nem é o resultado (como Allen Feldman diria) de uma mudança nova, global na economia política —[14] é uma "extensão da prerrogativa do senhor de escravos".[15] Orlando Patterson esclarece essa distinção entre violência que posiciona e pune o humano (trabalhador, sujeito pós-colonial, mulher ou queer, por exemplo) e a violência que posiciona e pune o escravizado (o negro) ao enfatizar a diferença entre a violência que constitui o capitalismo e a violência que constitui a escravidão.

O trabalhador que é demitido permanece um trabalhador, a ser contratado em outro lugar. O escravo que foi libertado não é mais escravo. Portanto, era necessário continuamente repetir o ato original, violento de transformar uma pessoa livre em escrava. Esse ato de violência constitui a pré-história de todas as sociedades estratificadas [...] mas determina tanto a pré-história quanto a história (simultâneas) da escravidão.[16]

Para dizer com clareza, a negritude não pode ser separada da escravidão. A negritude é frequentemente mal interpretada como uma identidade (cultural, econômica, de gênero) da comunidade humana; no entanto, não há tempo negro que preceda o tempo da escravidão. A coerência espacial da África é temporariamente limítrofe com o comércio árabe, e mais tarde europeu, de escravos.[17] O tempo da negritude é o tempo do paradigma; não é uma temporalidade que possa ser entendida com as ferramentas epistemológicas à nossa disposição. O tempo da negritude não é um tempo, porque ninguém pode conhecer uma plenitude da negritude distinta da escravidão. As referências anteriores do trabalhador, um tempo antes dos cercamentos, por exemplo, ou no caso do sujeito pós-colonial, um *tempo anterior ao colonizador,* simplesmente não estão disponíveis para as pessoas negras. Do meu livro *Red, White & Black*:

O tempo histórico é o tempo do trabalhador [o tempo do motorista paquistanês], o tempo da análise. Mas embora o tempo histórico marque períodos de estagnação e de mudança no paradigma, ele não marca o tempo do paradigma, o tempo do próprio tempo, o tempo pelo qual o relógio do drama do escravo é ajustado. Para o escravo, o tempo histórico não é uma temporalidade de emancipação mais viável do que o tempo biográfico — o tempo da empatia. Dessa forma, nem a estética analítica [a cura desmistificadora da avaliação ética] nem a estética da empatia [a "cura" mistificadora do julgamento moral] pode acompanhar uma teoria da mudança que devolva às pessoas negras sua relacionalidade. O tempo das proclamações de emancipação social e política não deve ser confundido com o [tempo do próprio paradigma, uma temporalidade] em que a negritude e a escravidão estão imbricadas *ab initio*, ou seja, desde o início.*

Os negros são constituídos por uma violência que separa o tempo do paradigma (tempo ontológico) do tempo *dentro* do paradigma (tempo histórico).

Em qualquer escala de abstração, a violência satura a vida negra. Para dizer de forma diferente, para as pessoas negras não há tempo ou espaço de consentimento, nenhuma trégua da força e da coerção: a violência espalha suas gavinhas por todo o corpo, sufoca a comunidade, e se expande, intensifica, e se transmuta em formas novas e mais grotescas na consciência coletiva através da literatura e do cinema.

As *ideias* da classe trabalhadora são contaminantes: ameaças à economia capitalista, para uma concepção capitalista do mundo. *Corpos* negros são um tipo diferente de contaminante: eles são ameaças ao corpo humano ideal e à coerência psicológica da vida humana.

Esse esquema é diferente até mesmo daquele que trata do genocídio dos americanos nativos. Eles eram e são mortos por

---

* Frank B. Wilderson III, *Red, White & Black: Cinema and the Structure of U.S. Antagonisms*. Durham: Duke University Press, 2010, pp. 339-340.

suas terras. Há elementos pré-lógicos ou libidinais ao assassinato de 18 milhões de pessoas — certamente. Mas a aquisição da terra e a usurpação dão ao genocídio um tipo de coerência e razoabilidade similar ao massacre dos trabalhadores que entraram em greve — que deixaram de consentir.

Não é possível fazer uma analogia entre a violência a que imigrantes, americanos nativos e trabalhadores são submetidos e a violência que afeta as pessoas negras.

É absolutamente necessário que os negros sejam castrados, estuprados, tenham as genitálias mutiladas e violadas, que sejam espancados, alvejados a tiros e aleijados. E é necessário que isso aconteça nas ruas tanto quanto na cultura popular — na TV e no cinema. Os negros podem até ser alvo de genocídios, mas só até um certo ponto! Porque, diferente dos indígenas, os negros não têm a posse de algo exterior a eles que a sociedade civil queira. A sociedade civil não quer a terra negra como quer a terra indígena, o que permite distinguir entre a Nação e a Turtle Island; ela não quer o consentimento negro, como quer o consentimento da classe trabalhadora, o que permite distinguir o sistema econômico capitalista de um sistema socialista, o que permite extrair mais-valia e transformar esse valor em lucro. O que a sociedade civil quer/precisa das pessoas negras é muito mais essencial, muito mais fundamental do que terra e lucro. O que a sociedade civil precisa das pessoas negras é a confirmação da existência humana.

Claro, o ser humano pode dizer, sei que estou vivo no nível da identidade porque falo espanhol, ou francês, ou inglês, porque sou heterossexual ou gay; ou porque sou rico ou pertenço à classe média. Esse é um tipo de vida no nível da identidade, ou cultura, ou orientação sexual. Mas ser capaz de dizer, estou vivo no nível pragmático, sou real e verdadeiramente um ser humano e não outra coisa... isso só pode ser garantido na medida em que se pode dizer, Eu não sou negro.

Seria equivocado, até mesmo mentiroso, ter dito para as pessoas na van que o Ato Patriótico não afeta as pessoas negras; ou defender um sentimento anti-imigração de qualquer tipo. Mas seria igualmente equivocado e mentiroso sugerir que a relativa corrupção da integridade da Declaração de Direitos pelo Ato Patriótico, ou que a rigidez ou elasticidade relativas de acesso à institucionalidade da sociedade civil (e do acesso dentro dessa sociedade), pode nos ajudar a pensar a gramática do sofrimento particular das pessoas negras. Para dizer de outra forma, o pensamento negro (e, portanto, a libertação negra) é ameaçado não apenas pelo Estado, mas pelos interesses e pelas ações da oposição leal na van do aeroporto.

De fato, o pensamento negro é ameaçado por um conjunto de três camadas de terror. Nossa capacidade intelectual de trabalhar não é a questão aqui. O que está em risco é nossa capacidade de trabalhar contra as restrições da analogia, o terrorismo das trocas intra-humanas — a dinâmica da minha viagem até o aeroporto.

Primeiro, há o terrorismo a que Gramsci se referiu como "sociedade política": a polícia, o exército, o complexo prisional-industrial.

Segundo, há o terror dos blocos hegemônicos da sociedade civil e seus grupos de formações afiliadas: como a mídia tradicional, a universidade ou a megaigreja.

Mas há também uma terceira camada de terror que o pensamento negro precisa enfrentar. *E essa camada é a do terror do pensamento contra-hegemônico e revolucionário: a lógica do feminismo branco, a lógica da luta da classe trabalhadora, a lógica das coalizões multiculturais e a lógica dos direitos dos imigrantes. O terror implacável elaborado sempre que os chamados aliados das pessoas negras pensam em voz alta.*

Os riscos desse terror em três camadas são altos por causa de seu impacto sobre a capacidade das pessoas negras de capturar ou serem capturadas pelas nossas próprias imaginações.

Essas três camadas são o cadafalso *da morte do desejo negro*. E nossa capacidade de imaginar e fantasiar enquanto assumimos nossa posição está imbricada em nossa capacidade de pensar teoricamente: de dar "valor objetivo" ao nosso desejo político.

Essa terceira camada de terror que ameaça a imaginação e a enunciação do pensamento negro — o terror das alianças de esquerda anti-hegemônicas — não deveria ser relevada como incidental ou não essencial, nem deveria ser banalizada como uma reunião de atitudes ruins que podem ser superadas através do diálogo, como a conferência Race Rave em Santa Cruz supôs. Pois esse é um terror essencial; é tão constitutivo de um mundo antinegro quanto o exército e a megaigreja. Ele não só mata ou armazena o pensamento negro da maneira que a primeira camada mata e armazena o corpo negro. Nem simplesmente expulsa um conjunto emancipatório negro de questões da maneira como os órgãos tradicionais expulsam a atuação do conjunto de questões do homem ou da mulher comum. Essa terceira camada aterroriza por meio de uma interdição *contra* a atuação negra, junto com a necessidade *pela* atuação negra — dance, Johnny, dance. Podemos dizer que exige a atuação do pensamento negro, muito embora esteja apagado. Ela quer que nós cantemos o blues; mas ao invés daqueles Blues do Não Há Vida Digna de Viver (em vez do blues da morte social), quer que as pessoas negras cantem o:

— Blues de Não Tenho Green Card
— Blues do Não Posso Fazer um Aborto
— Blues do Não Tenho Direito à Privacidade
— Blues do Não Posso Cruzar a Fronteira
— Blues do Não Existe Casamento Entre Pessoas do Mesmo Sexo
— Blues do Não Tenho Liberdades Civis

A sociedade civil se expande e se contrai para acomodar ou reduzir (mas nunca para banir com carta branca) várias posições e identidades — judeus, árabes, imigrantes asiáticos, latinos, italianos, mulheres brancas e americanos nativos. Os anais da história mostram que nas transições dos territórios americanos para Estados no século XIX houve uma grande e conflituosa diversidade de visões com respeito a todos esses grupos. Esses cinquenta estados incipientes até se viram, em raras ocasiões (como no caso da Califórnia), debatendo a filiação cívica e social dos americanos nativos. Mas a sociedade civil não conhecia os limites, as fronteiras, de tais debates, o que quer dizer que ela perderia toda coerência e não seria capaz de estabelecer um limite entre a vida social e a morte social, não fosse pela presença dos negros. Os negros estabelecem esse limite para as pessoas brancas e para todos os demais. Os negros dão mesmo à mais degradada posição um senso de humanidade possível pois somos o *locus* da impossibilidade humana. Independente do que os outros possam perder, eles jamais serão negros. Isso é um pensamento reconfortante. A chama do calor humano.

Há algo inerente à negritude que a torna essencial para a construção da sociedade civil. Mas há também algo inerente à negritude que pressagia a destruição da sociedade civil. Não há nada intencional ou especulativo nessa afirmação, pois eu poderia muito bem afirmar o inverso: há algo inerente à sociedade civil que *a* torna essencial para a destruição do corpo negro. A negritude é um posicionamento de "abandono absoluto",[18] de desamparo, em face da sociedade civil, e, portanto, não pode ser libertada ou tornada legível através de intervenções anti-hegemônicas. O sofrimento negro não é uma função da(s) atuação(ões) da sociedade civil, mas da existência da sociedade civil. Para o motorista paquistanês, o professor branco e sua esposa branca, a sociedade civil é um conjunto de limitações e oportunidades. Mas para o negro, a sociedade civil é uma projeção assassina.

À luz disso, as coalizões e os movimentos sociais — mesmo os movimentos sociais radicais como o Movimento pela Abolição da Prisão — criam vínculos entre si na solicitação de hegemonia, assim como a violência da morte social, de modo a fortalecer e estender a vida interlocutória da sociedade civil, em última instância acomodam, apenas as *demandas saciáveis e os conflitos legíveis* dos sócios minoritários da sociedade civil (como imigrantes, mulheres brancas, a classe operária), mas se fecham diante das *demandas insaciáveis e dos antagonismos ilegíveis* dos negros. Em resumo, embora essas coalizões e esses movimentos sociais não possam ser chamados exatamente de criados da antinegritude, suas estruturas retóricas, seu desejo político e seu horizonte emancipatório são reforçados por uma antinegritude que reafirma a *vida*; a morte do desejo negro.

4

O que diferencia o negro do humano? É a diferença entre a morte social e a vida social; uma divisão entre a violência estrutural, por exemplo, do capitalismo, do pós-colonialismo e do patriarcado, e a violências estrutural da morte social.*

A violência do capitalismo ou de qualquer paradigma humano de sujeição, para este fim, tem uma pré-história. Em outras palavras, é necessário contar com um oceano de violência para transformar servos em trabalhadores. É necessário um oceano de violência ao longo de algumas centenas de anos para discipliná-los em temporalidades que são novas e mais

---

* É válido reiterar que, através das lentes do afropessimismo, a escravidão é, *essencialmente,* uma dinâmica relacional, e não uma era histórica ou um conjunto de práticas empíricas (como chicotes e correntes).

restritivas — e para fazê-los imaginar suas vidas com novas limitações: urbanização, mecanização e certos tipos de práticas laborais. Uma vez que o sistema esteja estabelecido, então a violência diminui e entra em remissão. A violência volta quando o capitalismo precisa se regenerar ou quando os trabalhadores transgridem as regras e reagem (quando retiram seu consentimento).

A violência do Estado escravo não pode ser pensada na maneira como se pensa na violência da opressão capitalista. É necessário um oceano de violência para produzir um escravizado, singular ou plural, mas essa violência *nunca entra em remissão*. De novo, a pré-história da violência que estabelece a escravidão é também a *história atual* da escravidão. Esse é um mapa cognitivo muito difícil para muitos ativistas, porque realmente leva o problema para além da política. A política é um esforço muito racional, que permite que ativistas elaborem modelos que preveem a violência estrutural do capitalismo em sua atuação estrutural. O que os marxistas fazem com a escravidão é tentar mostrar como a violência está conectada à produção, e isso significa que eles não pensam de fato na violência da escravidão de forma abrangente. A violência da morte social (escravidão) é, na verdade, subtendida à produção da saúde psíquica de todos aqueles que não são escravos, algo que não pode ser literalmente mercantilizado ou ponderado em uma balança real. Esse é o aspecto libidinal mais intangível.

Em outras palavras, ativistas querem dar sentido à morte de Sandra Bland, e aos assassinatos de Michael Brown e Eric Garner; quando o que esses espetáculos exigem, de forma a serem adequadamente explicados, é uma teoria da *falta* de sentido; sua ausência de uma utilidade tangível ou racional: as pessoas negras não são assassinadas por transgressões tais como a imigração ilegal ou agitação no local de trabalho. A *utilidade* essencial da morte negra é, paradoxalmente, a *ausência* de utilidade.

A morte negra tem uma certa utilidade, mas não é subtendida pela extração de mais-valia; de nenhuma forma fundamental. E certamente não é subentendida pela usurpação de terra. A morte negra é subentendida pela psicologia da integração de todo mundo que não é negro. A morte negra funciona como uma terapia nacional, mesmo que a retórica que explica e lamenta essas mortes expresse essa dependência psicológica não diretamente, mas sintomaticamente. É complexo, mas é simples também.

Os negros não serão vítimas de genocídio como os americanos nativos. Nós *estamos* sendo vítimas de genocídio, mas somos mortos *e* regenerados, porque o *espetáculo* da morte negra é essencial para a saúde mental do mundo — não podemos sumir completamente, porque nossas mortes precisam ser repetidas, *visualmente*.

A mutilação corporal da negritude é necessária, e por isso ela precisa ser repetida. O que testemunhamos no YouTube, no Instagram e no jornal da noite como assassinatos são rituais de cura para sociedade civil. Rituais que estabilizam e aliviam a ansiedade que as pessoas sentem em seu dia a dia. Ela pode ser estabilizada por muitas coisas diferentes — maconha, cocaína, álcool, casos amorosos —, mas a estabilização final é o espetáculo da violência contra os negros. *Sei que sou humano porque não sou negro. Sei que não sou negro porque quando e se experimento o tipo de violência que os negros vivem há uma razão, alguma transgressão contingente.*

É por isso que posts de vídeos on-line da polícia assassinando pessoas negras contribuem mais para o bem-estar das pessoas não negras — com seus prazeres não comunitários e com o sentimento de presença ontológica — do que contribuem para que essa violência diminua, para que alguém seja preso, ou mesmo para aumentar a sensibilidade geral em relação à dor e ao sofrimento dos negros.

O afropessimismo nos ajuda a entender por que a violência que satura as vidas negras não é ameaçada de extinção apenas por ser exposta. Para que esse fosse o caso, o espectador, o interlocutor, a audiência teria que chegar a imagens como essas com um inconsciente capaz de perceber que elas mostram alguém *ferido*. Em outras palavras, a mente teria que *ver* uma pessoa com uma herança de direitos e reivindicações, cujos direitos e reivindicações estão sendo violados. Não é dessa forma que escravizados, negros, funcionam no inconsciente coletivo. Escravizados funcionam no inconsciente coletivo como ferramentas. Quem já ouviu falar num arado ferido?

O afropessimismo tem como premissa uma alegação iconoclasta: que a negritude é limítrofe com a escravidão. A negritude *é* a morte social, o que quer dizer que nunca houve um momento anterior de plenitude, nunca um momento de equilíbrio, nunca um momento de vida social. A negritude, como posição paradigmática (e não como conjunto de identidades, práticas culturais, ou ferramentas antropológicas), não pode ser desimbricada da escravidão. O arco narrativo do escravizado que é *negro* (diferente do escravizado genérico que pode ser de qualquer raça) *não é absolutamente um arco narrativo*, mas uma linha reta de "imobilidade histórica":[19] uma linha reta que "se move" do desequilíbrio rumo a um momento na narrativa de falso equilíbrio, para o desequilíbrio restaurado e/ou rearticulado.

Para dizer de outra forma, a violência que elabora e satura a "vida" negra é totalizante, a ponto de tornar a narrativa inacessível aos negros. Isso não é simplesmente um problema para as pessoas negras. É um problema para o cálculo organizacional da teoria crítica e para a política radical em larga escala.

Fundamental para os mapas cognitivos da política radical é a crença de que todos os seres sencientes podem ser protagonistas de uma narrativa (política ou pessoal); que todo ser senciente tem uma história. Essa crença é subscrita por outra ideia que constitui narrativa: que todo ser senciente é passível de redenção. A história e a redenção são a trama da narrativa. Pode parecer provocativo, mas a história e a redenção (e, portanto, a própria narrativa) são inerentemente antinegros. Sem a presença de um ser que é, de início, irredimível (um ser que é universalmente ofendido, que naturalmente não pertence a si mesmo, e que está aberto à violência crua), a história e a narrativa não teriam a base de sua coesão. Sem o negro, ninguém seria capaz de saber como é um mundo sem redenção — e se não é possível conceber a ausência de redenção, então a redenção também seria inconcebível.

No cerne do meu argumento está a afirmação de que o enredo negro é uma catástrofe para a narrativa num nível abstrato, e não uma crise ou uma aporia* dentro de uma narrativa particular. Para explicar de forma diferente, a morte social é aporética com respeito à narrativa em si (e, como consequência, para a redenção em si).

Se a morte social é aporética com respeito à narrativa, isso é uma função tanto do espaço quanto do tempo, ou, mais precisamente, de sua ausência. O tempo da narrativa é sempre histórico (imbuído de historicidade): "Ele marca a estagnação e a mudança *dentro* de um paradigma [humano], [mas] não marca o tempo *do* paradigma [humano], o tempo do próprio tempo, o tempo pelo qual o relógio do drama do escravo é ajustado. Para o escravo, o 'tempo' histórico não é possível".[20] A morte social impede que o escravizado tenha acesso à narrativa no nível da temporalidade; mas também no nível de espacialidade. O outro elemento que constitui a narrativa é o cenário, ou mise-en-scène, ou para uma conceituação mais ampla, podemos seguir H. Porter Abbott e dizer "mundo da história".[21] Mas assim

---

* Aporia: uma contradição interna insolúvel ou disjunção lógica em um texto, argumento ou teoria.

como não há tempo para o escravizado, também não há *lugar* para o escravizado. A referência do escravizado a seu espaço como "casa" não muda o fato de que se trata de uma extensão espacial do domínio do senhor de escravos.

Os três elementos constituintes da escravidão — violência crua (ou gratuita), ofensa universal e alienação natural — tornam a lógica temporal e espacial da entidade (o personagem ou persona numa narrativa) e de ambientação insustentável, impossível de conceber (no sentido de nascimento) e/ou conceber (no sentido de assumir qualquer coerência). A violência da escravidão não é precipitada por qualquer transgressão que possa ser transformada em um evento (que é o motivo pelo qual argumento que essa violência é *gratuita*, não contingente); a ofensa incorporada pelo escravizado também não é resultado de um evento; sua desonra é geral, sendo mais bem entendida como abjeção e não como degradação (esta última implica uma transição); e como um escravizado é naturalmente alienado, ela nunca é uma entidade na genealogia metanarrativa.

O afropessimismo é uma lente teórica que esclarece as diferenças irreconciliáveis entre, de um lado, a violência do capitalismo, a opressão de gênero e a supremacia branca (tal como a *utilidade colonial* da Nakba palestina ou o massacre de Sand Creek)* e, de outro lado, a violência da antinegritude (a *necessidade* humana de violência contra pessoas negras).

O antagonismo entre o sujeito pós-colonial e o colonizador não pode — nem deveria — ser usado como analogia para

---

* Nakba: em 1948, "Al-Nakba", "a catástrofe", foi o êxodo em massa de pelo menos 750 mil árabes da Palestina quando o Estado de Israel foi violentamente estabelecido. Seu legado permanece um dos assuntos mais intratáveis nas negociações de paz em andamento. O Massacre de Sand Creek: em 29 de novembro de 1864, mais de 230 indígenas pacíficos de Cheyenne e Arapaho do Sul foram massacrados pelo bando de voluntários do Colorado do coronel John Chivington em Sand Creek, Colorado.

a violência da morte social: essa é a violência da escravidão, que não acabou em 1865 pela simples razão de que a escravidão não acabou em 1865. A escravidão é uma dinâmica relacional — não um evento e, certamente, não um lugar no espaço como o Sul; assim como o colonialismo é uma dinâmica relacional — e essa dinâmica relacional pode continuar a existir uma vez que o colonizador tenha partido ou cedido o poder governamental. E essas duas relações são asseguradas por estruturas radicalmente diferentes de violência. O afropessimismo oferece uma lente analítica que trabalha como corretiva para a lógica presumida humanista. Ele fornece um aparato teórico que permite que as pessoas negras *não* sejam sobrecarregadas pelo ardil da analogia — porque a analogia *mistifica*, ao invés de esclarecer, o sofrimento negro. A analogia mistifica a relação das pessoas negras com outras pessoas racializadas. O afropessimismo trabalha para colocar em relevo essa mistificação — sem medo das falhas e fissuras reveladas no processo.

Deixe-me colocar de outra forma: a vida humana é dependente da morte negra para sua existência e para sua coerência conceitual. Não há um mundo sem negros, contudo não há negros que estejam no mundo. O negro é, de fato, um ser senciente, mas a dificuldade do pensamento humanista é um repúdio constitutivo da negritude como morte social, um repúdio que teoriza o negro como entidade humana degradada (por exemplo, como um trabalhador oprimido, um subalterno pós-colonial derrotado ou uma mulher não negra sofrendo sob o regime disciplinar do patriarcado). O negro *não* é um ser senciente cuja progressão narrativa foi circunscrita pelo racismo, pelo colonialismo nem mesmo pela escravidão, na verdade. A negritude e a escravidão são inextricavelmente ligadas de tal forma que embora a escravidão possa ser desimbricada da negritude, a negritude não pode existir senão como escravidão.

O antagonismo essencial, portanto, não é entre trabalhadores e patrões, nem entre colonizador e nativo, nem entre queer e hétero, mas entre vivos e mortos. Se olharmos de perto também veremos que o próprio gênero não pode ser reconciliado com o isolamento genealógico do escravizado; que, para o escravizado, não há mais-valia a ser restaurada pelo tempo de trabalho; que não há tratados entre negros e humanos esperando ratificação em Washington; e que, diferente do colonizador na imaginação política americana nativa ou palestina, não há um lugar como a Europa para onde os escravos possam devolver seres humanos.

Capítulo seis

Cuidado com as portas

Eu tinha trinta e três anos no verão de 1989 quando me mudei
para Nova York. Negro, sim, mas um negro do Meio-Oeste,
de Minneapolis, e um jovem negro de Minneapolis é abomi-
navelmente mais jovem que um jovem negro nova-iorquino.
Quase literalmente, Nova York fundiu minha cabeça de uma
maneira que minha cidade natal nunca pôde fazer. A mudança
sísmica foi principalmente interna — encontrei minha voz
como escritor. Também evoluí como teórico, o que significa
que aprendi a comparar sistemas de pensamento, não apenas
o que estava dentro deles. Mas a chamada Grande Maçã era
cara, tanto no custo de vida quanto pelo que levou da minha
alma. Vi em Nova York coisas sobre as quais só tinha lido ou
ouvido falar no noticiário: crueldades impulsivas, puras. Contudo eu sabia quando meus estudos acabaram que não voltaria
a Minneapolis; mesmo que quanto mais tempo vivia em Nova
York mais pobre eu me tornava: mudando de um pretensioso
arranha-céu na Noventa e Seis com a Riverside Drive para um
flat que dividia com dois estudantes de pós-graduação no Harlem, e depois para um apartamento em ruínas que os ratos ge-
nerosamente dividiam comigo em Washington Heights.

. . .

Peguei o Trem A de Greenwich Village para a esquina da rua
168 com a Broadway, minha parada em Washington Heights.

Eu estava formalmente matriculado no Programa de Escrita de Ficção do Mestrado em Belas-Artes na Columbia, mas também assistia a aulas noturnas de ficção com Marguerite Young na New School for Social Research. Ela ensinava escrita de fluxo de consciência. Isso tirava da minha boca o gosto minimalista das aulas diurnas de ficção na Columbia. Enquanto eu lia seu hipnótico romance *Miss MacIntosh, My Darling*, ele me puxou para o balanço do trem, e envolveu seu balanço e o barulho dos trilhos em veludo. O brilho das luzes do vagão do metrô se reduziu na minha mente. Eu não estava mais em Nova York. Nem estava num túnel subterrâneo, mas à noite numa estrada da Indiana rural que cortava os campos de milho e oceanos de trigo, e havia "um casal dormindo, um par de amantes, um menino e uma menina, os únicos outros passageiros. Eles haviam embarcado numa cidade coberta de pó cor de cerâmica". Eu os observei enquanto eles "tentavam dormir pelos lânguidos, barulhentos quilômetros de uma paisagem demasiadamente familiar". Um rapaz do campo fugindo com sua namorada feliz que estava grávida e dormia em seu ombro. "O motorista do ônibus assobiava, talvez na expectativa de ver sua esposa..."

Não era o motorista de ônibus. Nem era um assobio. Era uma voz nos alto-falantes no teto anunciando a parada da rua Quarenta e Dois/Port Authority. Eu não havia percebido nenhuma parada entre a Washington Square e a rua Quarenta e Dois. *Cuidado com as portas fechando!*, veio em seguida. Continuei lendo, mas estava distraído pelo fluxo de pernas que se impeliam em direção a saída. Isso me irritava. A rua Quarenta e Dois não era a minha parada e essas pessoas acabaram com o meu encantamento. Um par de calças marrom desbotadas parou na minha frente. Eram de veludo cotelê. Um sorriso irônico tomou meus lábios. *Quem usa veludo cotelê hoje em dia,* eu pensei, *e neste calor!* Então uma perna se levantou e, enquanto ela se erguia, uma voz gritou, "Jer, vamos lá, cara!", de algum lugar perto das portas se fechando. A perna e o sapato que ela segurava estalaram como a metade inferior de um chicote. Meu livro caiu de minhas mãos. Senti minha cabeça cair para trás. Estava tão atordoado que não vi o veludo cotelê fugir correndo. Como um eco, ouvi o que veio com o chute, "Seu merda de toalha na cabeça!". Jerry sumiu, mas sua voz ainda cortava o ar. "Seu merda de toalha na cabeça!" Minha impressão era que as vozes tanto de Jerry quanto do cara na porta vinham de Pelham Bay no Bronx, ou Bensonhurst, no Brooklyn. Enclaves vigilantes, onde rostos de porcelana e cabelos negros como breu acenam com a cabeça e odeiam invasores.

Eu estava bem. Nenhum dente quebrado. Nenhum ferimento.

O homem ao meu lado sangrava. Um turbante, não uma toalha, envolvia sua cabeça.

Ele não quis ajuda de ninguém. Perguntei de novo se ele queria um médico ou a polícia. A próxima parada era a rua Cinquenta, e ele saiu lá, embora eu tivesse certeza de que aquele não era o destino dele. Nossa pena era mais do que ele podia suportar. Enquanto a plataforma onde ele limpava sua boca passava pela nossa janela e o túnel escurecia à nossa volta, pensei, *Ele é um sique, não um iraquiano. Um sique, Jerry* — como se a precisão do racismo fosse o problema.

Quando o rosto dele sangrando já tinha desaparecido, quando o guincho das rodas de ferro rangendo para parar na rua Quarenta e Dois também já tinha desaparecido, eu ainda via aquele sapato pular para fora das algemas de veludo cotelê, e o grito, *Seu merda de toalha na cabeça!*, ainda ressoava na minha cabeça. O rosto do sique ficou comigo por dias.

Já era começo do inverno, em janeiro de 1991. A primeira guerra do Iraque estava em andamento. Em setembro do ano anterior, George Herbert Walker Bush havia enviado meio milhão de soldados para o Kuwait para expulsar Saddam Hussein daquele país, apesar do fato de o embaixador de Bush ter dito a Saddam no verão de 1990 que os EUA fariam vistas grossas se uma invasão daquelas acontecesse.

No dia seguinte ao incidente no trem, sentei na aula de Projeto de Estudos Culturais do professor Edward Said e da professora Jean Franco. Said e Franco tinham escolhido vinte e cinco estudantes de um total de cem inscritos. Eu era um novato na teoria crítica e nem imaginei que poderia ser selecionado. Quando me disseram que a lista de cem havia sido reduzida para cinquenta pessoas que seriam chamadas a apresentar um texto de exemplo e serem entrevistadas por Franco e Said, pensei, do meu jeito Minnesota, que o secretário tinha cometido um erro.

Eu ficaria sabendo que Jean Franco havia sobrevivido ao Golpe de Estado na Guatemala comandado pela CIA em 1954 que derrubou o presidente guatemalteco democraticamente eleito Jacobo Árbenz e encerrou a Revolução da Guatemala de 1944-54. O nome dela nem sempre foi Franco. Ela era britânica e adotou o nome do marido, um ministro guatemalteco de esquerda, que os aliados da CIA assassinaram no golpe. Não só ela era uma teórica crítica ágil, como escrevia ficção, e fora das sessões do Projeto de Estudos Culturais, nós passamos muitas tardes no apartamento dela no Upper West Side discutindo nossos manuscritos. Antes de chegar à Columbia, Franco foi a primeira professora de literatura latino-americana na Universidade de Essex, na Inglaterra.

Também era uma chance de ouro de estudar sob orientação de Edward Said; um homem que eu nem achava que iria conhecer quando fui para Columbia; e mais ainda por ter só dois alunos na disciplina que não eram do Programa de Doutorado em literatura comparada, e eu era um deles — um escritor de ficção (e não doutorando de literatura comparada ou filosofia) do prédio ao lado. O outro intruso era um estudante de pós em relações internacionais do Sri Lanka que ainda tinha no pescoço duas cicatrizes de bala. Um soldado do Sri Lanka atirou quando ele cobria o conflito Tamil em seu país, mas ele sobreviveu, de alguma forma, e conseguiu escapar para o Zimbábue, onde os ferimentos de bala sararam e ele viveu sob um nome falso por dois anos até ir para Columbia.

Embora eu tivesse lido o trabalho de Frantz Fanon e estudado existencialismo em Dartmouth, meus oito anos como corretor de ações acabaram com meus neurônios. Eu estava totalmente despreparado para o rigor, a profundidade da reflexão teórica e para o nível de abstração em que Franco e Said conduziam seus seminários. Os cursos de literatura simples e (como eu disse a um professor de ficção) simplórios exigidos no programa de mestrado nunca roçaram a superfície da interpretação que experimentei no Projeto de Estudos Culturais logo do outro lado da rua. Na Escola de Artes jamais discutimos poder, ou violência, ou a maneira como um texto funciona. Estávamos lá para ver como a ficção era feita, não o que a ficção significava ou quais vidas ampliava ou como alimentava as rodas da morte para outros.

Edward Said era alto, cortês e bonito — um pianista que, depois da Nakba, foi enviado para um internato, onde conheceu Omar Sharif, que ele dizia ser "um bedel valentão". Até conhecer Said eu não tinha encontrado um professor que se envolvesse tão a fundo com seu trabalho, embora estivesse cercado de acadêmicos desde criança. Depois, entendi que isso não era um defeito da parte dos meus pais ou dos estudiosos negros que eram seus amigos. Se o trabalho acadêmico deles falasse tão abertamente sobre suas implicações para a libertação negra como o trabalho de Edward Said falava sobre suas implicações para a revolução na Palestina, eles teriam sido mortos muito antes de poder me criar. Edward Said

265

era um intelectual público, e um fundador do campo acadêmico dos estudos pós-coloniais. Ele ia para a aula usando ternos que com certeza custavam trezentos ou quinhentos dólares; e até mais se, além de seus tweeds sob medida e camisas feitas à mão, você levasse em conta os sobretudos de lã mesclada que ele vestia no inverno. Ele era um membro "controverso" do Conselho Nacional Palestino, o corpo legislativo da Organização para a Libertação da Palestina (OLP), porque criticava publicamente Israel *e* os países árabes, especialmente a direção política e cultural dos regimes muçulmanos que agiam contra os interesses nacionais de seu povo; e porque, pelo menos em sala ou durante os horários de atendimento, se não na arena pública, ele era inabalável em sua convicção de que o Estado de Israel não tinha lugar no mundo ético.

Primeiro Martin Luther King, depois os Panteras Negras, depois Frantz Fanon, e a literatura de Toni Morrison e de Toni Cade Bambara tinham me instruído. Edward Said e seus aforismos vieram depois disso tudo. Ele era muito mais importante na minha vida do que eu era na dele. Quando conheci Said, aos trinta e três anos, eu estava preparado, intelectualmente, para um grande salto adiante. E nos dois curtos anos em que tive contato com ele, minha habilidade de explicar relações de poder fez exatamente isto, cresceu rapidamente.

O Conselho Nacional Palestino tinha sido expulso do Líbano pelas Forças de Defesa de Israel. Eles se estabeleceram em Túnis. Depois de uma das viagens de Said para Túnis, passei por sua sala durante o horário de atendimento e comentei sobre os rumores que ouvi de que ele estava numa lista de alvos. Não era nada novo; sionistas dos EUA, ele disse, ameaçavam matá-lo o tempo todo. Mas essa era uma lista de alvos de Abu Nidal. Abu Nidal, além de ser comandante da FPLP, a Frente Popular para a Libertação da Palestina, também era um colega parlamentar no Conselho Nacional

Palestino, o governo no exílio. Sentei no fim da fila de estudantes do lado de fora da sala dele e, quando chegou minha vez, tentei truques que Scheherazade teria invejado para fazer o tempo com ele render.

Disse a Said que ouvi que ele e Nidal discutiram em Túnis se o braço armado da OLP deveria ter civis como alvo. Said disse a Nidal que a OLP não deveria recorrer a bombas em ônibus ou matar pessoas que não tivessem sido recrutadas pelas Forças de Defesa de Israel ou pela polícia. Nidal supostamente teria tirado sarro das roupas caras de Said e da segurança de sua vida em Nova York; e teria lembrado a Said como era difícil para uma organização de guerrilha com poucos recursos como a FPLP chegar perto de alvos de natureza militar; e, finalmente, teria lembrado que os israelenses não fazem esse tipo de debate quando se trata da vida de civis palestinos. A discussão terminou com meu professor sendo colocado na lista de alvos de Abu Nidal.

Era quase fim do dia e os corredores do prédio da filosofia estavam silenciosos, sem nem um pio. Tive a sorte de ter sido o último estudante esperando do lado de fora do escritório dele, atrás de um candidato cabeludo a doutorando de teoria da música, um sujeito taciturno que entrou antes de mim para discutir sua dissertação sobre harmonia tonal à luz da crítica de tonalidade de Adorno como um sistema automático do qual se deve escapar (mas do qual ninguém pode escapar). Ele tinha ido embora e não havia mais estudantes na fila do corredor. Não me ocorreu que Edward Said tivesse esposa e filhos que podiam querer que ele voltasse para casa. E como ele não me dispensou depois dos costumeiros dez ou quinze minutos, fiquei.

Não tenho certeza se ele confirmou a história sobre sua discussão com Abu Nidal. Se aquilo era verdade ou se os detalhes foram exagerados enquanto a história circulava entre os estudantes de pós, ele nunca disse. Sorriu obliquamente enquanto eu falava. Com os cotovelos sobre a mesa onde a luz salpicada de poeira caía sobre papéis em branco, ele tamborilou com os dedos e tocou seus lábios. Depois disse:

"Abu Nidal e eu não somos amigos, mas o fato de que ele possa querer me matar não significa que somos antagonistas."

Edward Said colocou as palmas das mãos sobre a mesa. Disse que, diferente do que acontecia entre ele e Abu Nidal, ele e Yasser Arafat eram de fato amigos; que sentaram juntos e conversaram por muitas horas e comeram sucrilhos com suco de laranja no passado, em Beirute, quando as Forças de Defesa de Israel sitiaram a cidade e cortaram o abastecimento de leite. Eram amigos de uma vida. Eram também antagonistas políticos.

"Nidal e eu não temos uma discordância substantiva, embora", ele acrescentou com uma risada, "minha morte, caso ele viesse a causá-la, seria substantiva, do meu ponto de vista. Por outro lado, Arafat e eu temos uma discordância substantiva. Nidal e eu queremos a mesma coisa, o desmonte do Estado de Israel (não apenas uma solução de dois Estados, embora isso tivesse que ser um primeiro passo); e, em seu lugar, o estabelecimento de uma nação secular e economicamente ética — nem um califado nem um Estado judeu, mas um país onde a identidade étnica e a religião não fossem levadas em conta na distribuição da riqueza nem do capital político. Nidal e eu compartilhamos uma orientação estratégica. Ambos temos o que é conhecido como rigidez estratégica."

Said sublinhou a importância de conhecer a diferença entre estratégia e táticas. Sua visão era de que, sim, a luta armada era necessária de forma a levar o Estado israelense ao fim. "Nenhuma nação caiu por plebiscito", ele disse. Mas matar civis neste momento da luta era *taticamente* imprudente e ia prejudicar seus esforços no Ocidente. Enquanto

ele, Said, estava *taticamente* envolvido nas lutas contra-hege-
mônicas, fazendo aparições nos noticiários liberais, dando
palestras para plateias gigantescas em campi universitários,
fazendo lobby com políticos americanos, enviando artigos ao
New York Times — em outras palavras, enquanto ele estava
envolvido numa Guerra de Posicionamento Gramsciniana
para ganhar o coração e a mente dos liberais — seria con-
traproducente para a causa palestina se Abu Nidal bombar-
deasse ônibus escolares israelenses. "O que existe, Frank,
é uma forte discordância, eu admito, mas não uma discordância importante no sentido político, estratégico. É um
debate acalorado sobre táticas." Ele voltou a falar em Yasser
Arafat. Arafat, Said declarou, não conhecia o significado de
"rigidez estratégica". Em outras palavras, não tinha uma visão do que a absoluta liberação dos palestinos significava,
e por isso ficaria satisfeito com um acampamento na fronteira com Israel "desde que tivéssemos nossa própria bandeira". Nidal e Said, ele disse, eram taticamente flexíveis
e estrategicamente rígidos. Arafat, em forte contraste com
Nidal e Said, ele explicou, era estrategicamente flexível *e*
também taticamente flexível. O que isso me dizia era que,
a despeito de sua discordância violenta, Said e Nidal eram
revolucionários, enquanto Arafat era, no fim das contas, um
reformista burguês.

Eu estava aprendendo algo sobre a natureza precisa da linguagem a serviço da teoria crítica e da prática revolucionária. Sempre havia usado *antagonismo* coloquialmente, mas
sem saber que fazia isso. Portanto, nunca me ocorreu que
apenas porque um interlocutor queria matar você, não significava que seu relacionamento com aquela pessoa fosse an-
tagônico. A lição que aprendi no cair da noite no gabinete de
Edward Said me ajudaria a passar por momentos angustiantes
de violência destrutiva meses depois, quando terminei meu

mestrado em Columbia, deixei Nova York, me mudei para a África do Sul e me juntei ao Congresso Nacional Africano.

Um desejo pelo completo desmonte de um paradigma, essa era a essência da rigidez estratégica: desejo em discurso; discurso em prática. A flexibilidade tática era a consciência de que há mais de uma maneira de esfolar um gato; mas há apenas um gato, não dois ou três. O gato era a compreensão de que a revolução não pode ser reconciliada com a reforma. De novo, a ideia de rigidez estratégica não era um pensamento original de Said. Said era um estudante da obra de Fanon. E nós lemos *Os condenados da Terra* de Fanon no seminário anual do Projeto de Estudos Culturais que Said e Jean Franco deram. No início desse livro, Frantz Fanon fornece os tendões da rigidez estratégica quando escreve:

Acabar com o mundo colonial não significa que, depois que as fronteiras forem abolidas, linhas de comunicação serão estabelecidas entre as duas zonas. A destruição do mundo colonial não é mais nem menos que a abolição de uma zona, seu enterro nas profundezas da terra ou sua expulsão do país. [...] No que diz respeito ao nativo, a moralidade é muito concreta; é silenciar o desafio do colonizador, quebrar sua violência ostensiva — em uma palavra, tirá-lo de cena.[1]

Said e Nidal podiam concordar com essa passagem: essa passagem de Fanon é o gato; mas como esfolar o gato? Era aí que eles divergiam. Arafat, eu aprendia por meio de Said via Fanon, era um reformista — o fato de que ele se envolvia na luta armada não mudava sua orientação política; ele não era revolucionário porque, diferente de Said e Nidal, ele (Yasser Arafat) havia aceitado a existência e a legitimidade do Estado de Israel. Edward Said e Abu Nidal não eram nem violentos nem não violentos, o que significa que nenhum deles elevava as táticas ao nível de princípios da maneira como Gandhi fazia.

O Frantz Fanon de *Pele negra, máscaras brancas* é diferente do Frantz Fanon de *Os condenados da Terra* no que diz respeito à violência. É minha convicção inabalável que essa diferença deve ser destacada para entender como o negro, o escravizado, sofre de maneiras que não podem ser reconciliadas com o sofrimento dos humanos oprimidos, tais como o sujeito pós-colonial.

O Frantz Fanon de *Os condenados da Terra* apresenta dois pontos com relação à violência. O primeiro é que a violência é pré-condição para o pensamento, o que significa que sem violência a episteme dominante[2] e suas elaboradas estruturas sociais não podem ser questionadas paradigmaticamente. Sem a violência revolucionária, a política é sempre atribuída ao conjunto de questões existentes (e essas questões estão a serviço de projetos reformistas, não revolucionários). O segundo ponto é que essa violência absoluta, ou no vocabulário afropessimista *gratuita*, não é tão absoluta ou gratuita no fim das contas — quer dizer, não na Argélia de Frantz Fanon ou na Palestina de Edward Said. Ela vem com um fio terra terapêutico, um propósito que pode ser articulado: a restauração da terra nativa. É possível ler o segundo gesto de Fanon tanto como um álibi para seus anfitriões, os argelinos, quanto como uma concessão a eles; não importa. O que importa é que há uma diferença irreconciliável entre a violência que coloca o escravizado na morte social e a violência que atua na sociedade civil do nativo (não negro). A vulnerabilidade do nativo é aberta, mas não absoluta: materialmente falando, ela cria zonas de respiro ao colocar o colonizador "fora de cena",[3] seja de volta à zona europeia ou no mar. Não há analogia entre a garantia de restauração que o nativo baseia em sua necessidade de tirar o colonizador de cena — o Fanon de *Os condenados da Terra* — e a garantia de restauração do escravo baseada em sua necessidade de tirar o humano de cena — o Fanon de *Pele negra, máscaras brancas*.

Em contraste, o Frantz Fanon de *Pele negra, máscaras brancas* esbarra na ideia (embora nunca fique muito confortável com ela) de que a violência enfrentada pelas pessoas negras é uma violência de um universo paralelo. Em resumo, as pessoas negras e as pessoas não negras não existem no mesmo universo ou no mesmo paradigma de violência, não mais que peixes e pássaros que habitam a mesma região do mundo. Não se trata da violência da exploração econômica ou da alienação, embora a maioria das pessoas negras pertença à classe trabalhadora e sofra, em algum nível importante, a exploração econômica como resultado da alienação daquela que é, presumivelmente, sua força de trabalho. Digo *presumivelmente* porque o trabalho negro não é propriedade da pessoa negra, assim como nossos corpos não são nossa propriedade. Nem estamos despossuídos de terra do modo como os irlandeses ou os americanos nativos ou os palestinos de Said e Nidal; a despeito do fato de que, salvo a Etiópia, toda a África negra tenha sido colonizada em um momento ou outro. O antagonista do trabalhador é o capitalista. O antagonista do nativo é o colonizador. *Mas o antagonista do negro é o ser humano.* Eu não tinha como explicar tudo isso quando conheci Edward Said, mas *sentia* essa tréplica como uma coceira que não se pode coçar. Minha amizade e solidariedade com Sameer, outro ativista palestino com quem trabalhei em Minneapolis durante a Primeira Intifada (em 1988, um ano antes de ir para Columbia e conhecer Edward Said) havia se rendido à força do inconsciente dele quando ele estava enlutado pela morte de seu primo em Ramallah. "O jeito vergonhoso e humilhante de os soldados passarem as mãos pelo seu corpo", ele disse. E depois falou, "Mas a vergonha e a humilhação são ainda maiores se o soldado israelense for um judeu etíope". A coceira estava se tornando ferida; tanto que, com o passar dos anos, vi mais dissonâncias do que concordâncias entre a Frente de Libertação da Palestina de Sameer Bishara e Edward Said, e o Exército Negro de Libertação, cujos quadros Stella e eu tanto estimamos em certo momento.

. . .

Em 22 de outubro de 1970, o Exército de Libertação Negra (BLA, na sigla em inglês) detonou uma bomba-relógio no funeral de um policial de San Francisco. Essa, de acordo com o Departamento de Justiça e a literatura autorizada pelo BLA, foi a primeira de algo entre quarenta e sessenta ações paramilitares realizadas entre 1969 e 1981.[4] Mesmo que o BLA provavelmente nunca tenha tido mais de quatrocentos insurgentes trabalhando em células pequenas espalhadas pelo país, em geral semiconectadas, é provável que sua resposta armada à violência que enreda a vida negra tenha sido a mais consistente e politicamente legível resposta desde as revoltas de escravizados que ocorreram entre 1800 e 1840.

Vinte anos depois que o Exército de Libertação Negra lançou seu primeiro ataque contra o Estado, Toni Morrison, em participação no talk show de Bill Moyers na PBS, *A World of Ideas*, foi questionada sobre a base moral de Sethe, protagonista de seu romance mais famoso, quando matou sua filha, Amada, para salvá-la da escravidão. Que direito, em outras palavras, ela tinha de oferecer à filha a morte como refúgio contra a servidão? Eis o paradoxo do envolvimento político quando o sujeito da política é o escravizado. "Aquela era a coisa certa a se fazer", Toni Morrison disse, "mas ela não tinha o direito de fazê-la."[5]

273

A analogia entre, de um lado, Sethe e Amada e, do outro, insurgentes do Exército da Liberação Negra, é uma analogia estrutural que destaca como tanto os insurgentes do BLA quanto as personagens de Toni Morrison estão num vácuo de relacionalidade. Nesse vácuo, a morte é um sinônimo para refúgio. Quando a morte é um sinônimo para refúgio, o envolvimento político é, para dizer o mínimo, um empreendimento paradoxal. Quando sentei naquela colina gramada no Walker Art Center com Sameer Bishara e, depois, quando fui para Columbia e conheci Edward Said, esse paradoxo era algo que eu renegava.

Naquele tempo, eu acreditava na analogia entre a Frente Popular para a Libertação da Palestina que Said e Sameer adoravam e meu muito querido Exército de Libertação Negra. Mas quando a força do inconsciente de Sameer confessou que ser tocado e molestado por um judeu negro era mais humilhante e mais ameaçador para a vida psicológica dos palestinos do que ser tocado e molestado por judeus brancos, meu sonho de solidariedade e redenção entrou em queda livre. Era 1988, e eu tinha só trinta e dois anos, sem um aparato de teoria crítica para explicar minha repentina desorientação, mesmo para mim mesmo. Para ser honesto, eu me agarrava ao sonho de um exército revolucionário global, multicolorido que iria nos libertar a todos. O internacionalismo era um talismã que eu não conseguia largar. Eu não permitiria que minha mente racional dissesse o que meu inconsciente estava me dizendo: que um novo Estado Palestino seria tão antinegro quanto o Estado Israelense e quanto os EUA, de fato, tão antinegro quanto o mundo. Esse era um pensamento que doía demais, e que portanto permaneceu reprimido até a virada do século XXI, quando borbulhou em saliva e uivos abaixo das luzes brilhantes da ala psiquiátrica de Berkeley.

Desde o assassinato de Michael Brown* em 9 de agosto de 2014, em Ferguson, Missouri, ativistas radicais compararam Ferguson com a Palestina. Comparações desse tipo se baseiam na comparação empírica de policiais que matam jovens negros em Ferguson e Forças de Defesa de Israel matando jovens palestinos na Cisjordânia e em Gaza. Se usarmos nossos *olhos*, os dois fenômenos têm muito em comum. Parece lógico, por extensão, que os revolucionários na Palestina, como a amplamente secular e marxista Frente Para a Libertação da Palestina, e os revolucionários nos EUA, como o amplamente secular e marxista Exército de Libertação Negra, poderiam ser vistos lutando contra diferentes facções do mesmo inimigo (capitalismo e colonialismo), em países diferentes. Mas não é o caso.

A maioria dos teóricos revolucionários tenta mostrar como a ligação de *interesses políticos* entre as pessoas racializadas que lutam contra a dominação do Estado é de fundamental importância: somos todos anticapitalistas, é um grito comumente ouvido, ou somos todos anticolonialistas, ou somos todos antissexistas. Mas essa aliança da mente consciente não leva em consideração a maneira como o inconsciente se recusa a calibrar os interesses políticos. Essa é a armadilha da maior parte do pensamento de esquerda.

A relação do Exército de Libertação Negra com a violência do Estado *não* é análoga à relação que outras organizações insurgentes têm com a violência. Ferguson não é a Palestina. Ferguson é a uma ameaça à Palestina, uma ameaça muito maior que o exército de ocupação de Israel. No cerne desse antagonismo *estrutural* entre dois revolucionários está

---

* Michael Brown, um adolescente negro desarmado, levou um tiro e foi morto em 9 de agosto de 2014 por Darren Wilson, um policial branco, em Ferguson, Missouri, um subúrbio de St. Louis.

a diferença entre dois modos irreconciliáveis de vertigem. A vertigem subjetiva e a vertigem objetiva.

A guerra de guerrilha que o Exército de Libertação Negra travou contra os Estados Unidos no fim da década de 1960, nos anos 1970 e no início dos anos 1980 era parte de uma luta multifacetada para reparar a desapropriação negra que ocorria desde que os primeiros africanos desembarcaram no "Novo" Mundo.[6] Tendo à disposição nada além de braços curtos e explosivos brutos, com pouco ou nenhum apoio logístico,* e sem zona libertada para reivindicar ou se retirar, e com um vago conhecimento de que havia algumas poucas centenas de outros insurgentes,** o BLA lançou sessenta e seis operações contra o maior Estado policial no mundo.[7] A vertigem deve ter sido recorrente a cada vez que eles entravam em colisão com agentes de um regime que possui um arsenal nuclear e conta com 3 milhões de soldados uniformizados, um regime que poderia colocar 150 mil novos policiais por ano nas ruas, e cujos cidadãos brancos comuns frequentemente decidiam que podiam agir por conta própria em nome da lei e da ordem. Vertigem subjetiva, sem dúvida; uma sensação de desorientação que dá a impressão de que você está se movendo ou girando num mundo estacionário, uma vertigem trazida pelo enfrentamento de forças imensamente assimétricas. Há analogias adequadas, pois esse tipo de vertigem deve ter ocorrido aos americanos nativos que lançaram

---

* Especialmente depois de 1975, quando a Guerra do Vietnã acabou e a Esquerda Revolucionária branca, como a organização Weather Underground, saiu da clandestinidade e se entregou às autoridades, aceitou as frequentemente curtas sentenças impostas pelos tribunais — muitas vezes não mais do que liberdade condicional — e voltaram à privacidade e à rotina da vida cotidiana.

** Em *Assata: An Autobiography*, Assata Shakur enfatiza a estrutura decentralizada, não hierárquica do BLA — seja por deliberação, seja por desespero. Marilyn Buck, uma das poucas participantes brancas da "força-tarefa" do Exército de Libertação Negra, me disse o mesmo quando a visitei na prisão.

a ocupação de Wounded Knee pelo Movimento dos Indígenas Americanos (AIM, na sigla em inglês); e aos insurgentes das FALN que enfrentaram o FBI;[8] e aos palestinos do FPLP que enfrentaram as Forças de Defesa de Israel.

Ao longo deste livro argumentei que os negros são seres sencientes embora não sejam humanos. A relação desigual que negros e humanos têm com a violência está no cerne do fracasso dessa analogia. O humano sofre violência contingente, a violência que chuta quando ele resiste (ou é percebido como resistente) ao discurso de regras e leis da sociedade civil. Mas a saturação das pessoas negras pela violência é uma necessidade paradigmática, não simplesmente uma atuação contingente. Ser constituído pela violência *e* disciplinado por ela, ser tomado ao mesmo tempo pela vertigem subjetiva e pela vertigem objetiva, é indicativo de uma vida radicalmente diferente da vida de um ser senciente constituído pelo discurso e disciplinado pela violência quando desrespeita os códigos discursivos dominantes.[9] Quando começamos a avaliar a luta revolucionária armada nesse contexto comparativo descobrimos que os revolucionários humanos (trabalhadores, mulheres, gays e lésbicas, sujeitos pós-coloniais) sofrem *vertigem subjetiva* quando respondem à violência do Estado com violência revolucionária; mas são poupados da *vertigem objetiva*. Isso porque os aspectos mais desorientadores de suas vidas são induzidos por lutas que surgem de conflitos entre humanos com relação a estruturas conceituais concorrentes e a mapas cognitivos em disputa, tais como a exigência do Movimento Indígena Americano da devolução da Turtle Island versus o desejo dos EUA de manter a integridade territorial, ou a exigência das Fuerzas Armadas de Liberación Nacional (FALN) pela independência porto-riquenha versus o desejo dos EUA de manter Porto Rico como território. Mas para o negro, isto é, para o escravizado, não há mapas cognitivos nem estrutura conceitual de sofrimento e desapropriação análogas à miríade de mapas e estruturas que explicam a desapropriação de subalternos humanos.

A violência estrutural que suplanta os mapas cognitivos dos negros insurgentes e suas estruturas conceituais *também* suplanta meus esforços intelectuais e criativos como escritor. Como escritor negro, tenho a tarefa de dar sentido a essa violência sem ficar sobrecarregado ou desorientado por ela. Em outras palavras, minha escrita deve de alguma forma ser um índice daquilo que *excede* a narração, ao mesmo tempo em que mantém sempre em mente a incompreensão que a escrita pode fomentar, ou seja, a falha de interpretação caso os índices realmente escapem da narrativa. Os riscos desse dilema são quase tão altos para o escritor negro diante do leitor quanto são para o negro insurgente diante da polícia e dos tribunais. Pois o ato intelectual de abraçar os membros do Exército de Libertação Negra como seres dignos de consideração e empatia é assustador. A escrita prossegue aos trancos e barrancos que pouco têm a ver com os problemas de construir a tese ou encontrar a metodologia para construir a argumentação. Enquanto escrevo, estou mais consciente da raiva e do ódio do meu leitor ideal (uma multidão raivosa de leitores) do que de meus próprios desejos e estratégias para compor meu argumento. A vertigem me captura com uma erupção de condenações que emanam de dentro de mim e giram em torno de mim. Estou falando comigo, mas não *através* de mim, contudo não parece existir outra maneira de falar. Estou falando através da voz e do olhar da multidão de, vamos dizer sem rodeios, brancos americanos; e meus esforços para guiar uma multidão de negros, para invocar o Exército de Libertação Negra, sugerem gestos compensatórios. Não é que o BLA não saia em minha ajuda, que eles não reajam, mas nem eu nem meus aliados insurgentes podemos argumentar que somos dignos de nosso sofrimento e justificar nossas ações e dizer que não somos terroristas ou apologistas do terror que deveriam ficar presos para sempre. Como podemos ser dignos de nosso sofrimento sem sermos dignos de nós mesmos? Insisto, ainda que a vertigem que se apodera de mim seja avassaladora a ponto de sua natureza precisa — subjetiva, que vem de dentro de mim, ou objetiva, catalisada pelo meu contexto, a multidão furiosa — não poder ser determinada. Não tenho pontos de referência além da multidão que não dá trégua. Se escrevo, "Combatente da liberdade", de dentro da minha orelha gritam, "Terrorista"! Se digo, "Prisioneiro de guerra", entoam, "Assassino de policial"! Suas denúncias são sustentadas apenas pela afirmação, mas soam mais verdadeiras que minha exegese meticulosa. Nenhuma barreira me protege deles; nenhuma zona psíquica liberada me oferece refúgio. Quero parar e me entregar.

A psique negra surge de um contexto de violência estrutural ou paradigmática que não pode ter analogia com a emergência das psiques brancas e não negras. O resultado é que a psique negra está numa guerra perpétua consigo mesma porque é usurpada pelo olhar branco que odeia a imagem negra e quer destrui-la. O negro é um "eu" dividido ou, melhor, é uma justaposição de ódio projetado contra a imagem negra e de amor por um ideal branco: por isso o estado de guerra. Esse estado de guerra exclui a posse de elementos constitutivos da integração psíquica: testemunho (do sofrimento), expiação, nomeação e reconhecimento, representação. Assim, a pessoa se torna incapaz de representar a si mesma, mesmo *para* si própria, como um sujeito político de boa-fé, como um sujeito de reparação. A ontologia política negra é excluída do inconsciente assim como é excluída nos tribunais, pois o "ego negro, longe de ser imaturo ou fraco demais para se integrar, é uma ausência assombrada por sua negatividade e a de outros. A esse respeito, a memória da perda é sua única possibilidade de comunicação".[10] É importante notar que a perda é efeito da temporalidade; ela implica uma cadeia metonímica que a ausência não pode perceber. Em outras palavras, mas não menos direto ao ponto, "perda" indica uma plenitude anterior, "ausência" não. Perda é um empobrecimento e um conceito impreciso quando usado para pensar o sofrimento negro. E a insuficiência de seu poder explicativo é também parte e parcela da insuficiência de analogias políticas feitas entre a insurgência negra e a insurgência de outros seres oprimidos. Não se trata dos Jogos Olímpicos da opressão, como alguns podem dizer; trata-se de fazer avaliações críticas do que até agora foram análises insuficientemente comparativas dos condenados multirraciais da terra; especificamente, o que falta é a comparação suficiente entre a violência gratuita da morte social e a violência contingente do domínio colonial, de classe, e de gênero: uma análise comparativa dos mortos e dos vivos.

Em resumo, *todos os seres sencientes,* humanos e negros, criam vínculos a partir da imagem do objeto fóbico negro,[11] podendo formar uma "comunidade" psicológica mesmo que não possamos formar uma comunidade política: aos doze anos, estive entre os que mais aplaudiram quando os indígenas chamaram meu pai de "crioulo". Isso lembra aquele momento em *Pele negra, máscaras brancas* quando Fanon se vê através dos olhos de um menino branco que grita aterrorizado, "Olhe, um negro!".

David Marriott escreve, "Simbolicamente, Fanon sabe que qualquer homem negro poderia ter desencadeado a fantasia da criança de ser devorada, uma fantasia que se liga a um medo da negritude, pois esse medo significa o 'esquema epidérmico racial' da cultura ocidental — o medo inconsciente de ser literalmente consumido pelo negro. Nem o menino nem Fanon parecem capazes de evitar esse esquema, além disso, pois a cultura determina e mantém a imagem associada com a negritude; a fantasia cultural permite que Fanon e o menino formem uma ligação através do antagonismo racial".[12]

Essa fobia é composta de respostas afetivas, reações sensoriais, ou constelações de intensidades pré-subjetivas, assim como de respostas representacionais, como a imagem ameaçadora de um corpo fecal que pressupõe contaminação. E essa atuação afetiva/representativa é subscrita pela violência paradigmática; o que quer dizer, a fantasia fóbica assegura "seu valor objetivo"[13] por viver dentro de uma violência dominante demais para ser descrita. "A imagem da psicologia negra que surge" dessa intromissão "está sempre atrasada, nunca no horário, violentamente apresentada e fraturada por esses momentos de intromissão especular."[14] A impressionante alienação psíquica que deriva do medo e do tremor do menino branco quando Fanon aparece está acompanhada pela linguagem chula que saqueia e traumatiza a psique negra. A pessoa fica sabendo, por exemplo, que quando ela aparece, traz junto consigo a ameaça do canibalismo. "Que coisa", Fanon entoa, "ter comido o pai de alguém!"

Novamente, embora essa seja uma ligação entre negros e brancos (ou, mais precisamente, entre negros e não negros), ela é produzida por uma *violenta intromissão que não atua em ambos os lados.* Considerando que se trata de uma injunção contra a integração da psique negra e contra as relações negras filiais e não filiais, o vínculo fóbico é o sangue vital da integração da psique branca e de suas relações filiais (o que quer dizer domésticas) e não filiais (ou institucionais). Pois quem diz "estupro" diz negro;[15] quem diz "prisão" diz negro; e quem diz "aids" diz negro —[16] *o negro é um objeto fobogênico*: um passado sem herança, o mapa de violência gratuita, e um programa de completa desordem. Se um movimento social não é nem social democrático nem marxista, em termos de sua estrutura de desejo político, então ele deve aceitar o convite à morte social corporificada nos seres negros.

Se formos honestos, devemos admitir que o "negro" vem convidando os brancos, assim como seus sócios minoritários na sociedade civil (por exemplo, palestinos, americanos nativos, latinos) para a dança da morte social há centenas de anos, mas poucos quiseram aprender os passos. Eles têm tido outros interesses, e assim permanecem hoje (mesmo os movimentos mais antirracistas, como a insurgência anticolonial). A libertação negra, como perspectiva, torna o radicalismo mais perigoso para os EUA e o mundo.

O motivo para isso não é que a perspectiva da libertação negra levante o espectro de uma entidade alternativa (tal como o socialismo ou o controle comunitário dos recursos existentes), mas em função de sua condição de possibilidade e de seu gesto de resistência funcionarem como uma política de recusa e como uma recusa em afirmar, um programa de completa desordem. Para que uma política seja subscrita por um desejo revolucionário, é preciso abraçar essa desordem, essa incoerência, e se permitir ser elaborado por ela. *Que outras linhas de responsabilização existem quando os escravizados estão na sala?*

Abraçar a desordem e a incoerência não tem nada estranho, assustador ou mesmo inovador. O desejo de ser tomado pela desordem e pela incoerência, e de por elas ser elaborado, não é um anátema por si só. Nunca se soube, por exemplo, de alguém que dissesse, Caramba, se pelo menos meus orgasmos fossem mais curtos, ou se eu nem gozasse. Poucos dos chamados radicais desejam ser tomados pela desordem e pela incoerência da negritude e elaborados por elas — e o estado dos movimentos políticos nos EUA hoje é marcado por essa mesma negrofobogênese: Caramba, se pelo menos a raiva negra pudesse ser mais coerente, ou se nem existisse. Talvez exista algo mais assustador na alegria do negro que há na alegria do sexo (a menos que estejamos falando de sexo com um negro). Talvez as coalizões hoje prefiram permanecer sem orgasmo diante da sociedade civil — tendo a hegemonia como um prático profilático, se necessário.

Se, por meio dessa estagnação ou paralisia, eles tentarem fazer o trabalho da abolição da prisão, esse trabalho irá fracassar, pois é sempre um trabalho *a partir* de uma posição de coerência (tal como a do trabalhador) em *benefício* da incoerência do negro: a política radical se transformou em extensões da prerrogativa do senhor de escravos. Dessa forma, as formações sociais à esquerda permanecem cegas às contradições de coalizões entre humanos e escravizados. Elas seguem sendo coalizões que operam a partir da lógica da sociedade civil e que atuam menos como promessas revolucionárias do que como cenários de expulsão do antagonismo negro, simplesmente alimentando a frustração das pessoas negras.

Enquanto a posicionalidade do trabalhador (seja um trabalhador de fábrica que exige uma remuneração em dinheiro, um imigrante, ou uma mulher branca exigindo uma remuneração social) sinaliza na direção da reconfiguração da sociedade civil, a posicionalidade do sujeito negro (seja um escravo-encarcerado ou um escravo-à-espera-do-cárcere) sinaliza na direção da desconfiguração da sociedade civil. Em meio à coerência da sociedade civil, o sujeito negro acena com a incoerência da guerra civil, uma guerra que reivindica a negritude não como valor positivo, mas como local politicamente permitido, para citar Fanon, de "abandono absoluto". É um "escândalo" que dilacera a sociedade civil. A guerra civil, então, se torna o impensável, mas nunca esquecido, substituto da hegemonia. É o espectro negro esperando nos cantos, um antagonismo que não pode ser satisfeito (via reforma ou reparação), mas que precisa mesmo assim ser perseguido até a morte.

Mas não esqueçamos, não se trata de uma questão de vontade. Não é tão simples quanto acordar de manhã e decidir, *na mente consciente*, "fazer a coisa certa". Pois quando passamos do terreno da psique ao terreno da luta armada, podemos ter que enfrentar uma situação em que a erradicação do mecanismo gerador do sofrimento negro é algo que não é do interesse de *ninguém*. A erradicação dos mecanismos geradores do sofrimento negro não é de interesse dos palestinos e israelenses, como meu encontro chocante com meu amigo Sameer, numa plácida colina, sugere; porque sua fobia antinegro mobiliza uma fantasia de pertencimento que o Estado israelense pode de outra forma tirar dele. Para assegurar seu status como um ser em relação (mesmo que no inconsciente), seu inconsciente precisa trabalhar para manter o negro como um alguém genealogicamente isolado. "A vergonha e humilhação são ainda maiores se o soldado israelense for um judeu etíope."

Os israelenses matam os palestinos, literalmente; mas a vida psíquica, a capacidade humana para relacionamentos, é concedida por uma retransmissão libidinal entre eles e seu trabalho comum para evitar a "niggerização" (Fanon). Essa retransmissão é o mecanismo que torna a vida *vida*. É também o mecanismo gerador do sofrimento e do isolamento negro. O fim desse mecanismo generativo significaria o fim do mundo. Nós nos pegaríamos olhando para o abismo.

Essa trajetória é excessivamente iconoclasta para a estrutura conceitual da classe trabalhadora, pós-colonial, e/ou feminista radical. A necessidade do humano de ser libertado *no* mundo não é a mesma necessidade negra de ser libertado *do* mundo; é por isso que mesmo seus mais radicais mapas cognitivos determinam fronteiras entre os vivos e os mortos.

Finalmente, se levarmos essa análise até o fim, ficará claro que a erradicação dos mecanismos geradores do sofrimento negro também não é do interesse dos revolucionários negros. Pois como podemos dissociar o desejo jurídico e político negro do desejo psíquico de destruir a imagem negra, um desejo que constitui a psique? Em resumo, se unir a brancos e não negros em reações fóbicas à imagem negra fornece à psique negra a única aparência de integração psíquica possível: a necessidade de destruir a imagem negra *e* de amar o ideal branco. "Nessas circunstâncias, ter um inconsciente 'branco' pode ser a única maneira de se ligar com o sentimento opressor e irreparável de perda, ou mesmo de contê-lo. A fantasia intrusa oferece o meio de ligação com o objeto interno perdido, o ego, mas também não há um lado de 'fora' para essa 'fantasia real' e os efeitos da intrusão são irreparáveis."[17] Isso levanta a questão, quem é o sujeito falante do testemunho da insurgência negra; quem oferece seu testemunho quando o insurgente negro toma posição?

Quem está escrevendo este livro?

Capítulo sete

Mario's

I

Onze anos tinham se passado desde que Stella e eu dirigimos pela avenida Hennepin na calada da noite, e três anos tinham se passado desde que nos separamos. Eu tinha conquistado um prêmio literário que me mandou para a África do Sul para fazer pesquisa para um romance que nunca foi escrito, duas viagens de seis semanas em 1989 e 1990. Entre essas viagens para a África do Sul, vivi em Nova York e estudei com Edward Said. Agora eu estava casado com uma sul-africana chamada Khanya. Nós nos conhecemos em Johannesburgo em 1989 e nos casamos na prefeitura em Nova York no verão de 1990. Ela era uma estudante de direito do Bophuthatswana — mosaico disperso de enclaves espalhados pelo que então eram a Província do Cabo, o Estado Livre de Orange e o Transvaal. A terra que ficava no meio disso era chamada de "África do Sul" e tendia a ser mais fértil do que o Bop, um bantustão negro dirigido por comissários negros que agiam por ordem das pessoas que os pagavam em Pretória. Khanya, na época, era ambivalente com relação à faculdade de direito; o sonho dela era fazer filmes. Khanya tinha uma filha, Reba, que tinha dois anos quando a conheci em 1989, durante um estado de emergência. Reba não morava em Johannesburgo com Khanya, mas em Bop com seus avós. Ela moraria lá até que estivéssemos instalados e financeiramente estabelecidos o suficiente para ir buscá-la.

No verão de 1991, o verão em que peguei meu diploma, pensei que estaríamos numa casa flutuante em Amsterdã, onde eu escreveria ficção e poesia quando não estivesse atendendo mesas ou ensinando escrita criativa; e onde Khanya frequentaria a faculdade de cinema. De noite, poríamos uma caixa de som no deque para ouvir baladas de jazz suaves e fumar nossa melhor maconha e ver os lânguidos e agridoces holandeses pedalarem para casa pelos canais tranquilos.

Migrar para a África do Sul, onde negros não podiam estar onde quisessem na hora em que bem entendessem, não podiam comer no restaurante que quisessem, e corriam o risco de ser parados sem aviso em postos de controle que sufocavam a cidade como ervas daninhas não era a ideia que eu tinha de um plano. Por que não ficar nos Estados Unidos? O que não era um sentimento insignificante à espreita debaixo do que aconteceu, pois Khanya sofria o choque de ter visto os Estados Unidos mostrarem a verdadeira face de seu racismo. A guerra no Kuwait/Iraque começou naquele inverno e voltei para casa uma noite e contei a ela sobre o sique que estava sentado ao meu lado e levou um chute na boca no metrô.

"Por que", ela perguntou numa manhã fria de fevereiro no apartamento embolorado que compartilhávamos com os roedores numa colina em Washington Heights, "devo trocar uma África do Sul por outra, quando minha família nem está aqui?" Frequentemente me pergunto se ela teria ficado caso eu tivesse tido a presença de espírito de dizer, "Eu sou sua família". Eu não havia contado a ela o que aconteceu comigo e Stella em 1980. Por que deixamos Minneapolis e fomos para Dartmouth. Não acho que ela pudesse lidar com *aquela* visão dos Estados Unidos. Enquanto ela saiu para ir à agência de turismo comprar uma passagem, eu disse a mim mesmo que tinha razão em não contar. Se tivesse contado aquela história, ela nunca teria vindo para os Estados Unidos. Khanya partiu em fevereiro de 1991. Eu me formei e a segui.

Da época da minha chegada em 1991 até as primeiras eleições não raciais em 1994, nas quais votei, como residente permanente, em Mandela, lutei ao lado de milhares de outros para derrubar o governo do apartheid, para levar o CNA ao poder, para acabar com a hegemonia branca e com o capitalismo na África do Sul. (Nem todo mundo no CNA compartilhava deste objetivo; nem a hegemonia branca nem o capitalismo foram destruídos). Desde a adolescência não vivia em um contexto político em que a palavra *revolução* fosse usada sem ironia; um contexto no qual o sonho de derrubar um regime racista era uma questão de "quando" e "como", não de "se". Durante esses anos, fiz absolutamente todo tipo de coisa que me pediram para tornar esse sonho realidade, desde organização política legalmente permitida até táticas insurgentes que deixariam um "pacifista" constrangido. *Pacifista* está entre aspas porque a mesma pessoa que condena a guerrilha vai continuar pagando seus impostos ou agradecer a um militar veterano por seu serviço. No primeiro caso, o "pacifista" nega sua identidade de assassino em massa; no segundo, aplaude o comportamento de uma pessoa que condena em outra. Armado com a minipalestra de Edward Said sobre rigidez estratégica e flexibilidade tática, fui à África do Sul livre dessa mentalidade mendaz.

Na zona nebulosa entre organização e insurgência, trabalhei para a Comissão Regional de Paz do CNA; que servia também como cobertura para o contrabando de armas para o campo e para as cidades. Na Comissão de Paz do CNA, eu escrevia relatórios para a Anistia Internacional e para a Human Rights Watch. Mas, como eu disse, também estávamos envolvidos no contrabando de armas. E precisávamos esconder esse fato em nossos relatórios, claro, porque você precisa ser uma vítima "pura" para conseguir o apoio dessas ONGs ocidentais. Também havia uma série de iniciativas de desinformação em que estávamos envolvidos. Em outras palavras, estávamos cara a cara com o terrível liberalismo do discurso dos direitos humanos e com o modo como ele age como um entrave para a atividade revolucionária.

Além disso, eu também ministrava oficinais de educação política sobre Gramsci e outros teóricos para os membros de uma unidade clandestina uMkhonto we Sizwe; e fornecia para o comandante "cenários políticos": documentos especulativos sobre o ganho ou perda de capital político que poderia resultar de iniciativas insurrecionais. Havia três palcos das táticas insurgentes em que essa unidade, assim como outras, se concentrava.

1. Propaganda secreta: criar um contexto de informação ou desinformação na imprensa que facilitasse o trabalho das estruturas de movimento de massa legalizadas; e a produção de tiroteios políticos que não podiam ser atribuídos ao MK.[1]

2. Guerra psicológica: principalmente na universidade e no complexo industrial onde nossos alvos eram liberais anglófonos, e não africâneres. O objetivo final era forçar os liberais a exercer abertamente a violência que os sustenta. O objetivo abrangente era isolar e enfraquecer os brancos liberais (sul-africanos anglófonos) que estavam em posições-chave do poder, e que eram contra o apartheid, mas não a favor do socialismo. Esses indivíduos queriam uma evolução do apartheid capitalista para o capitalismo laissez-faire. Nosso objetivo final era transformar os altos comandos do complexo

universitário-industrial em zonas liberadas. Isso ajudaria a enfraquecer a estrutura do capitalismo racista como um todo na África do Sul.

3. Operações secretas: A resposta violenta ao Inkatha[2] e às forças de segurança do Estado, o que com frequência simplesmente significava contrabandear armas para as Unidades de Autodefesa aliadas do CNA nos distritos. As pessoas para quem eu respondia eram estudantes da Universidade de Witwatersrand, onde dei aulas quando cheguei; estudantes que haviam sido treinados na União Soviética ou em bases secretas de guerrilha *dentro* da África do Sul. Quando a União Soviética foi dissolvida, nosso suprimento de armas do bloco soviético também começou a se dissolver. Maneiras pouco convencionais e criativas de obter armas foram desenvolvidas. Tais como enganar ONGs ocidentais ao trabalhar com um camarada dedicado dentro da instituição para criar um projeto fantasma e então direcionar a maior parte do dinheiro para compra de armas para a luta armada nos distritos e acampamentos ilegais.

No campo "legítimo" da organização política, fui destacado para a Executiva Subregional do CNA — um grupo de cinco pessoas de comissários políticos para Johannesburgo e dezesseis distritos do entorno. E Nadine Gordimer, a romancista sul-africana que venceu o Prêmio Nobel de Literatura em 1991, me nomeou para assumir seu assento como coordenador de projetos no Comitê Regional Executivo do Congresso de Escritores Sul-Africanos.

Mas nenhuma das atividades mencionadas acima aconteceu do dia para noite. Fui relutante para a África do Sul, na intenção de ficar apenas o suficiente para que Khanya terminasse a faculdade de direito. Os seis primeiros meses de nossa vida na África do Sul trouxeram mais decepções e reveses do que qualquer outro período que vivi desde os primeiros seis meses da minha vida com Stella em Minneapolis, onze anos antes. Se eu fosse um afropessimista e não um marxista na época, não teria ficado tão abatido por tudo; saberia que o mundo é uma grande *plantation*.

Fui trabalhar numa trattoria dos sonhos chamada Mario's em um subúrbio de Jo'burg não muito longe da faculdade de direito para onde Khanya voltara. Sul-africanos brancos anglófonos chamavam "Wits" de "Harvard do Sul".

Pouco antes de eu chegar, o governo havia confiscado os documentos de identidade de Khanya. Agora, em sua terra natal, ela era apátrida. E seu passaporte foi revogado. Mesmo se ela mudasse de ideia, não poderíamos sair do país. O sonho de Amsterdã retrocedia rapidamente. Além disso, eu não podia conseguir visto de residência permanente através do status dela de cidadã da África do Sul. Khanya e eu éramos danos colaterais. A irmã mais velha dela, Rebone, havia sido demitida do Departamento de Finanças em Bop. O parceiro de Rebone era um insurgente no Exército Popular de Libertação Azaniano, o braço armado do Congresso Pan-Africano (CPA), e era procurado pela comunidade de inteligência sul-africana pelo transporte de armas e munições do Zimbábue para a África do Sul. Então Rebone foi demitida e colocada em prisão domiciliar, e os documentos de Khanya também foram confiscados.

Nada disso me desanimou quando cheguei, pois eu tinha uma carta de recomendação brilhante de Edward Said. Em poucos dias consegui um emprego como professor júnior em literatura comparada.* Khanya e eu pensamos que nossos problemas estavam resolvidos. Mas no dia anterior ao início das aulas,

---

* O equivalente a um professor assistente nos Estados Unidos.

fui demitido. Fui ao escritório da reitora para assinar meu contrato. Em vez disso, vi que ela tinha uma cópia da minha carta de recomendação de Edward Said na mesa dela junto com uma cópia da ementa de minha disciplina para a pós-graduação, Intelectuais e o Estado. A reitora foi indiferente e apressada. Ela não tinha um contrato para eu assinar. Em vez disso, me contou uma história: Edward Said deu uma palestra pública na Wits meses antes de eu emigrar. "Nossos estudantes judeus", como ela os chamou, "se rebelaram." Ela me contou como eles invadiram o campus derrubando latas de lixo e fazendo tumulto; o tipo de coisa que "nós" esperamos dos "nossos estudantes negros". Aparentemente, os estudantes judeus *dela* não haviam tumultuado o campus antes da visita de Said. Dar um emprego a mim, ela disse, trazia o risco de fazer com que tudo aquilo ocorresse novamente; sobretudo quando o conteúdo do programa — ela o deslizou pela mesa até mim — se tornar público. Implorei. Mas ela se levantou e me estendeu a mão.

Era janeiro, o mês mais quente em Jo'burg, o mês mais frio em Nova York. Demorei horas para ir para casa. Como eu podia dar essa notícia para Khanya? Li o jornal no refeitório do saguão da Wits, do outro lado da rua de onde morávamos. As manchetes não davam qualquer sinal de que nossas vidas seriam viradas do avesso. A União Soviética havia se transformado na Federação Russa, o que significava que Cuba era agora a única fonte de apoio tático do CNA para a luta armada; o presidente George H. W. Bush comeu algo estragado em uma visita de Estado ao Japão e vomitou no colo do primeiro-ministro Kiichi Miyazawa; uma diarista encontrou fotos do milionário texano John Bryan chupando os dedos do pé da duquesa de York; Paul Simon abriu sua turnê na África do Sul; e o assassino em série Jeffrey Dahmer se declarou culpado, mas insano. Nenhum artigo sobre o buraco em que caí naquela manhã.

Os professores de literatura comparada ficaram chocados com a decisão da reitora de reverter minha contratação, decidida por eles. Estudantes de pós-graduação já tinham se matriculado para a disciplina, que ia começar no dia seguinte. Eu disse que ensinaria de graça. Mas Ulrike Kistner, uma professora que (eu soube depois) trabalhava clandestinamente e era uma marxista dedicada, disse que isso não seria ético. Ela convenceu o presidente do departamento a pagar meu salário usando o orçamento anual da literatura comparada para palestrantes externos. Era menos do que eu ganharia se a reitora não tivesse me demitido, e não havia plano de saúde, nem haveria documentos de trabalho que eu pudesse levar ao Departamento de Assuntos Domésticos para conseguir residência permanente. Além disso, no final do semestre eu estaria desempregado de novo. Mas era melhor que nada. Eu também trabalhava de garçom no Mario's em vários turnos de almoço e de jantar. Eu ministrava uma oficina de escrita criativa noturna para a extensão na Wits, mas isso, eu descobriria em breve, também terminaria antes do esperado.

2

Na noite de 1º de junho de 1992, como meu diário registra, fui direto para a aula após um massacre em Phola Park.* Olhei em torno da mesa para quinze caras de alabastro e disse para

---

* Os detalhes são complicados, já que as Forças de Defesa Sul-Africanas mutilaram e atiraram contra pessoas, e destruíram muitos casebres em Phola Park (no dia anterior à minha aula de escrita criativa), procurando armas que havíamos contrabandeado para as Unidades de Auto-Defesa (SDUs) no assentamento; e quase simultaneamente, os paramilitares (*impimpis*) do Partido da Liberdade Inkatha haviam realizado um massacre de pessoas que viviam num distrito — não um assentamento — que ficava apenas a um campo de futebol de distância do assentamento de Phola Park.

mim mesmo, *não posso fazer isso. Realmente não posso fazer isso. Não hoje. Fingir que suas histórias e seus esboços são relevantes — ou que são éticos! Fingir que me importo com eles. Ali está Huntley Bridge, o joalheiro de diamantes de Parktown; prontinho para mostrar as quinze cópias de suas memórias túrgidas do bombardeio de Londres quando ele era menino. E ao lado dele, Grace Kensington, mumificada em maquiagem suficiente para abrir uma franquia da Revlon. Semana passada tivemos que nos arrastar por um chá oferecido para as esposas de gerentes de minas de prata há dez anos na Zâmbia. E o jovem Jimmy. Por que não consigo lembrar seu sobrenome? Jimmy Cabeça Vazia, é isso. Como estamos hoje, Jimmy? Não muito doidão de cocaína, espero. Se ele soubesse o quanto detesto ficção científica. O.k.? E Muriel Mendelssohn, a pequena e doce Muriel, nos seus trinta e poucos anos, como eu: Muriel que escreve vinhetas sobre girassóis e papoulas, sobre a vida num internato branco perto de Harare, quando o Zimbábue ainda era aquela terra pitoresca chamada Rodésia.*

Eles vibravam comigo. Não há nada melhor que um elogio de um negro. Virei o primeiro amigo negro deles (sem contar os empregados domésticos). Grace me convidou para tomar chá em Sandton. Muriel queria ajuda na sua coleção de jazz. Huntley Bridge tinha um negócio da China com diamantes para mim. Jimmy, olha que simpático, queria saber se eu usava drogas.

Temi entrar naquela oficina. Como eu podia ir lá depois de ir a Phola Park? Eu podia ter dito que me sentia mal. Agora estou sem emprego. Eu era emocionalmente incapaz de trabalhar com o texto de Huntley sobre crianças inglesas num ataque aéreo. Disse a eles que chegaríamos nisso depois de um exercício preliminar. Passei adiante quinze cópias de um artigo de jornal sobre os massacres. Pedi que pegassem seu livro de Gabriele Rico, *Writing the Natural Way*, e revisassem a seção sobre agrupamento e mapeamento mental como meio de produzir uma vinheta mais envolvente. Não foi a primeira vez que comecei a sessão assim. Mas foi a primeira vez em que a palavra que pedi a eles para usar como centro (uma vez foi *medo*, outra *amor*, outra vez foi *perda*, na noite anterior foi *violência*) foi colocada deliberadamente em contexto com o aqui e agora.

"Por que estamos fazendo isto?", perguntou Grace. "Achei que íamos trabalhar na história do Huntley."

"Vamos. Mas quero que a gente faça isso agora — eu vou fazer com vocês."

Huntley disse, "Ela perguntou por quê".

"Porque trezentas pessoas são mortas a cada mês neste país e mais da metade delas a um raio de trinta quilômetros desta universidade. Não consigo entender por que vocês não são afetados por isso, vendo como vocês são tão profundamente afetados por mortes que aconteceram há 3 mil quilômetros daqui e há mais de cinquenta anos."[3]

Huntley sibilou, "Eu vivi aquilo!", batendo na mesa com seu manuscrito.

"Você está vivendo *isto*. Admito que você talvez não saiba que está vivendo isso. É isso que a palavra central te ajuda a descobrir."

"Não vim aqui para descobrir."

Então o jovem Jimmy, sempre o pacificador cabeça leve, entrou na conversa, "Ei, brô, tipo, isso me afeta, e certeza que afeta o Huntley também. Mas o que a gente está tentando dizer é que isso não está na nossa escrita. Tipo, eu nem escrevo sobre países, brô, é sobre outros mundos".[4]

"Não me chame de 'brô', você não é negro, é um branco fã do Led Zeppellin que mora no subúrbio de Norwood."

Atravessamos o rubicão. As linhas estavam claras. Tudo que restava era lutar. Huntley disse ao jovem Jimmy que ele não precisava ouvir aquilo, "não dele". Minhas costas endureceram ao ouvir "não dele". Grace fez que sim com a cabeça. Muriel parecia angustiada. O resto da turma permaneceu sentado em completa imobilidade.

Huntley e Grace, os estadistas mais velhos, fizeram uma avaliação completa de mim. Grace disse que era um desrespeito à etiqueta trazer política para a sala de aula: aquele não era nem um campus Bôer nem um campus negro; em lugares como Wits estávamos em campo neutro. Ela disse que estava pensando em me denunciar para o diretor da escola de extensão. Huntley a seguiu com longa invectiva sobre como sobreviveu às bombas incendiária de Hitler, mas "minha mãe não!". Ele me disse como passou um longo período no interior e que quando voltou a Londres descobriu que a mãe tinha morrido. "Você tem ideia do choque que foi? Eu tinha oito anos. Meu pai nos trouxe para cá para fugir daquilo. Não para a gente entrar nisso de novo. Estou quase me aposentando. Quero paz, e a paz começa com a paz de espírito."

Foi como uma terapia em grupo, onde eu era tanto o trauma quanto a cura.

"O.k.", eu disse finalmente, "agora que vocês disseram o que queriam, vamos olhar os recortes de jornal e as imagens e então escrever a palavra *violência* no centro de uma folha de papel, agrupar e fazer um mapa mental da palavra; depois escrever seu esboço. Como sempre, vamos gastar quinze minutos com o exercício. Quem quiser compartilhar quando terminar, pode; quem não quiser, tudo bem."

Huntley amassou meus recortes de jornal e jogou para trás.

"Você não ouviu uma palavra do que a gente disse. Eu nem leio o maldito jornal! Meus dias são duros o suficiente. Sabe o que aconteceu com minhas vendas de diamantes durante todos esses anos de sanções? Eu sou um cidadão britânico. Não um bôer. Essa violência não tem nada a ver comigo. Eu sempre disse viva e deixe viver."

"Você é um vendedor de diamantes, Huntley." Juntei as mãos sobre a mesa e muito calmamente disse a ele, "Você está todo manchado de sangue. O resto de vocês paga impostos para o apartheid e vota. De que outras ligações com esses massacres vocês precisam?"

Huntley levantou. Ele tirou as cópias de seu manuscrito que estavam com as pessoas em torno dele e as colocou em sua bolsa.

Muriel Mendelssohn vinha ouvindo angustiada, como se revivesse alguma bronca terrível de uma das diretoras de sua escola interna da Rodésia. Agora a voz dela tremia enquanto ela falava. "Nós estávamos todos felizes na sua aula. Agora veja o que está acontecendo. Você vem aqui com uma agenda. Porque *você está* com problemas vai impor sua neurose a nós".

"*Vim* para cá direto de Phola Park, onde…"

Lentamente, Huntley se sentou novamente. "O que você estava fazendo em Phola Park?"

"Eu trabalho para a Comissão de Paz do CNA…"

"Eu bem que sabia", Huntley gritou.

"Ele quer fazer lavagem cerebral na gente", disse Grace Kensington, olhando em volta em busca de confirmação.

"Eu vou embora", Huntley disse, mas permaneceu sentado. "Esse sujeito não pode ajudar a gente a escrever."

Muriel disse, "Depois do chá podemos todos voltar e ser sensatos".

"O chá vai ser adiado por quinze minutos para vocês fazerem o exercício", eu disse.

Grace estava incrédula. "Sem chá? Besteira. Primeiro você transforma nossa aula de escrita criativa em um campo de reeducação comunista; depois nos priva do chá. Não somos seus escravos!"

Comecei a rir.

"Você acha que eu sou engraçada? Sou uma piada para você?"

"Você mora em Sandton, não é, Grace?"

"Não responda, Grace", Huntley zombou. "O homem é um sofista. O lugar onde ela vive não tem nada a ver com *chá*."

"Quantas pessoas aqui moram em Sandton?", continuei. Quatro dos quinze estudantes viviam em Sandton. O resto morava em outros subúrbios brancos ricos perto de Sandton, como Rosebank e Parktown (onde Nadine Gordimer morava) — enclaves bem policiados para os britânicos. Os que tinham menos de quarenta anos moravam a leste, em Yeoville, Norwood ou Bellevue East, onde era possível encontrar apartamentos.

Eu disse algumas coisas que eles já sabiam: que só uma estreita rodovia separava Sandton da cidadezinha negra de Alexandra. "Alex" tinha uma população de 400 mil pessoas vivendo numa das áreas mais densamente povoadas no mundo. Sandton tinha bulevares amplos, parques extensos, um shopping cinco estrelas e casas do tamanho de cidadelas. Alguém sabia qual o porcentual de pessoas em Sandton que tinha eletricidade? Eles zombaram do ridículo da pergunta e disseram cem por cento. Certo, bem, qual o porcentual em Alex? Ninguém sabia. Vinte por cento. Isto significa que 320 mil de 400 mil pessoas — ou mais de um quarto de milhão de pessoas que viviam do outro lado da rua deles — não tinha eletricidade.

"Ainda não sei como isso tem a ver com o chá", Huntley disse indolentemente.

"Como não têm eletricidade dá para supor que eles não têm sistemas de alarme complexos em seus casebres como vocês. Não existe sistema de alerta quando eles são assassinados de noite. Não que fosse aparecer alguém se tivesse alarme. Como é que a eletricidade que vocês dão como algo garantido não pode atravessar a rua? E por que os massacres que eles dão como certos não atravessam a rua até as casas de *vocês*?"

Grace insistiu que as pessoas de Sandton não eram responsáveis pela falta de eletricidade em Alexandra e certamente não eram responsáveis pela violência.

"A violência é de negros contra negros. Zulus contra xhosas", ela disse. "Você não vê homens brancos se cortando com pangas."[5]

Ela concordaria, perguntei, que desde julho de 1990 existe um fluxo recorde de *impimpis* Inkatha para o Transvaal? Ela me disse que *impimpis* era um termo depreciativo; eu gostaria de ser chamado de "crioulo"? Decidi ignorar aquilo e mudei a palavra para *guerreiros*. Ela insistiu em *migrantes*; e, em vez de perguntar se ela trabalhava como publicitária de Gatsha,* concordei com *migrantes*.

"Mais de 100 mil deles vieram para cá nos últimos dois anos. Não é preciso ler os jornais para saber, é só olhar pela janela."

"Sim", ela concordou.

"Eles atacaram — deixe-me falar isto de outra forma —, eles estiveram no centro dessa violência?"

"Sim."

"Eles queimam casas dos moradores das vilas, atiram e mutilam pessoas dormindo, sequestram mulheres nos trens?"

"Não sei de nada disso."

"Grace, não é preciso ser cientista espacial. Basta abrir a janela e olhar para o outro lado da rua. Eles expulsaram os trabalhadores multiétnicos dos albergues. Matam os moradores e qualquer um que eles achem que apoia o CNA. A polícia dá armas para eles e os levam para onde eles quiserem em grandes vans."

---

* Mangosuthu "Gatsha" Buthelezi era o ministro chefe do bantustão de KwaZulu quando trabalhei no Mario's. Ele também foi o fundador e presidente do Partido da Liberdade Inkatha.

"Certo. O que você quer dizer?"

"A Câmara Municipal de Sandton paga o aluguel daqueles albergues; o que quer dizer que *você* paga o aluguel deles. É isso que eu quero dizer. Mas você diz que a violência não tem nada a ver com você. Para mim não parece que seja violência de negros contra negros — não quando as armas são brancas, o apoio logístico é branco e o dinheiro é branco."

Huntley levantou. "Todos aqueles a favor do chá, sigam-me." Com o zelo expedicionário de um guia de turismo na Trafalgar Square, ele levou todos menos quatro dos alunos para fora da sala. Com olhos úmidos, Muriel Mendelssohn me abordou.

"Você deve achar que somos realmente reprimidos", disse.

Eu são soube o que dizer.

Um dia depois, a diretora da Extensão Universitária telefonou. Ela tinha recebido uma reclamação do presidente da Câmara Municipal de Sandton. Ela disse que não aprovava um adjunto na Wits caluniando a municipalidade de Sandton. (Também recebi uma ligação de outro membro da Câmara Municipal que exigia que eu me apresentasse na próxima reunião da Câmara e me retratasse pelas declarações que fiz e que os implicavam na violência. Ela disse que se eu não aparecesse na próxima reunião da Câmara eles iriam abrir um processo civil e talvez criminal contra mim — que se eu não fosse processado, talvez fosse preso). A universidade tinha uma reputação a zelar, a diretora da Extensão Universitária enfatizou. Fui contratado porque tinha um mestrado em ficção, não um doutorado em ciência política. Eles não iam precisar que eu desse aulas de escrita criativa no próximo semestre.

Agora a Tratoria Mario's era tudo que tinha me sobrado.

3

O restaurante Mario's tinha um salão rebaixado. Quando os clientes e garçons inclinavam as cabeças para olhar pelas longas e estreitas janelas que se estendiam por todas as paredes do Mario's, viam um desfile de calças elegantemente vincadas com bainha acima de sapatos sociais e calçados da moda ou de salto alto das mulheres brancas que andavam de um lado a outro entre os tênis que as mulheres negras usavam ou os sapatos sociais batidos dos homens negros, que trabalhavam nos mesmos prédios de escritórios suburbanos (servindo chá, limpando banheiros, consertando o encanamento e protegendo a entrada contra pessoas que se pareciam com eles). O salão do restaurante era pequeno, mas o espelho que ia do chão ao teto na parede do fundo dava ao ambiente uma aparência de caverna iluminada por velas que se abria para um mar banhado pelo luar.

Duas ou três vezes por noite, a versão de Dean Martin de "Volare" tocava na sequência de baladas românticas que pulsavam das caixas de som nas quinas do teto. Eu adorava observar o rosto dos clientes quando essa música tocava. Eu podia sempre dizer quais eram os clientes que estavam ali pela primeira e quais já tinham vindo antes. A primeira reação dos novatos era sempre de surpresa — como se quisessem perguntar por que todo mundo tinha parado de falar. Por que, pareciam perguntar a eles mesmos, as cabeças desses homens de negócios estão inclinadas e equilibradas com a quietude dos cães de caça? Por que o brinde na mesa de casamento havia parado? Por que os namorados se afastavam uns dos outros enquanto os primeiros acordes tocavam? Uma vez vi um grupo de convidados para o jantar de Nadine Gordimer olhar para a vencedora do Nobel como se ela tivesse ficado louca quando interrompeu a conversa e ergueu o dedo. O sentimento de confusão dos convidados durou menos de dois segundos. Só o suficiente para as duas primeiras sílabas de "Volare" saírem dos lábios de Dean Martin. Então todas as vozes no Mario's cresceram e se transformaram em uma baleia azul sonora.

Let's fly way up to the clouds
Away from the maddening crowds

Mesmo os novatos pegos de surpresa se balançavam em seus assentos e cantavam junto. Todo mundo amava o Mario's. Mario e seu primo, Sandro, tinham vindo para a África do Sul na onda recente de europeus do Sul e do Leste: os portugueses que cruzaram a fronteira com Moçambique, lambendo as feridas por terem perdido a guerra; romenos, tchecos e alemães da Alemanha Oriental com pó do Muro de Berlim demolido ainda nos sapatos; gregos e italianos como Sandro e Mario.

Dois romenos de trinta e poucos anos, ambos com diploma de engenharia e sem ter onde usar seu conhecimento nos destroços da Comecon, onde o velho estava morrendo mas o novo ainda não havia nascido, trabalhavam como garçons.[6] Dois africanos também trabalhavam como garçons: um não tinha documentos e tinha fugido da Matabelelândia no Zimbábue, o outro tinha pelo menos quinze anos a mais que todos nós, o que significava que tinha quarenta e muitos ou cinquenta e poucos anos, veio de Venda, o bantustão no extremo-norte da África do Sul, do lado da fronteira com o Zimbábue. DeNight era o nome do homem do Zimbábue, que era imigrante ilegal como eu. O homem mais velho de Venda, que enviava o salário para esposa e filhos no bantustão, era chamado de "Mestre" por todos, incluindo Mario e sua esposa, Riana. Éramos um mosaico da terra dos brinquedos quebrados servindo penne, fettuccini e lasanha de berinjela para banqueiros, homens de negócios, professores e turistas sob o olhar atento do pequeno Napoleão em pé no tablado ao lado de sua Josefina de pernas compridas. Riana era uma mulher alta, impressionante descendente de africâneres, nascida e criada em um *klein dorpie*, um lugar amplo numa estrada asfaltada em algum lugar no Karoo.[7] Éramos todos novos em Jo'burg: Mario, Sandro, DeNight, Mestre, os dois romenos e eu.

O recesso entre o salão de jantar e as duas folhas grossas da porta da cozinha que abriam para ambos os lados era meu esconderijo. Um balcão ocupava toda a meia parede que separava esse canto mal iluminado do resto do salão. Caixotes de plástico com divisórias, cada um contendo vinte e cinco copos de água, formavam pilhas de um metro e vinte de altura no fim do balcão. Era tarefa da equipe de garçons ver se aqueles cinquenta copos no topo das duas pilhas estavam virados e cheios de água com gelo. Eu podia ficar atrás daqueles caixotes vazados e analisar o salão inteiro, incluindo os sete degraus que levavam ao caixa e ao cavalete com o cardápio.

À noite, as luzes do teto eram reduzidas e as velas queimavam romanticamente nas mesas. Dean Martin cantava "Volare" e os clientes também cantavam. Como ponto de encontro para a elite de intelectuais e políticos que participavam das mudanças sísmicas pelas quais o país passava, o Mario's era impressionante. Vi Roelf Meyer, ex-ministro de desenvolvimento constitucional de F. W. de Klerk, jantando à luz de velas com a esposa. Quando cheguei à África do Sul em 1991 e comecei a trabalhar no Mario's, De Klerk tinha acabado de indicar Roelf Meyer como ministro da defesa, sucedendo Magnus Malan. Os generais não gostavam dele; e outros da linha dura da direita o chamavam de *"verligte Nat"* (um político "liberal" ou "esclarecido" do Partido Nacional) que não tinha os sentimentos adequados em relação ao comunismo e

à *swart gevaar*, ou "ameaça negra". Ele durou naquele trabalho o mesmo que eu durei no Mario's, e do recesso de onde
eu o vigiava dava para ver por quê. Os convidados dele falavam inglês, não só comigo e com os outros garçons, mas entre si; o que queria dizer que eles eram ingleses, genealogicamente; ou eram membros de uma nova raça de africâneres
que surgiu das sombras em 1989 quando De Klerk chegou ao
poder — Bôers educados, constrangidos pela opinião mundial. Roelf Meyer era o garoto-propaganda preparado e po-
lido dessa nova raça. Os únicos clientes negros que me lembro de ver eram celebridades, por exemplo, estrelas do palco
e das telas como Jon Kani e Thembi Mtshali. A clientela noturna era mais bem-vestida e mais relaxada que os clientes
apressados do almoço.

O que me surpreendia era até que ponto as pessoas que
trabalhavam no Mario's — de Riana a Mario, passando pelos
dois romenos, o Mestre e DeNight, os dois garçons africanos — não tinham a menor ideia da importância da clientela,
especialmente os clientes do jantar. De acadêmicos brancos liberais que ganhavam notoriedade como consultores da
Cosatu a professores de direito que aconselhavam a ala mo-
derada do CNA quando não estavam dando palestras quatro
quadras adiante na Universidade de Witwatersrand, até po-
derosos como Roelf Meyer, atores famosos e literatos, uma
falange de rostos da linha de frente, conhecida no mundo
todo por qualquer um que se mantivesse atento às mudanças que aconteciam num ritmo impressionante, descia as escadas rumo ao salão rebaixado do Mario's e se debruçava
sobre pratos de penne mergulhado em arrabiata e salmão de-
fumado enquanto tomava a melhor sangria da África do Sul.
Todo mundo amava o Mario's. Mas nem todo mundo que *trabalhava* no Mario's sabia que estava alimentando os notáveis
cujas mãos determinavam seus futuros.

A primeira vez que avistei Nadine Gordimer, ela estava jantando com o marido e um convidado da Inglaterra. Enquanto Riana passava pelo recesso onde Mestre, DeNight, os romenos e eu observávamos nossas mesas sem sermos vistos, disse a ela que Nadine Gordimer era a última pessoa que esperava ver de perto quando me mudei para a África do Sul.

Riana disse, "Quem é ela?"

Eu estava chocado. "Você está brincando, né?"

Ela se ofendeu e eu estava arrependido. Foi uma frase espontânea e não intencional. "Ela ganhou o Nobel de Literatura faz três meses."

"Ah, sim, li sobre isso", Riana mentiu.

Mestre e DeNight concordaram que ela era uma senhora branca querida que dizia por favor e muito obrigada "mesmo para africanos".

Os romenos me acusaram de estar inventando.

Perguntei quem havia "regado" o grupo de Nadine. Quando um dos romenos disse que foi ele, pedi que me levasse até a mesa com ele quando fosse a hora de fazer o pedido. Se eu estivesse mentindo sobre qualquer coisa, prometi dar para ele todas as minhas gorjetas da noite; mas se eu estivesse falando a verdade, ele ia me dar todas as suas gorjetas. Ele não gostou da aposta, então fiz uma nova proposta. Se eu estiver mentindo, disse, você ainda fica com as minhas gorjetas, mas se eu estiver falando a verdade, fico com a mesa dela e as gorjetas dela. "Como você conhece ela?", ele debochou. Percebi que ele estava se arrependendo, mas tinha que manter a fachada na frente de Riana e dos outros.

Gordimer, observei, prestava mais atenção a seu convidado da Inglaterra do que a seu marido, Reinhold Cassirer. Gordimer estava com sessenta e oito anos. Reinhold tinha sido um dos mais influentes negociantes de arte da África do Sul nos anos 1970, e foi um capitão do exército sul-africano destacado pela inteligência britânica no Cairo durante a Segunda Guerra Mundial, ainda com um sotaque alemão forte. Ele era um alemão judeu de posses cuja família fugiu de Berlim quando Hitler chegou ao poder. Agora ele tinha oitenta e três anos, quinze a mais que ela. Esse judeu refugiado do Holocausto transformado em espião e negociante de arte foi, sem dúvida, a chama mais forte no céu dela. Mas todas as chamas se apagam. Reinhold, com um tanque de oxigênio, não era diferente.

Antes que o romeno pudesse anotar o pedido, eu falei. Eu me apresentei contando a ela o quanto seu trabalho era importante para mim como escritor. Não era totalmente verdade, mas isso chamou sua atenção. A verdade era que a política dela significava muito para mim. Mas eu estava mais envolvido com a escrita de J. M. Coetzee, que considerava ser um contador de histórias melhor e um artífice da palavra mais profundo — embora odiasse a política dele.

"Este jovem", disse, me referindo ao romeno com uma certa condescendência, "assim como Mario e sua esposa Riana, me pediram para oferecer nossos parabéns pelo Nobel de Literatura." Em seus olhos vi as engrenagens da vaidade e do ceticismo lutando entre si. Naquela voz de aço fina com a qual eu me acostumaria nos dois anos seguintes, Nadine Gordimer perguntou por que eles haviam me escolhido para "esse pequeno discurso". Ela não se deixava bajular facilmente. Numa jogada astuta e pedagógica, virei para o romeno e disse, "Boa pergunta. Por que *vocês* todos me deram essa honra?". Ele estava gago diante da verdade, mas determinado a escapar. Porque você deu aulas sobre o trabalho dela na Columbia, ele admitiu com a mesma alegria que alguém tem ao descobrir um dente com problema de canal. Onde Said está, ela disse. Eu contei a ela que tive aulas com ele. O romeno tinha a cara de alguém que perdeu uma aposta, o que era exatamente o caso. Nadine perguntou se eu podia continuar atendendo a mesa deles. Ela tinha um projeto que queria discutir comigo.

4

Os africanos não tinham permissão para tocar em dinheiro na maioria dos estabelecimentos sofisticados (e mesmo nos que nem eram tão sofisticados). Mas o que eu era na mente de Mario e Riana? Mario comandava a cozinha. Riana comandava o salão. Ele era europeu. Ela era africâner. Do posto ao lado da porta de entrada, Riana observava os garçons negros como uma coruja olha os ratos. Quando os convidados deixavam suas mesas ao fim do jantar, ela descia os degraus e recolhia as gorjetas que os clientes haviam deixado para Mestre e DeNight. Se ela não estivesse na entrada, eles limpavam a mesa inteira e trocavam os guardanapos, talheres e copos sem tocar nas notas ou moedas. Ao fim de cada turno, Riana dividia as gorjetas entre Mestre e DeNight. Como não sabiam o quanto haviam recebido a cada noite, eles não tinham como saber se estavam sendo roubados.

No meu primeiro dia de trabalho, segui Mestre como uma sombra durante os turnos do almoço e do jantar; então todas as gorjetas eram dele. Quando perguntei por que ele e De-Night deixavam que Riana apanhasse as gorjetas deles, enquanto os dois romenos pegavam suas próprias gorjetas, ele sorriu, deu de ombros e disse, "Isso aqui é a África do Sul, brô". "Ah, nem fodendo", e nós dois rimos. Ele pensou que eu estava brincando.

Quando minha primeira mesa, no meu primeiro turno, pagou a conta, eles pagaram para mim. O homem na mesa que estava bancando colocou a conta junto com as notas amassadas de rand sobre a mesa, mas eu estendi minha mão.

"Vou levar isso para você", eu disse, sorrindo.

Ele olhou para mim como se eu tivesse falado servo-croata. Percebi que talvez ele nunca tivesse *pagado* algo diretamente para um africano antes.

"Vou trazer seu troco."

Ele me disse que o troco era a gorjeta.

Eu estava de costas para a entrada, de onde, com certeza, Riana assistia. Permaneci por um momento com as pessoas da mesa. Quase dava para sentir ela se contorcendo. No caixa, dei a ela a conta e o dinheiro. A mandíbula dela parecia tão apertada quanto meu estômago. Sorri. Ela contou as notas e colocou na caixa registradora. E ficou com o troco.

"Levo o troco para ele", ela disse.

"É minha gorjeta", estendi a mão. "Pode perguntar para ele."

Ela não estava feliz, mas deu o troco para mim.

Na primeira transação com cartão de crédito ela cobrou o cliente e ficou com a minha gorjeta. Subi os degraus até o caixa. "Minha gorjeta", eu disse, apontando para a caixa registradora. Meu coração batia acelerado. A ansiedade queimou dez anos da minha vida. Riana deixou de lado seu cigarro importado Gauloises. Não me movi. A caixa registradora rangeu e abriu. Mas em vez de colocar minha gorjeta no pote das gorjetas dos africanos, ela colocou o dinheiro ao lado da registradora. Pus o dinheiro no meu bolso. Ela não disse nada.

5

Nicolas e Sipho eram ambos homens musculosos com as mãos mais calejadas do que qualquer cozinheiro com os quais trabalhei nos Estados Unidos. Devem ter vindo do interior, pensei, ou feito algum tipo de trabalho duro ao ar livre antes de vir para o Mario's. A única hora em que eles entravam no salão era para ir embora no fim do turno ou para servir a longa mesa da equipe onde Mario, Riana, Sandro e os dois romenos almoçavam. Um dia, fui até a cozinha com Mestre e DeNight, onde eles comiam pap-n-fleece* com as mãos junto com Nicolas, Sipho e a equipe da cozinha. Por que os garçons negros comiam mingau e carne dura enquanto os brancos comiam penne com salmão cremoso e molho de vodca?, perguntei a eles. Sentei para comer com eles, quando Sandro, o primo de Mario, entrou na cozinha. Ele disse que Mario e Riana queriam saber se eu queria comer com eles na mesa dos garçons no restaurante. (Eu era negro ou americano? Talvez eles tivessem decidido na moedinha.)

Não sei o que me irritou mais, o convite como um branco honorário ou o sentimento de orgulho que vi nos sorrisos da equipe da cozinha (como se seu próprio Jackie Robinson estivesse na liga principal agora). Disse a Sandro para dizer a Mario e Riana que eu estava bem com os negros. Sandro entendeu imediatamente: ele me disse para parar de ser babaca e aprender a apreciar o que significava ser aceito. Eu disse que estaria lá em um minuto. Quando ele saiu, eu disse a Mestre e DeNight que só ia se eles fossem também. Eles me olharam como se eu os tivesse condenado à prisão perpétua. Eles me disseram o quanto gostavam de pap-n-fleece; afinal, Mestre disse, era um prato africano. Você gosta mais disso do que de comida italiana?, eu perguntei. Eles fizeram que sim com a cabeça. Perguntei quanta comida italiana eles tinham comido desde que começaram a trabalhar aqui. Sons de grilos.

Como é possível servir uma comida que você nunca experimentou? perguntei a Mestre e DeNight. Se você puder descrever o sabor da comida para um cliente e dizer quais vinhos combinam melhor com o pedido, eles vão ficar felizes

---

* *Pap*: mingau de milho; *fleece*: carne.

e as gorjetas de vocês vão aumentar. Vamos. Vamos lá comer. A conversa parou quando nós três entramos no salão de jantar. Pensei que teria que colocar Mestre e DeNight nas cadeiras, de tão petrificados que estavam sob o olhar de Riana. Mario tentava parecer irritado, mas não tinha o talento da esposa. Quando eles se sentaram, servi os dois e depois me servi. Mestre e DeNight adoraram a comida! A mesa estava tão silenciosa durante toda a refeição que podíamos ouvir as vozes dos pedestres na calçada do outro lado dos vidros.

6

Quando a principal funcionária do caixa se demitiu, muitas africanas entraram na trattoria para se candidatar ao emprego, mas todas foram informadas que a vaga havia sido preenchida. Depois da terceira vez, confrontei Riana e Mario sobre isso. Na época achei que tinha pegado os dois em flagrante num ato de discriminação. Agora, sob as lentes do afropessimismo, posso ver que era mais complicado (ou, talvez, mais *elementar*) do que isso. Outra coisa estava em jogo.

Em *O capital*, Karl Marx menciona o escravo, mas não pode ou não quer teorizar sobre ele. Para Marx, o trabalhador é o hospedeiro de quem a sociedade se alimenta. E o trabalhador é também o motor da revolução, o ser senciente cuja libertação vai destruir o capitalismo e, por extensão, o mundo como o conhecemos. *O capital*, no entanto, sofre de uma análise insuficientemente comparativa entre a posição do trabalhador e a posição do escravizado. Marx chama o escravo de "ferramenta falante" — o que, argumentei, é de fato uma descrição adequada, que merece adequada reflexão; mas Marx faz essa observação e segue em frente. Marx fica tão mudo e atônito diante desse sujeito dotado de fala que não é um sujeito adequado quanto Mario e Riana ficaram quando chamei a atenção deles para a forma como tratavam as mulheres negras que se candidataram para o emprego de caixa. Mario e Riana tinham vivido em meio a garçons negros, cozinheiros negros, mulheres negras que faziam as saladas e as sobremesas, e os lavadores de pratos tanto quanto Edwin Epps e sua esposa Mary Epps, no filme *12 anos de escravidão*, viveram em meio a seus escravos. Não ocorreria a Edwin e Mary disfarçar o tratamento ruim dispensado a suas ferramentas, seus escravos. Num barracão, ninguém quebra uma chave inglesa e se pergunta como o martelo se sente sobre isso. Verdade, depois dos sete degraus do salão de jantar e da porta de entrada, o mundo da mudança política racional e do debate estava colidindo com a trattoria Mario's. Poderia até haver um presidente negro na África do Sul antes que o século XX acabasse. Mas o Mario's era um recesso escuro no crânio da cidade, não muito diferente do inconsciente; um domínio daquilo que Freud chamava de significação primária, onde a lógica relacional havia diminuído a compra: não há tempo no inconsciente. Há fixação tenaz, consumo letal, acoplamentos fantasmagóricos, e o caminho mais curto para o prazer, mobilizado pela força.

Edwin e Mary discutem os detalhes mais íntimos de seu casamento quando brigam no salão bem em frente a seus escravos. Eles se atacam com aspectos de sua sexualidade e seu passado que odiariam discutir na frente de seus amigos mais íntimos. Contudo, de alguma forma, esses escravos, essas "ferramentas falantes" não são uma ameaça — elas permanecem, para parafrasear Saidiya V. Hartman, "impensados".[8] Era como se Edwin e Mary não estivessem no salão de baixo, mas no andar de cima em seu quarto, sozinhos e despidos, tendo apenas os olhos da mobília sobre seus corpos nus. De fato, eles *estavam* sozinhos. Pois o salão não está cheio de interlocutores, e sim decorado com uma mistura variada de objetos; alguns dos quais são animados.

A trattoria Mario's era como o salão de Edwin e Mary. Eles se atacavam na frente dos africanos. Na frente da equipe de cozinha, ele gritava com Riana com gestos furiosos. Dizia como ela podia voltar a cuidar de vacas resistentes à seca no Karoo se continuasse a reclamar de suas investidas sexuais contra Sibongile e Liyana, as duas mulheres que preparavam as saladas. E ela lembrava Mario que ele não teria um visto se não fosse por ela — sem visto, sem restaurante, ela dizia com a voz subindo uma oitava.

Mario e Riana não ficaram constrangidos, muito menos envergonhados, com minha cobrança; eles ficaram *chocados* por serem observados e julgados por um de seus instrumentos. Imagine o choque de Mary Epp se, logo após ela atacar a "masculinidade" de Edwin Epp no salão, Patsey, a escrava que ele estuprava regularmente (com "amor"), dissesse, "Você está certa, Mary, ele é libertino". (O choque de Mary duraria pouco, claro; tendo em vista seus inúmeros pedidos para que Edwin chicoteasse ou vendesse Patsey, ninguém pode imaginar que a conversa avançasse — Mary Epps ia mandar matar Patsey.) Mario e Riana viveram o "impensado" da senciência que os cercou por anos; assim como Mary e Edwin Epps tinham feito.

Eles levaram um tempo antes que pudessem responder minha acusação de discriminação no trabalho. Por um momento ambos ficaram sem palavras. Considerei a afasia deles uma admissão de culpa. Não poderia estar mais errado. Então Riana fez algo estranho. Ela sorriu. Mestre e DeNight estavam arrumando suas seções e tentavam ignorar o que estava acontecendo. Mas o rosto de Mestre havia se enchido de marcas de preocupação que o faziam parecer muito mais velho que o rosto de cinquenta e um anos em sua caderneta, que ele continuava a carregar embora a Lei do Passe tivesse sido revogada. Ele era uma geração mais velho que eu. Velho o suficiente para ter visto um sorriso dado por uma mulher como Riana para um homem como eu. Não era um sorriso de camaradagem. Não era um sorriso sexual. Mestre sabia seu lugar e precisava me ajudar a saber o meu. Então ele me pediu para levar a ele quatro dos meus guardanapos de linho dobrados. Estou com poucos, ele mentiu.

Riana disse que informar às três mulheres negras que a vaga estava preenchida era uma "mentira branca", para proteger "as meninas" da perda de autoestima. Eu teria rido, mas a tensão de Mestre havia se infiltrado em mim. A voz de Riana estava cheia de condescendência. Dizer a elas que a vaga havia sido ocupada, ela continuou, era muito melhor para a autoestima do que dizer que elas não eram qualificadas. Mario ficou ao lado dela, concordando.

Agora eu ri. "Você é incrível. Realmente uma humanitária."

Mario apontou o dedo para mim do piso elevado ao lado dela.

"O que é tão engraçado?", ele disse.

"Três mentiras brancas para três mulheres negras", respondi.

"Você está rindo da minha esposa?" Os músculos no pescoço dele pulsavam.

"Está brincando? Admiro a compaixão dela."

Mestre disse, "Frank, estou sem guardanapos. Posso ficar com seus extras?".

Não alcancei os guardanapos, ignorei o pedido. Eu sabia muito bem que ele tinha todos os guardanapos de que precisava para sua seção.

Mario começou a descer os degraus. Riana segurou a manga de sua dólmã, que era branca com botões de tecido.

Continuei. "Só um adivinho poderia saber que elas não eram qualificadas antes de ver seus currículos."

Um poço de silêncio cresceu entre nós. Na minha mente vi o cabelo bagunçado preto de Mario, suas mãos poderosas tomadas pela raiva, seu peito vestido de branco descendo o corrimão sobre mim.

Riana disse, "Que tipo de americano você é?". E ri de novo. Mario se soltou dela.

"Frank!", a voz de Mestre martelou.

Eu me virei para ele.

"Os guardanapos, brô."

. . .

A preocupação de Mestre com minha segurança foi algo que senti num nível profundamente pré-linguístico, a ponto de eu chegar a pressioná-lo para que ele conseguisse traduzir em palavras. Ele era sempre a primeira pessoa a chegar no vestiário, tirar suas roupas comuns e colocar o uniforme de garçom. Mestre estava com Mario e Riana desde o começo. Nem Nicolas e Sipho, dois funcionários fixos da cozinha, estavam lá há tanto tempo. O trabalho que Mestre fazia para Mario e Riana ia muito além de sua função de garçom. Ele podia consertar o ar-condicionado; podia desmontar o fogão a gás e remontá-lo; mandava as toalhas das mesas para a lavanderia, isso é, antes de Sandro, o primo de Mario, imigrar de uma vila próxima a Nápoles e ser pago para fazer o que Mestre fazia de graça. Isso diminuiu o orgulho dele; e ele reagiu sorrindo ainda mais. Mas não havia sorriso quando ele me viu no banco violando seu espaço e sua solidão. Todo mundo sabia que esse momento pertencia a Mestre; e todo mundo parecia respeitar isto. Mesmo Sibongile e Liyana, as duas mulheres que preparavam as saladas, espalhavam manteiga no pão de alho quente e ajudavam o lavador de pratos quando ele estava sobrecarregado, se organizavam para chegar no intervalo entre a chegada de Mestre e a da equipe masculina da cozinha e dos garçons. Assim, Mestre podia ter o tempo que todo mundo, menos eu, sabia que ele precisava, e Sibongile e Liyana podiam se trocar antes de os homens chegarem para vê-las tirando a roupa.

Esperei no banco ao lado da porta para poder vê-lo segundos antes que ele me visse ao entrar no vestiário. Quando a porta abriu e ele apareceu, vi seus ombros caírem com o peso do dia que ainda nem tinha começado. Ele murmurava uma mistura suave e ansiosa de inglês com venda para si mesmo. A porta se fechou atrás dele. Era tarde demais quando ele me viu. Tarde demais para se transformar, como Clark Kent numa cabine telefônica, e dar seu sorriso de super-herói. Ouvi o passo relutante de seus sapatos no piso de cimento. E eu tinha provado a podridão, a resignação e o arrependimento nas ruínas das palavras. Jamais tinha imaginado que ele fosse capaz de exibir a expressão que estava em seu rosto. Era uma expressão de raiva, quase ódio. Imaginei se alguém no mundo, mesmo sua esposa e seus filhos em Venda, já tinha visto o rosto de Mestre assim, sem o sorriso perpétuo impresso na paisagem de seu rosto brilhante cor de ônix. Ele piscou. Depois sorriu. O mundo estava no lugar novamente. Senti um espasmo de vergonha. Eu me desculpei.

"Pelo quê?", ele perguntou, numa voz reconfortante. "Você tem o mesmo direito que eu de estar aqui."

Mesmo que não tivesse certeza de estar agradecido, agradeci por ele ter tentado evitar o confronto do dia anterior. Ele virou de costas para mim e começou a usar a combinação para abrir seu armário.

"Queria te perguntar sobre aquilo", eu disse.

"O Mestre precisava de guardanapos", ele disse, falando de si mesmo na terceira pessoa. "O Mestre não queria causar problemas, Bra Frank." Ele mostrou aquele sorriso irritante e inescrutável.

Isso me incomodou. Eu não era contemporâneo dele. De acordo com a tradição tribal, ele era um ancião. Mestre não tinha por que mostrar deferência a mim, me chamando de "Bra" (de irmão ou tio) como se eu fosse ancião dele. *Este negro está se exibindo,* pensei com amargura. *Ontem ele me chamou de "Frank" com a urgência e o tom de comando que se usa com um subalterno; agora é um africano inescrutável e me trata como um homem com o dobro da sua idade ou como um homem branco, alguém a quem se mente com respeito.* Eu queria dizer a ele que esquecesse e ir embora. Ele me olhou pelo espelho enquanto prendia sua gravata borboleta. O que ele disse em seguida me surpreendeu. Não tinha nada a ver com as palavras que troquei com Mario e Riana. Mestre se sentou no banco à minha frente.

Com uma seriedade que julguei que ele era incapaz de mostrar, Mestre disse, "Você tem ideia de onde está?".

No fim do mundo, eu quis dizer, quando podia estar em Amsterdã, relaxando com um baseado.

"Onde estou, Mestre?"

"Na África do Sul", ele disse com firmeza.

Então ele me disse que Mario tinha pavio curto. Nada que eu não soubesse. Disse que não queria que Mario me atacasse, o que ele poderia fazer, se eu continuasse a insultar sua esposa. Eu disse que ela estava insultando minha inteligência; e perguntei se ele achava que eu não podia dar conta de um sujeito pequeno como Mario. Mestre esperou um momento, como se decidisse se valia a pena gastar sua sabedoria comigo ou se devia sair e começar a arrumar o salão de jantar, deixando que eu descobrisse as minas terrestres por conta própria. Foi quando ele me disse que não estava com medo do que Mario ia fazer comigo, mas do que Nicolas e Sipho podiam ter feito.

"Eles poderiam ter te matado", ele disse.

Olhei para ele como se tivesse acabado de ouvir que ele voltou de uma viagem de férias à Lua.

"O chef e o sous chef?", eu disse incrédulo. "Eles são *negros*". Eu disse que talvez fosse ele que não soubesse onde estava. "Nicolas e Sipho são negros, que Mario usa como capachos. Por que os dois iam sair em defesa deles", eu implorei, "quando eu estava defendendo três mulheres negras?"

Aproveitei a expressão muda de Mestre para lembrá-lo de meus esforços para organizar um sindicato no Mario's. Lembrei a ele dos panfletos e brochuras do Congresso Nacional Africano que eu distribuía regularmente aos trabalhadores quando Mario, Riana, os romenos e Sandro estavam de costas. Sempre que um massacre acontecia no Transvaal, fosse das quarenta e seis pessoas mortas no assentamento Joe Slovo ou das dez pessoas mortas em Mapetla, a equipe da cozinha, assim como ele e DeNight, podiam contar que eu viria no dia seguinte com material impresso explicando as implicações políticas da aliança paramilitar entre o Partido da Liberdade Inkatha e o braço de Segurança Sul-Africana.

Eu tinha começado meu trabalho político no CNA na segunda semana após minha chegada à África do Sul, e estava firme em minha convicção de que é preciso se organizar onde se vive. Eu não queria imitar a vida dos imigrantes que vi nos EUA, que ou construíram sua vida nova nas costas dos americanos negros, menos propensos a ser empregados do que um recém-chegado disciplinado e agradecido, ou simplesmente fizeram seu melhor para não testemunhar o sofrimento em torno deles.

Um mês após minha chegada, me tornei ativo nas estruturas políticas oficiais do CNA, como a Comissão de Paz do CNA, que monitorava e tentava prevenir a série de massacres que a polícia, as SADF[9] e o Partido da Liberdade Inkatha realizava nas vilas em torno de Johannesburgo.

Claro, eu nunca disse aos trabalhadores do Mario's que a Comissão de Paz do CNA também trabalhava pela luta armada do CNA — levando armas secretamente para as unidades de Autodefesa dos assentamentos — mas Mestre me lembrou que eu havia distribuído um editorial escrito por um operador de nível médio do MK que argumentava que o movimento de liberação não deveria ser enganado pelo argumento liberal de que toda violência é antiética: que a violência do governo do apartheid e seus representantes no Inkatha não deveria ser comparada à resposta revolucionária do movimento de libertação. Tudo isso que, eu disse a Mestre com um tom de determinação, devia fazer perfeito sentido para qualquer negro que trabalhasse neste restaurante, essa *plantation* em miniatura, por cinco minutos.

"Claro", Mestre disse, me surpreendendo com um tom de sarcasmo que jamais imaginei em seu rosto acessível e sorridente, "isso explica porque Nicolas perseguiu Fana com uma faca na cozinha quando viu que ele estava lendo um livro que você deu."

Fana era o lavador de pratos, um adolescente que disse ter dezoito anos, mas parecia ter quinze. Fana, que significa "menino", provavelmente nem era seu nome, mas era assim que ele era chamado.

Eu sabia a resposta para a pergunta que eu nem precisaria fazer. Mas perguntei mesmo assim.

"Por que o Nicolas faria isso?"

Mestre balançou a cabeça e começou a se levantar.

"Você está dizendo que Nicolas e Sipho são apoiadores do Inkatha?" Senti frio e suor. Por semanas eu tinha repassado pedidos para homens com facas que eram membros ou apoiadores do IFP. Tive a ousadia de presumir que eles queriam o mesmo que eu queria da luta de massas travada nas ruas; o ponto alto de tal insolência foi o fato que eu tinha me considerado representante deles e nem sabia quem eles eram. Nicolas e Sipho estavam furiosos comigo — e sua raiva vinha fervendo havia semanas sem que eu tivesse a menor ideia.

Nicolas e Sipho podiam ter vindo para o Transvaal de suas casas em KwaZulu-Natal. Sua migração do oceano Índico para os turbulentos campos da morte no entorno de Jo'burg pode ter coincidido com o fluxo de estimados 100 mil zulus que F. W. de Klerk fez se mudarem para os subúrbios de Jo'burg para colocar um rosto negro na agressão cometida pelo governo do apartheid. Só um tolo tentaria organizá-los num sindicato alinhado com o CNA. Eu fui esse tolo.

Mas por que Nicolas e Sipho não me confrontaram quando comecei?, perguntei a Mestre, mas ele só deu de ombros. Então perguntei, E o que vai acontecer agora? Ele deu de ombros de novo. Mas ele disse que não seria difícil para eles darem um jeito em mim sem serem punidos se dissessem que estavam tentando proteger a vida de um homem branco e sua esposa.

Fiquei no vestiário depois que Mestre se foi. Eu estava constrangido. E, quando isso passou, fiquei assustado.

7

Para minha surpresa, Riana e Mario contrataram uma africana para o caixa. O nome dela era Doreen. O contraste entre Doreen e Riana não podia ser maior. A única formação de Riana era aquilo que nos Estados Unidos seria um diploma em hotelaria, ao passo que Doreen tinha mestrado em administração e contabilidade pela Universidade de Bophuthatswana. Nem poderia haver dissonância maior entre a forma como as duas se vestiam e se comportavam. Riana saracoteava pelo restaurante num jeans tão justo que ela poderia ter sido despejada dentro dele. Nos meses de verão, dezembro e janeiro, ela usava shortinhos de cintura alta retrô dos anos 1970. Riana fumava cigarros Gauloises importados que frequentemente jogava fora ou abandonava após uma única tragada. Doreen, por outro lado, não fumava Gauloises nem outra coisa nem bebia álcool. Suas saias eram plissadas, como se tivesse jogado hóquei sobre a grama em Vassar, e suas blusas eram abotoadas acima de qualquer vislumbre do decote. Doreen achava difícil olhar Riana nos olhos, embora Riana fizesse um teatro exagerado para tentar fazer Doreen se sentir bem-vinda.

No primeiro dia de Doreen, Riana pegou na mão dela e a levou pelos degraus abaixo até o salão. Só iríamos abrir na hora do jantar. Era hora de a equipe do salão comer. Riana não largou a mão de Doreen até que ela concordasse em se sentar perto da cabeceira da mesa onde Riana e Mario sempre se sentavam. Riana estava oferecendo a Doreen a cadeira de Sandro. Ele deu de ombros e foi se sentar numa cadeira vazia no fim da mesa, perto de mim, Mestre e DeNight. Doreen protestou. Disse que estaria bem comendo *pap-n-fleece* na cozinha com os lavadores de pratos, as saladeiras e os chefs.

Doreen implorou para que Riana a deixasse ir comer na cozinha. Riana me olhou com uma expressão de vitória, como se dissesse, Doreen apenas quer estar com os seus, é o que se chama de *comunidade*. Doreen se virou para ir para a cozinha.

"Sente-se, Doreen", Riana mandou. "Esta é a nova África do Sul."

8

Muitos dias depois, a caixa registradora ficou sem papel para os recibos. Doreen se inclinou sobre o corrimão e perguntou a Riana onde ficavam as bobinas de reposição. Ela tinha olhado no balcão sob a registradora, mas não encontrou. Riana estava no salão falando com os romenos. Antes que Riana pudesse falar, Mario, que estava na parte de baixo dos degraus conferindo um pedido de vinhos que havia acabado de chegar, disse para olhar de novo. O que aconteceu em seguida durou apenas dez segundos.

Mario usava sapatos com solas que não faziam barulho quando ele cruzava o piso feito de sequoia importada do Oregon. Doreen não o ouviu quando ele subiu os degraus em três saltos silenciosos. Nem o viu, pois estava abaixada, procurando embaixo do balcão de novo. Mario chegou perto dela por trás. Com certeza, pensei, dias depois, quando ainda não conseguia apagar o que tinha acontecido da minha mente, ela deve ter sentido o ar mudar atrás dela, um novo calor vindo da presença repentina do corpo dele — ele estava tão perto que pensei que sua virilha tinha roçado no traseiro dela. Com dois ou três movimentos de vaivém, ele empurrou sua pélvis perigosamente perto dela. Seus olhos estavam fechados orgasticamente, como se os aromas de pesto tivessem escapado da cozinha. Riana, Sandro e os dois romenos caíram na risada.

Doreen se virou tão perto de Mario que podia sentir seu pós--barba. Agora o rosto dele estava contorcido de preocupação.

"Aqui", ele disse, gentilmente afastando Doreen. "Deixe--me ajudá-la." Quando voltou a se levantar, ele disse, "Você está certa, não está aqui. Onde diabos está o papel, Riana?"

9

Desviei os olhos e passei furtivamente por Riana e os dois romenos. Segui para a cozinha. Riana chamou Mario de menino safado. Mestre e DeNight limparam as mesas em suas áreas num esforço de desver o que tinham visto. Quase derrubei Sandro quando entrei na cozinha pelo lado errado das portas de vaivém. Sandro chupava os dentes e me lançou um olhar mortal enquanto tentava equilibrar a bandeja que carregava.

"Olhe por onde anda!", rosnei.

As luzes fortes e os aromas na cozinha não eram refúgio. Há algum tempo, Nicolas e Sipho tinham começado um ritual de picar carneiro ou cenouras ou qualquer coisa que pudesse ser picada quando eu entrava na cozinha. O som era um coro de guilhotinas. Nessas ocasiões eles não olhavam para mim; mas eu ouvia meu pescoço sendo destruído no ritmo das canções zulu que cantavam enquanto picavam a carne.

Fana, o jovem lavador de pratos, era o único que me cumprimentava com a cabeça quando eu entrava. Sibongile e Liyana lavavam alface numa pia ao lado dele, mas não se viravam. Quando comecei na trattoria Mario's, Nicolas e Sipho levantavam suas vozes em canções de guerra Inkatha enquanto guilhotinavam pedaços de carne quando eu entrava na cozinha. Eu não sabia que eram canções de guerra, nem sabia que eram para mim. Mas desde a lição do Mestre no vestiário, meu sangue gelava quando eu entrava na cozinha e os ouvia cantando. Mas não desta vez. Desta vez eu estava grato por eles. Esta execução vicária da carne expiava minha culpa. Que tipo de covarde ficaria parado enquanto Mario fazia o que ele fez com Doreen?

10

Doreen durou uma semana. Mais perto do fim da semana, ela saiu imediatamente depois do almoço para dar conta de algumas tarefas antes da refeição da noite. O restaurante estava completamente vazio. Eu estava sozinho no recesso. Vi Riana sentada na cadeira no patamar, conversando com uma mulher chamada Fiona. Fiona e Riana eram amigas de longa data do mesmo *klein dorpie* no Karoo; e Fiona também foi caixa antes de Doreen. Riana levantou a caixa registradora um centímetro e tirou um envelope debaixo.

"Natal?", Fiona sorriu. "Você já pagou meus atrasados."

"São duzentos rands, querida", Riana disse. "Quero de volta em alguns dias. É melhor que você não saiba mais do que isso. Depois explico. Prometo."

"Você é uma mulher misteriosa", Fiona disse.

Riana acendeu um cigarro Gauloises, deu uma baforada e o apagou. Depois beijou a bochecha de Fiona e deu tchau.

II

Mais tarde, vi Riana e Doreen na caixa registradora onde Riana tinha beijado Fiona no rosto. Havia uma calculadora entre as duas na mesa onde ficavam os cardápios, e também os recibos do horário de almoço. Riana apertava as teclas e olhava para Doreen, sacudindo a cabeça. Agora ela desceu os degraus. Entrou na cozinha. Quando voltou estava com Mario.

Mario pegou uma cadeira do salão de jantar ao subir os degraus e os três se sentaram juntos, de frente uns para os outros. Riana falou. Deu quase para ouvir o sobressalto de Doreen de onde eu estava. Ela pôs a mão sobre a boca. Mario encolheu os ombros com as mãos para cima. Riana colocou uma mão no ombro de Doreen.

12

Agora Doreen estava no recesso comigo. Riana e Mario ficaram no patamar, conversando baixo. Doreen estava atordoada. Seus olhos, úmidos. Dei a ela um copo de água com gelo da pilha de engradados plásticos. Eu me aproximei dela. Os dois romenos cantavam "Volare", desafinados, enquanto arrumavam as mesas. DeNight e Master também se preparavam para a refeição noturna. Eles faziam piadas um com o outro numa mistura de ndebele e inglês.

"Eles são uns cretinos", eu disse, presumindo que ela sabia que me referia a Riana e Mario.

A voz dela falhou. "Você sabe?", disse.

"Sim", disse. "Do que eles estão falando?"

"Madame quer me demitir. *Meneer** diz que devo ter mais uma chance".

Fazia poucos dias que Doreen tinha se sentido à vontade para usar os primeiros nomes deles. Agora as coisas voltaram ao normal.

"Madame prometeu uma referência sem mencionar isso." Agora ela estava chorando, e tentava não deixar seus soluços serem ouvidos fora do recesso. "Eu não peguei o dinheiro."

13

Doreen foi reanimada pelos paramédicos. Eles a levaram do recesso para o salão, onde a atenderam numa maca. Os olhos dela estavam abertos, mas sem foco. E ela não havia falado desde que desmaiara. A lateral da mão esquerda dela estava com um curativo. O corte aconteceu quando ela e eu caímos e um copo de vidro quebrou.

Num minuto ela e eu estávamos lado a lado no recesso, sussurrando. Eu disse que Riana tinha dado à antiga caixa duzentos rands da registradora. Embora eu não tivesse visto Riana tirar o dinheiro do caixa, *vi* quando ela tirou o envelope de baixo da registradora. Vi quando ela entregou o envelope para Fiona e ouvi quando ela disse que eram duzentos rands e que ela queria o dinheiro de volta em uma semana. Armaram para você, eu disse para Doreen. Era uma armação desde o começo. Agora podem dizer, *Não se pode confiar num africano com dinheiro*, eu disse. Ia dizer a ela que podíamos lutar contra isso. Ia dizer, odeio essas pessoas. Ia dizer que ela podia contar comigo, que estaria do lado dela (embora não fosse contar por que Riana e os romenos riram quando Mario, digamos,

---

* *Meneer* é "senhor" em africâner.

ficou atrás dela, ou como fugi) quando a vi escorregando apática pelo balcão onde estávamos, vindo na minha direção.

Por um instante vi como a boca dela se abriu; como seus olhos reviraram. O corpo dela bateu no meu. Estávamos caindo para trás, ela e eu. Ela devia pesar uns quinze quilos a menos que eu, mas quando desmaiou seu corpo era uma massa morta que caiu sobre mim com o dobro da força. Não consegui segurá-la. Nem evitar sua queda. Caímos sobre a coluna de engradados de copos de água juntos. Gelo e água choveram sobre nós como granizo e chuva. A blusa dela estava encharcada. Sua mão sangrava, meu cabelo molhado e emaranhado. Eu não conseguia levantá-la do chão.

O som de vassouras molhadas sussurrava no recesso atrás de mim enquanto Mestre e DeNight varriam gelo e vidro quebrado. Dois paramédicos se ajoelharam ao lado de Doreen. Um deles furou o dedo dela para medir o nível de açúcar no sangue. Os olhos de Doreen estavam completamente abertos agora, enquanto ela encarava um afresco de rostos, Riana, Mario, os paramédicos e eu. Riana perguntava a Doreen o que aconteceu. O paramédico com o exame de sangue disse que ela desmaiou, em um tom que sugeria que isso era óbvio. Mas Riana o ignorou e perguntou de novo. Doreen olhou para mim. Mas o que ela queria que eu dissesse? Ela queria que dissesse alguma coisa? O que eu podia dizer que não ia piorar as coisas?

"Esses africanos", um dos paramédicos disse, falando de Doreen na terceira pessoa, plural, "eles precisam *comer*. Você me ouviu, *sisi*?* Seu nível de açúcar no sangue está muito baixo." Ele olhou para Riana. "Foi por isso que ela desmaiou."

Riana olhou para Mario como se eles soubessem o verdadeiro motivo do desmaio. Não era falta de açúcar no sangue.

* Irmã.

14

Corri para a janela que estava na altura da rua. Tudo que dava para ver do salão eram os sapatos e as pernas dos pedestres. Mas a maca estava baixa o bastante enquanto os paramédicos se preparavam para levantá-la até a ambulância e pude ver Riana se abaixar. Doreen estava falando com ela. Quando terminou, Riana acenou e se levantou. Só o que vi foram as pernas lisas e nuas perto das calças de chef brancas que pertenciam a Mario. Agora as pernas dele se viraram e seguiram rápido para a porta. Instintivamente me afastei, mais para dentro do salão.

15

Do patamar, Mario gritou uma palavra: *Veneno!* Enquanto descia a escada ele gritava, "Veneno! Veneno! Veneno!"

Fui andando para trás, mas ele estava se aproximando de mim.

"Você espalhou veneno em todo lugar!"

Estávamos cara a cara. O hálito dele havia se mesclado ao meu. Senti a umidade de sua saliva.

Riana gritava do alto do patamar, mas eu não conseguia entender o que ela dizia. Só palavras, palavras isoladas e sua raiva em sons agudos. Agora eu entendia o que ela estava dizendo. Riana estava dizendo que Doreen contou o que disse no recesso pouco antes de ela desmaiar.

Por alguma razão pus meus óculos de sol quando Mário desceu os degraus. Não tenho a menor ideia do motivo. Agora tirei os óculos. Não queria pedaços de plástico enfiados no meu rosto ou nos meus olhos se Mário me desse um soco. Meus braços estavam tão fracos. Era como se meus ossos tivessem desaparecido. Eu tinha todo direito de empurrar

Mario para longe. Riana gritava que (o que eu disse para Doreen) era mentira. Ela ia me processar por calúnia. Mario se aproximou mais, como se fosse possível. Atirei meus óculos no chão. A armação de plástico quebrou como a espinha de um rato.

Na minha visão periférica vi a porta da cozinha abrir. Nicolas, o chef, e Sipho, o sous chef, passaram por ela; mas não passaram do recesso. Agora Fana correu pela porta, seguido por Sibongile e Liyana, e dois outros da equipe da cozinha. Eu queria ignorar o pânico em meu peito, mas não conseguia. *Se os zulus ficarem do lado do Mario e partirem para a briga*, pensei, *estou morto*. Mesmo naquele momento, arriscando ossos quebrados, detenção, prisão, deportação e morte, o crítico em mim me censurou por ter deixado a palavra *zulu* vir à tona. Era intolerante e errado. *Nem todos os zulus são impis do Partido da Liberdade Inkatha*; há zulus no CNA, uma voz dentro de mim advertiu. O pânico disputou território com minha vergonha.

Cada insulto que Mario sentiu desde que comecei a trabalhar lá saiu da sua boca como vômito esmeralda. A litania de abusos que ele sofreu nas minhas mãos me surpreendeu, não porque eu não soubesse do que ele estava falando ou porque achasse que ele estava mentido, mas porque sempre supus que só a esposa dele, Riana, tinha a capacidade de explicar insinuação e subtexto. Eu estava errado sobre ele. Mario falava em rajadas cortadas, salpicadas de saliva. Um campo de batalha de verbos e substantivos com preposições e conjunções frequentemente triados e deixados para morrer. Ele disse que eu achava que os clientes que jantavam lá eram *meus* convidados, não clientes dele. Com um grau atordoante de detalhe, ele descreveu como eu andava como um pavão pelo restaurante *dele* arrebatando *seus* convidados com meu *élan*, "incluindo aqueles que nem estavam sentados na tua seção!

Como se isso aqui fosse a tua *casa*! Como se o teu nome estivesse na porta, como se o lugar não se chamasse Mario's".

(De fato, alguns dos clientes regulares do Mario's tinham começado a ir ao restaurante e perguntar por mim. A mais importante cliente a fazer isso era Nadine Gordimer. Ela e eu nos demos bem na noite em que a conheci com Reinhold. Logo ela voltou sozinha e discutimos literatura e política sul-africana enquanto eu a servia. Ela me chamou para um chá da tarde (que não foi chá, mas vinho) em sua casa em Parktown, onde me convidou a entrar para o Congresso de Escritores Sul-Africanos, alinhado ao CNA. Ela e eu passamos vários meses criando uma série de leituras dramáticas que seria realizada por vários membros do Congresso de Escritores Sul-Africanos que moravam nos subúrbios, que aconteceram em lugares tradicionalmente brancos, elegantes, como museus e salas de concertos. Mario e Riana não tinham como concorrer com o charme e o carisma que eu oferecia ao salão à luz de velas. Aprendi, vendo meus pais por anos em suas festas, como trabalhar um salão; como elogiar a esposa de um homem branco sem nenhum deles achar que se trata de algo sexual; servi mesas em clubes privados, e sabia como perguntar se eles se importavam que eu fizesse o pedido por eles, seguido de uma garantia de que a refeição seria gratuita caso qualquer coisa que eu trouxesse não fosse do seu agrado; como mencionar um texto que eu tinha lido no jornal sobre qualquer cliente famoso do Mario's sem parecer suplicante ou caçador de autógrafos. Eu os fazia sentir como se fosse uma honra para eles falar comigo. Fazia com que eles se sentissem vivos. Fazia com que eles se sentissem seguros. Mario e Riana tinham a bota do apartheid no meu pescoço. Mas o salto do meu ego estava enfiado no pescoço deles. Eu não acreditava que isso equilibrasse as coisas. Mesmo assim, amava contar uma história de três minutos para um grupo dos regulares *dele* e olhar para o patamar e ver a cara *dele* cheia de angústia enquanto *seus* clientes riam deliciados. Sentia a satisfação de um menino que se senta de pernas cruzadas na grama e arranca as asas de mosquitos. *Morda-se de inveja com seus dentes de homúnculo, Mario.*)

Gotas de saliva cobriam minha cara enquanto ele gritava. Ele disse que causei muita dor a Mestre e DeNight quando pressionei Riana para deixá-los comer na mesa fora da cozinha. (Com isso ele transformou a segregação do apartheid num bálsamo curativo do qual privei meus irmãos africanos.) Mas quando ele disse que sabia tudo sobre o material impresso do CNA, que pensei ter discretamente passado para os membros da equipe da cozinha e para Mestre e DeNight, meu sentimento de diversão em relação a essa efusão se transformou em pânico. Eu me permiti desviar o olhar dele, só o suficiente para ver o que pudesse de Nicolas e Sipho. Não dava para saber por suas expressões se os dois entrariam na briga.

Mario me disse para desmentir o que eu havia dito a Doreen sobre Riana: que ela roubou o dinheiro para culpar Doreen. Exigiu que dissesse a todos no salão que era uma mentira. O problema era esse: ninguém além de Mario e Riana sabiam o que eu tinha dito para Doreen, porque ela confessou fora do restaurante, pouco antes de os paramédicos colocarem a maca na ambulância. Meu silêncio o enfureceu. Ele me disse que uma coisa era desrespeitá-lo, mas outra muito diferente era desrespeitar a mulher dele. Ele me deu mais uma chance de me desculpar. Em vez disso, me voltei para Mestre, DeNight, Sibongile, Liyana, Fana, Nicolas e Sipho. Como um disco girando a setenta e oito rpms, disse a eles que Riana roubou duzentos rands da gaveta da caixa registradora e escondeu o dinheiro num envelope. Então Riana fez um teatro para ajudar Doreen a fechar o caixa, eu disse o mais rápido que pude, mas o jogo era de cartas marcadas.

Foi quando Mario me esmurrou.

16

Riana gritava a plenos pulmões do patamar. Ela gritava para Mario parar de brigar. Quando um vidro quebrava ou um prato caía no chão, ela se agitava ainda mais, como se o bem-estar dos utensílios fosse o que estivesse em jogo. "Que tipo de americano você é?" Se ela soubesse que eu não tinha ideia. Se algum pensamento completo passou por minha mente quando Mario avançou contra mim como um touro, dando uma cabeçada no meu plexo solar, foi a ironia da pergunta. Os gritos estridentes de Riana rompiam o ar como estilhaços. Mario atingiu meu estômago com a cabeça e me arrastou de volta ao corrimão logo abaixo de onde Riana estava.

Mario era mais baixo que sua mulher, Riana, uma ex-miss stofbak* de um metro e setenta. Eu era uns oito centímetros mais alto que ela. Achei que seria mais fácil brigar com um homem baixo. Eu estava errado. O baixo centro de gravidade dava uma vantagem a Mario enquanto ele enfiava sua cabeça no meu torso e me prendia no corrimão. Espanquei suas costelas com um pêndulo de socos, mas ele continuou firme. Ele me pegou com um golpe no queixo. Senti meus dentes de baixo cortarem meu lábio por dentro. Sangue escorria pelo meu queixo.

Um dos romenos entrou na briga. Ele era um homem magro como um cabide, com os olhos de um esquilo assustado. Ele pegou meu braço e tentou me tirar de perto de Mario. Arremessei o traseiro magro dele como se fosse uma salada. Ele caiu com as costas na quina de uma mesa. Ele fez uma careta de dor e foi cambaleando para o recesso, segurando as costas.

Mario me empurrou pelas costas e caímos no chão brigando. Rolamos engalfinhados. Dois ursos panda fazendo amor. Nossa

---

* Stofbak: termo africâner para alguém que vive em uma região árida.

briga não tinha os punhos de aço, as cadeiras voadoras de um filme de ação. Nenhum desfecho decidiu o vencedor.

17

Estamos os dois em pé agora. Sandro, não Mario, chora em pé entre nós. Riana me diz que negros americanos tinham jantado no Mario's e nenhum deles era como eu. Eles eram espertos e civilizados, ela diz. Mario está apontando o dedo para a minha cara por trás das costas de Sandro, dizendo que estou demitido. Estou demitido, respondi, quando você registrar por escrito.

Ele diz, "Foda-se você, não vou registrar nada, seu merda!".

18

Nosso apartamento ficava na esquina da Ameshoff com a avenida Jan Smuts, uma caminhada de cinco minutos do Mario's. Rebone, a irmã mais velha de Khanya, estava na sala quando entrei. Meu lábio ensanguentado, minhas juntas, minhas costelas e meu orgulho estavam feridos demais para que eu registrasse o significado da presença de Rebone. Ela estava em Jo'burg; não em Mmbatho em prisão domiciliar há quase trezentos e vinte quilômetros. (Isso significava que a polícia tinha capturado seu namorado, o insurgente no Exército Popular de Libertação Azaniano?) Khanya estava sentada ao lado dela no sofá. Uma bandeja de chá e bolinhos estava na mesa em frente a elas.

Minha camisa estava rasgada. Sabe-se lá onde estava minha gravata borboleta. Eu estava tão envergonhado por não conseguir parar de chorar. Eu tremia e fungava como um cavalo morrendo de frio. Khanya e Rebone imploraram para que eu contasse o que tinha acontecido.

"Eu vou…" Eu não conseguia falar. Algo grande e vazio como o arroto de uma morsa explodiu em meu peito. "Eu vou…" De novo, nada saiu exceto soluços convulsivos. Olhei para o teto. "Vou matar aquele branco!"

Rebone correu para as portas duplas que davam para a sacada e as fechou. Só na sua ausência percebi o som ambiente da rua abaixo, as rajadas de buzinas e os risos envoltos agora em silêncio. Eu disse de novo. "Eu vou matar aquele branco." Rebone fez algo que nunca tinha feito antes. Ela estralou os dedos para Khanya. Depois apontou para mim. Isso rompeu o transe de Khanya; ela estava ao meu lado agora. Ela pôs a mão na minha boca agora enquanto eu tentava dizer de novo. Sua mão presa na minha mandíbula com uma força que nunca senti nela nos três anos que estávamos juntos. Rebone trancou a porta da frente.

No quarto, Khanya tirou minha roupa e me deixou só de cueca. Foi quase cômica a forma como ela me cobriu a ponto de quase esconder minha cabeça. Agora eu conseguia falar sem chorar. Contei tudo. Ela ouviu sem se surpreender nem duvidar. "Isso é a África do Sul", ela disse. Então Khanya fechou as cortinas e o quarto ficou escuro. Ela pegou minhas roupas e, antes de sair do quarto, disse, "Você consegue outro emprego".

19

O quarto estava tão escuro quando acordei que pensei que ainda era noite. Entrei em pânico. O relógio dizia 3h53 e pensei no que Khanya estava fazendo fora da cama a essa hora da madrugada. Então vi uma longa linha de luz onde as cortinas se uniam. Fui até o armário e vesti uma nova camisa social branca e calças pretas.

20

Não vou embora assim. Caralho. Foda-se. Não.

21

Khanya implorou para que eu não voltasse ao trabalho para o turno do jantar no Mario's. Com sua voz de punho de aço em luva de pelica, a mesma voz que usava para dar instruções para sua irmã mais nova, Rebone disse, "Não há habeas corpus aqui. Você vai simplesmente desaparecer".

22

Quando entrei pela porta da frente, Riana correu escada abaixo e desapareceu na cozinha. Ela saiu com o marido atrás dela. Eles me observavam do recesso. Eu estava com um nó na barriga. Meu peito estava apertado. Tentei ignorá-los enquanto organizava as mesas. Agora, Mario estava perto de mim.

"Eu não demiti você?"

Riana correu para o patamar e discou no telefone.

23

O irmão mais velho de Mario, Angelo, entrou no restaurante e foi solenemente cumprimentado pela cunhada e por Mario.

Os três conversavam aos sussurros no patamar. Usando um tom de voz planejado para que eles ouvissem, Mestre disse que eu estava arrumando as mesas errado. Isso deu uma desculpa para que ele fosse até a minha mesa. Naquela voz de avô, ele me repreendeu enquanto fingia reorganizar minha mesa.

"Ante*p*asto. Sopa. Massa. Entrada. E *depois* o garfo de salada", ele disse enquanto organizava os talheres.

Agora ele sussurrou, "Ele não é um homem violento", se referindo a Angelo. Meu medo era tão evidente?

Respondi, "Vão me levar lá para trás e me espancar". A única coisa que eu não sabia era se Nicolas e Sipho iam se juntar a eles. Seriam dois contra um ou quatro contra um?

24

No escritório de Mario um bastão de beisebol estava encostado num arquivo em mau estado. Era uma despensa abarrotada com uma mesa, um arquivo e na parede um calendário de mulheres nuas em cima de carros. A primeira pista de que Angelo estava no comando era que Mario estava sentado, não na sua própria mesa, mas em uma das cadeiras para visitantes. Seu irmão mais velho, Angelo, estava sentado atrás da mesa. Angelo então empurrou a cadeira de Mario detrás da mesa e se sentou ao lado dele. As cadeiras estavam arrumadas de forma que nossos joelhos quase se tocavam. Diferente de Mario, Angelo nunca levantava a voz. Ele deixou Mario gritar seu mantra de "veneno" e relatar todas as "mentiras" que eu tinha espalhado sem sequer demonstrar impaciência. Ele olhava para mim, mesmo enquanto Mario falava, e nunca o vi piscar. Finalmente, ele nos calou levantando a mão.

"Você veio para este país com um visto de turista de seis meses, certo?", ele disse.

Não respondi.

"Você não tinha dinheiro, nem uma permissão de trabalho. Como quem acaba de desembarcar. Você acha que a gente não entende? Nós entendemos. A gente também passou por isso. Podíamos ser irmãos."

Mario pareceu não gostar da ideia de nós três sermos irmãos. Ele franziu a testa.

Angelo fez um gesto na direção de Mario. "Então, aqui, o teu irmão te contrata assim que você desembarca. Certo? Ele te pede documentos? Não. Ele diz, 'Cadê tuas referências'? Não. Você entra aqui de mãos abanando. Meu irmão não te conhece mais do que qualquer outro estranho na rua, não é? *Mas ele te dá um emprego.* E como você retribui?" Ele relaxa e cruza as mãos sobre a barriga, como se não estivéssemos numa despensa mofada com um taco de beisebol no canto. Então ele disse que eu semeei discórdia e espalhei mentiras, tentando colocar a cozinha contra o irmão dele, acusando sua cunhada de roubar apenas para demitir uma mulher que *ela* mesma contratou.

"A paciência acabou, meu amigo", Angelo disse. "Você tem que ir embora. Não, não balance a cabeça. Não. Balance. A. Cabeça. Você vai sair agora, amigo."

"Não."

"Angelo", Mario insistiu, "abrimos em vinte minutos. Precisamos..."

Angelo disse, "Quieto, Mario".

"Ele está só enchendo o saco!" Mario gritou. "Não viemos de Nápoles até aqui para um..."

Angelo interrompeu antes que ele dissesse a palavra. Mas eu trocaria o olhar mortal de Angelo pelo termo pejorativo de Mario. Agora Angelo mudou de tom. Falou comigo com o tom de quem oferece um emprego e não de quem demite.

"O que você quer? Hein? Diga."

"Quero por escrito", eu disse. "Não estou questionando seu direito de me demitir, mas quero por escrito. Quero que diga o porquê."

Angelo se inclinou tão perto de mim que por um instante nossos joelhos se tocaram. Ouvi o som fraco do ar entrar e sair de suas narinas. Ele tocou o dedo no meu joelho. Um choque elétrico passou por minha coxa e foi até meu coração. Eu me odiei por não bater nele. Enquanto batia com o dedo na minha perna, ele falou no que só pode ser descrito como um sussurro, "Você vai ir embora agora ou nossos amigos na La Cosa Nostra vão quebrar teus joelhos".

Quando terminou de me dizer por quanto tempo eu ia ficar na tração no hospital depois que a máfia estourasse meus joelhos (seis semanas até poder levantar, seis semanas de fisioterapia, o resto da vida mancando), Angelo disse, "O que vai ser, porta número um ou porta número dois?".

Corra, uma voz dentro de mim disse, *corra*.

"Certo", eu disse.

Angelo sorriu e recostou na cadeira. Ele estendeu a mão para mim e disse, "Sem mágoas?".

25

"Faça a máfia arrebentar meus joelhos e eu faço a uMkhonto we Sizwe estourar os seus e os do Mario." Podia sentir o suor colando a camisa nas minhas axilas. "Podemos ficar no mesmo hospital, se for multirracial. E vou usar meu período de recuperação para escrever artigos dizendo como este lugar é racista. Talvez peça para Montshiwa Moroke do *Star* denunciar vocês. Conhece a assinatura dele? Claro que não, você não lê." Queria dar uma tapinha no joelho dele com meu dedo, mas minhas mãos estavam úmidas de suor; ele saberia que eu estava blefando. Então eu disse, "Espere só até um de seus clientes regulares, como Nadine Gordimer, ler. Sabia que ela é membro do CNA? Não, você nem sabe onde está. *Isso é a África do Sul.* Você está cercado. Vocês são 15 milhões. Nós somos 40 milhões. Você está cercado. Espere até isso se espalhar, começando pelo restaurante do Mario e chegando à tua rede de salões de beleza. Quantas mulheres brancas de Parktown vão passar em meio a uma turba de africanos protestando para fazer o cabelo nos teus salões? Sabia que Nadine Gordimer mora em Parktown? Não, você nem sabia quem era ela."

Depois de um momento perguntei se tínhamos terminado. Angelo fungou. Saí sem voltar as costas para eles. No corredor ouvi o barulho de passos de sapatos sociais no chão de concreto. Quando me virei para o canto onde ficava o recesso, vi a porta da cozinha balançar devagar. Alguém da cozinha estava ouvindo fora do escritório do Mario.

No salão, os romenos e Riana me olharam como se vissem o retorno da múmia.

Riana acendeu o letreiro, tirou o cartaz de FECHADO e abriu a porta da frente. Quando ela se virou, corri para o banheiro masculino. Queria usar o cubículo mais distante da porta para o caso de um cliente entrar, mas não consegui chegar tão longe. Caí de joelho, segurei o vaso sanitário como se fosse um salva-vidas e vomitei tanto que limpei as paredes do meu estômago.

Lavei meu rosto e pensei quanto tempo ia levar para o espelho parar de tremer.

"Não chore", disse a ameixa retorcida no espelho. "Porra, não chore."

26

Os negros que trabalhavam no Mario's tinham pouco em comum politicamente: Mestre e DeNight mantinham para si suas ideias políticas, assim como a maioria dos 35 milhões de negros quando estavam no trabalho; isso também valia para Sibongile e Liyana. Nicolas e Sipho eram membros da IFP, inimigos jurados do CNA, o Partido Comunista Sul-Africano, e da Central Sindical Sul-Africana (Cosatu). Fana, o lavador de pratos, era um camarada dedicado. Todas essas diferenças importavam *muito*. Nenhuma importava de maneira *essencial*. Paradigmaticamente, estávamos todos no mesmo lugar. Éramos todos, em outras palavras, a antítese do humano. Éramos todos ferramentas na *plantation* de Mario e Riana.

Do comércio de árabes escravizados, que começou em 625 d.C., até sua encarnação europeia começando em 1452, todo mundo ao sul do Saara teve que negociar seu cativeiro.[10] No nível global de abstração podemos ver como a África tem sido contida carcerariamente pelo resto do mundo há mais de mil anos. *Não há habeas corpus aqui.* O cativeiro sobredeterminava a condição de possibilidade para a vida de *todo mundo*. O modo como as pessoas *atuavam* num continente encarcerado era tão variado quanto as "escolhas" feitas por nós no Mario's.

Alguns fugiam da costa e seguiam cada vez mais para o interior para não serem percebidos e, com alguma sorte, não serem capturados — o modo como DeNight se mantinha nos cantos do restaurante onde ninguém falava com ele quando não servia mesas. Alguns se tornavam indispensáveis (pelo maior tempo possível) para os escravocratas brancos ao se tornarem caçadores de escravos — como Nicolas e Sipho, e os *impimpis* do Partido da Liberdade Inkatha. Alguns mantinham suas proezas e seu orgulho na manga e atacavam sem ter nem plano nem futuro — como eu. Alguns confiavam na patroa na esperança, talvez, de conseguir algum tipo de refúgio, ou por razões que eles mesmos não sabiam identificar — como Doreen. O ponto essencial do afropessimismo não é um *julgamento moral* das escolhas que as pessoas fizeram, mas uma *análise ética* do dilema em comum que elas tinham — as questões que assombram o escravizado desde o momento em que ele acorda: o que estas pessoas brancas farão com minha carne hoje? Quão profundo elas vão cortar?

Alguns eram capturados e se recusavam a viver. Alguns mandavam seus filhos para uma morte diferente, como em *Amada*. Os sonhos de todos esses diferentes cativos não podem ser reconciliados, mas seu lugar no paradigma é o mesmo. Eles acordam toda manhã com uma ansiedade mais profunda que a do proletariado, do trabalhador. O proletário acorda de manhã pensando, Quanta coisa vou ter que fazer hoje e por quanto tempo vou ter que fazer? A exploração e a alienação se transformam numa úlcera de manhã cedo. Quanto o capitalista irá exigir de mim e por quanto tempo?

Já o escravizado acorda de manhã pensando, O que estes humanos vão fazer com a minha carne? Uma dinâmica de ansiedade muito diferente da exploração e da alienação.

Se uma lata de atum ou um balde de pregos pudesse falar, suas perguntas essenciais não girariam em torno de como sua força de trabalho é explorada, ou do tamanho da alienação do valor do que eles produzem. A exploração e a alienação não são a gramática de seu sofrimento. (Como alguém pode explorar uma ferramenta?) E o valor do que a ferramenta ajuda a produzir nunca é acumulado pela ferramenta. Para o escravizado, o implemento, a exploração e a alienação são superadas pela acumulação e pela fungibilidade. Os *próprios* escravizados são consumidos, não sua força de trabalho. Escravizados são ferramentas, não trabalhadores. Aquilo que Marx chamava de "ferramentas falantes": instrumentos falantes de Mario e Riana. Nossa resposta a esse cativeiro era tão variada quanto a miríade de escolhas que nossos ancestrais fizeram há centenas de anos naquele continente. Mas a questão era a mesma: O que estas pessoas brancas vão fazer com a minha carne? E a resposta é a mesma: o que elas quiserem.

Não há habeas corpus aqui, Rebone avisou. Ela não sabia como estava certa: para os negros não há habeas corpus em lugar algum. Doreen sabia disso melhor do que qualquer um de nós. Ela negociou seu cativeiro ao desmaiar: sua tentativa inconsciente de se salvar jogando-se ao mar. Quando acordou, ela olhava os rostos de seus donos, e eu, um colega escravizado. Carregadores de caixão temporários levaram seu corpo para a ambulância. Ela ia sobreviver, quando o que realmente podia querer era transformar a morte em liberdade; pular do navio antes que ele atracasse. Quem não diria a eles o que queriam ouvir? *Não há habeas corpus aqui.* Doreen e o resto de nós vivíamos (se é que *viver* é a palavra) em um paradigma de violência que não tinha analogia com a violência da exploração e alienação sofrida pelo trabalhador.

Doreen foi a primeira pessoa negra contratada especificamente, e oficialmente sancionada, para lidar com dinheiro com suas mãos negras. Brancos sul-africanos haviam contratado Doreen para quebrar suas leis libidinais — violar os esteios de seu inconsciente coletivo. Então algum vigarista no recesso sussurra no ouvido dela o que sua intuição não a deixou pensar em voz alta: que era tudo uma armadilha.

Os negros que trabalhavam no Mario's tinham idades, etnias e gêneros diferentes. Mas essas diferenças de identidade não alteravam nossa posição semelhante. Ninguém se posiciona no mundo; a pessoa nasce com um nome que é escolhido. Talvez tenha havido um momento de solidariedade causado pela percepção comum de nossa posição semelhante em relação à morte social. Se esse momento existiu, foi estilhaçado: a maneira severa como o Mestre me educou no vestiário e os raios de bondade que ele emitia nas situações mais tensas, gestos que colocavam em risco sua esposa e seus filhos em Venda, para quem mandava dinheiro todo mês. A maneira como Nicolas e Sipho não me machucaram, nem fizeram algo pior, quando tiveram a chance; um ato pelo qual seriam desculpados e recompensados.

27

Finalmente me demiti do Mario's no fim de junho; no início do inverno quando se podia ficar encharcado sem aviso pela chuva no meio do dia. Eu me despedi de Mestre e DeNight. Riana soltou fumaça de um cigarro Gauloises para o lado e me desejou tudo de bom. Os romenos e Sandro acenaram. Para minha surpresa, Mario apertou minha mão. Realmente estive aqui por boa parte dos últimos seis meses?, pensei. Do lado de fora, a chuva tamborilava no toldo e sitiava a porta da frente. Eu tinha deixado meu guarda-chuva em casa. Não queria ter que correr quatrocentos metros nesse clima, mas também não podia aguentar o constrangimento de estar no Mario's depois de ter me despedido.

Então lembrei que não havia me despedido de Fana, o lavador de pratos, nem de Sibongile e Liyana, as duas mulheres que preparavam as saladas e passavam manteiga no pão de alho. *É a coisa decente a fazer,* pensei. Mas isso também significava encarar Nicolas e Sipho, dois apoiadores do Inkatha, senão verdadeiros *impimpis*. Um arrepio percorreu minha pele ao lembrar que pus panfletos do MK nas mãos de Nicolas e Sipho. Nunca houve tolo maior. Eu disse a mim mesmo que não devia despedidas para Sibongile, Liyana e Fana. Eles não eram meus amigos. Trabalhávamos juntos. Eu devia sair pela porta da frente e esquecer esse lugar. Mas eu sabia que estava mentindo para mim mesmo. Só estava com medo de encontrar os zulus que ainda temia e, principalmente, para quem fiz papel de bobo sem saber. Olhei para o relógio e percebi que era seguro ir até a cozinha. Nicolas e Sipho já tinham ido embora. Sibongile, Liyana e Fana poderiam estar lá limpando.

Na porta, ouvi o som de facas de açougueiro deslizarem pelo carneiro e baterem contra a tábua. O ritmo era o mesmo da batida do meu coração. Eram Fana, Sibongile e Liyana que já tinham ido. Nicolas e Sipho estavam de costas para mim. Eu me virei para ir embora antes que os dois me vissem.

"Frank!"

Tarde demais.

Eles tinham manchas de sangue de carneiro nas mãos e no avental. Estavam juntos na mesa de corte de carne. Ainda estavam com as facas nas mãos. Pensei na história que Mestre me contou sobre como Nicolas perseguiu Fana neste lugar com uma faca, dizendo ao rapaz que ele se encontraria com sua mãe se fosse pego com mais "panfletos e livros do Frank".

Nicolas colocou sua faca na mesa e limpou as mãos numa toalha. "Ouvimos que você está indo embora", ele disse. Sipho não disse nada.

"Sim... sim... o almoço foi meu último turno."

"Vai fazer o quê?", Nicolas insistiu.

"Bem... eu... eu dou aula na Wits. É por isso que não estou aqui nas segundas-feiras; e dou aula de escrita criativa à noite. Mas esses trabalhos acabaram agora. Tenho uma vaga de professor mais permanente em outro lugar."

"Ensinando o quê?"

"É tipo inglês", menti.

Na verdade, fui contratado como vice-coordenador de um projeto de uma ONG que trabalhava com organizadores nas vilas (as mesmas pessoas que lutavam contra os Inkatha.) No ano seguinte eu ia escrever material didático e mediar oficinas para líderes Cívicos das vilas negras em torno de Johannesburgo. As oficinas eram sobretudo de planejamento estratégico para movimentos sociais de base; a teoria da sociedade civil do comunista italiano Antonio Gramsci; organização política; trabalho de escritório e divisão do trabalho; e escrita. Mas eu não podia dizer isso para eles. Os Cívicos eram a versão das vilas da comuna de Paris — órgãos de poder popular alinhados com o CNA.*

Os olhos de Nicolas se acenderam. Sipho fez um gesto com a cabeça como se tivesse ganhado uma aposta. "É por isso que você fala um inglês tão perfeito", Nicolas disse.

"Não existe um inglês perfeito. Isso é um mito racista. Na verdade..."

"Você fala como os brancos", Sipho disse, como se isso encerrasse o assunto.

"Você precisa me ensinar, brô", Nicolas implorou. "Pedi para o Mario para ser garçom. Ele diz que meu inglês é ruim, que eu ia assustar os clientes. Ele diz que a minha cabeça é dura."

Enquanto Nicolas falava, minha compaixão por ele cresceu, o que me confundiu. *Este sujeito é um lacaio do Estado; por que estou falando com ele?*

"Quero ser mais esperto, como você. Mas não tenho meu diploma do ensino fundamental."

Você manteve minha vida em suspenso por quatro meses sem eu saber; eu diria que isso é muito esperto.

O caráter da conversa foi tão contrário a qualquer coisa que eu pudesse ter imaginado para uma tarde úmida sozinho com esses dois numa cozinha que mais parecia uma caverna fria que fiquei sem ter o que falar. Balbuciei algo sem compromisso, como, Wits tem uma escola para trabalhadores, e também tem a Biblioteca dos Trabalhadores e, claro, com certeza eu ia adorar dar aulas para você, mas temos que nos reunir e pensar num horário e num lugar, e claro que você pode passar no meu escritório a qualquer momento e podemos ver se — porém, na verdade, raramente estou no meu escritório, mas

---

* Para uma melhor compreensão dos Cívicos e do papel que eles tiveram na luta, veja Mzwanele Mayekiso, Patrick Bond (Orgs.). Township Politics: *Civic Struggles for a New South Africa*. Nova York: Monthly Review Press, 1996.

tenho certeza que podemos combinar alguma coisa. Não consigo lembrar de outra conversa em que eu tenha estado tão perplexo, com medo e envergonhado.

Nicolas espalmou a mão na tábua de carne e disse, "Vou sentir tua falta, Frank".

Por meses, desde que descobri que ele era membro da IFP, quis sentir ódio dele e de Sipho, ódio deles pelas centenas de pessoas por mês que seus colegas, e talvez até eles mesmos, tinham esquartejado, baleado e queimado vivas.

Fui cautelosamente até a mesa de corte de carne e apertei a mão dos dois. "Também vou sentir falta de vocês." Então me virei de costas para eles, sem sentir medo.

Olhei do patamar para o salão silencioso. Eu tinha ouvido a baleia azul do som ascendente, todos os rostos iluminados pelas velas cantando "Volare", pela última vez.

Epílogo
O novo século

O termo "colapso nervoso" às vezes é usado pelas pessoas para descrever uma situação de estresse em que elas se veem temporariamente incapazes de funcionar normalmente na vida cotidiana. Se você tem uma pessoa que é a principal responsável por cuidar de você, fale com ele ou com ela sobre os sinais e sintomas que você sente ou procure ajuda de um profissional de saúde mental.

Dr. Daniel K. Hall-Flavin[1]

Eles não conseguem se amar como negros, mas são levados a se odiar como brancos... O que você faz com um inconsciente que em toda aparência te odeia?

David Marriott[2]

I

Em outro livro,[3] escrevi sobre a dissolução da revolução na África do Sul depois que Chris Hani, chefe do estado-maior do MK, foi assassinado; como os moderados de Nelson Mandela consolidaram o poder e expurgaram o CNA de seus principais revolucionários, como Winnie Mandela; como Khanya e eu nos separamos; como o tsar da inteligência do presidente Mandela colocou meu nome em uma lista de "ultraesquerdistas" a serem "neutralizados". Não vou repetir isso aqui. Quase no final de 1996, voltei para os Estados Unidos, a plantation onde nasci.

Em Compton, onde eu trabalhava como professor substituto em faculdades, ginásios e escolas de ensino médio, fiquei embasbacado ao ver a polícia usar táticas com as crianças negras que achei que tinha deixado para trás nas escolas de Soweto. No ano seguinte fui para Berkeley, mais ao norte, para fazer meu doutorado; e minha vida pareceu voltar a ter equilíbrio. Mas o ano 2000 chegou e, um dia, desmoronei. Nos dezenove anos desde meu colapso não fui capaz de apontar sua causa. Num dia eu estava participando de seminários e de atividades políticas, no dia seguinte estava resmungando em uma maca na ala psiquiátrica estudantil. A ausência de uma história sobre a origem do colapso me incomoda até hoje.

. . .

O médico e a enfermeira na clínica da Universidade de Berkeley pressionavam para que eu desse respostas. O que fez isso acontecer? Como eu tinha ido até a clínica e (caso eles me liberassem) como ia chegar em casa? Eles olhavam as chaves do carro na minha mão, como se fossem uma arma perigosa nas mãos de uma criança. Sacudi a cabeça para dizer não e disse que tinha ido de ônibus.

Agora a dor não era só no coração, mas também nas costelas e nos braços. *Se o antagonismo não fosse entre os que têm posses e os despossuídos, como Marx disse, nem entre o homem e a mulher, ou os gays e os héteros, como aprendi na disciplina de psicanálise na faculdade, mas se o antagonismo essencial fosse, em vez disso, entre os negros e todos os demais, então libertar o mundo seria livrar o mundo de mim.*

> *para o Halloween lavei meu*
> *rosto e vesti meu*
> *uniforme   fui de porta em*
> *porta como num pesadelo.*

Quando saí do meu apartamento para ir lá, olhei os sete degraus que levavam da minha porta até a rua como se olhasse um barranco íngreme. Fui tomado pela vertigem. Meu Honda Civic dormia no meio-fio como um lagarto azul. Minhas chaves arranharam o corrimão de ferro forjado enquanto eu cambaleava na descida. Fios de saliva se enrolavam no capô do meu carro: "Alguém me ajude", murmurei. Mas eu não queria que meus vizinhos me vissem daquele jeito, muito menos que viessem me ajudar. Meus vizinhos em Berkeley, assim como meus vizinhos em Kenwood, eram brancos. Eu precisaria de dez reencarnações para pagar essa dívida com eles. *Você não quer ficar devendo para eles*, alguém lá no fundo me dizia. Mas como eu podia explicar tudo isso para esse médico e essa enfermeira? Contei a verdade, que fui de ônibus para lá. Mas não contei o porquê. *Faça eles se sentirem seguros.*

Eles me mandaram para casa da clínica da Universidade de Berkeley com comprimidos. ISRS, o que soa como um departamento das Forças Armadas, mas na verdade é uma sigla para Inibidores Seletivos de Recaptação de Serotonina, antidepressivos, e Clordiazepóxido, que, fiquei feliz em saber, não era uma forma rara de lepra, mas um comprimido contra ataques de pânico. Normalmente não prescrevemos antidepressivos e remédios contra pânico juntos, o médico confessou, como se ser franco comigo aliviasse sua consciência.

Por semanas depois de deixar a clínica procurei psicanalistas negros, achando que eles podiam me ajudar melhor. Eles não estavam mais sãos do que eu; o que não quer dizer que estivessem desmoronando como eu. Na maior parte, esses terapeutas me lembravam meus pais, ambos psicólogos. Precisos como um jogo da velha. Eles se importavam como nenhum psicólogo branco que eu havia tentado (o tipo do cuidado de quem diz "Um cérebro é algo terrível para se perder").* Sem perceber, nos esforçamos juntos para me ajudar a resolver todos os problemas que eu *não* tinha, para me libertar do desespero e para evitar que eu voltasse a enlouquecer. Mas eu não tinha *ficado* louco.

Muitas pessoas *ficam* loucas e muitas delas não se curam, mas nenhuma é negra. (Você só pode enlouquecer se for são. O tempo da sanidade não é uma temporalidade que o escravizado tenha conhecido um dia.) Para um olhar fugidio, a loucura deles era igual à minha. Eles enlouquecem devido às pressões do racismo, do sexismo, da homofobia e do domínio colonial. As forças externas da agressão se tornam excessivas para eles e eles se veem embasbacados numa sarjeta. Mas suas tensões são

---

* Slogan do anúncio da campanha do United Negro College lançada em 1972.

parte de um pacote representado pela questão, Qual é a sensação de *ter* um problema? As minhas tensões (e as dos psicanalistas negros que tentavam me curar) se resumem à questão, Qual é a sensação de *ser* um problema? Não existe analogia entre ter e ser.

Toda história de desespero tem uma progressão de três pontos. *Equilíbrio*: o estado mental livre de trauma. *Desequilíbrio*: a intrusão de um trauma, que, na verdade, praticamente destrói o equilíbrio. *Equilíbrio restabelecido, renovado ou reimaginado*: a cura terapêutica na psicologia ou o fim da análise na psicanálise. Mas se a mente jamais conheceu o primeiro ponto dessa progressão, se a loucura (mesmo a loucura não muito intensa e que parece ainda não ter se manifestado) é o seu status quo, e então o tempo não se move, pois você não pode possuir a sua própria imagem como seu ideal de ego. Você não pode se amar como negro, mas te *levam* a se odiar como branco.[4] E a palavra *levam* é que atira uma chave inglesa nas engrenagens da recuperação; pois o ódio a si mesmo é produto, não de sua neurose pessoal, mas de uma violência tão ampla que deu origem a seu outro, o ser humano. Se falar pode ser a cura para os humanos, qual pode ser a tua cura? *Você não é o sujeito de tua própria redenção.* Você é, como explica Cecilio M. Cooper, "um vetor por meio do qual outros podem se realizar".[5]

Você se casa com alguém branco. Não muda nada. Você muda teu nome de escravizado. Você vira o teu Jesus branco para a parede. Você se casa com alguém negro. *Continua* não mudando nada. Para parar, teria que ser do começo. Você vive a vida toda sem saber diferenciar o teu desejo do deles. Como um homem que é linchado e forçado a comer seu pênis decepado enquanto diz aos linchadores que o dominam como o sabor é bom, você se vê como um objeto fóbico que precisa se autodestruir em nome da segurança de alguém — esse alguém é você, mas ao mesmo tempo não é. O que você faz com um inconsciente que em toda *aparência* te odeia?[6]

Depois de ler *On Black Men*, de David Marriott, a palavra *aparência* esmagou meu crânio como a pata de um elefante. Em alguns dias, o peso me impediu de sair da cama. Em dias assim, eu ficava caído no chão ao lado da minha cama. Minha primeira aula já tinha começado. Mas essa palavra, *aparência*, estava com o pé no meu pescoço. Será que aquilo significava que meu inconsciente me odeia toda vez que fica visível? Que vislumbrar meu inconsciente é vislumbrar o desejo de minha própria destruição? Ou será que *aparência* sugere dúvida — como se meu inconsciente só na *aparência* me odiasse? O dilema tornava difícil mover meu corpo, levantar do chão e me vestir para a aula. Pois se o ódio por mim mesmo fosse um elemento constitutivo de meu inconsciente, então a cura pela fala da psicanálise (e quase certamente da terapia) não passavam de um óleo de peixe-elétrico turbinado. O negro era a imago estática de uma abjeção. Mas essa estase era produtiva para o humano: na comparação contra a abjeção negra, os humanos podiam conhecer *a si mesmos* como agentes de mudança assim como agentes que *podiam* mudar. Um marxista como eu, eu me dizia o tempo todo, não pode acreditar nisso. Mas vários meses depois do início do século XXI, um advogado de Sacramento, coautor da Proposição 21, me fez saber que eu estava errado. Acordei pela manhã com aquele telefonema na cabeça.

Eu vinha trabalhando com organização política na área da Baía de San Francisco para convencer as pessoas a votar contra a Proposição 21. Tinha ligado para um advogado em Sacramento que era membro do círculo mais próximo de advogados da capital do estado que eram os autores da proposição. Caso a proposta fosse aprovada, muitas crianças a partir de catorze anos acusadas de delitos não poderiam mais ser julgadas em varas especializadas para infância e adolescência, e os promotores poderiam fazer acusações diretamente contra adolescentes em varas regulares sem precisar de autorização da vara juvenil. Eu não podia acreditar que uma pessoa racional iria querer mandar uma criança para um lugar como San Quentin. Um advogado, imaginei, era um ser racional.

Quando ele atendeu eu disse que meu nome era Jay Wall-jasper (um famoso ativista e jornalista de esquerda). Esse era o teste. Se ele conhecesse o nome, eu seria descoberto. Mas ele não conhecia o nome. Por isso inventei uma mentira dizendo que eu era repórter freelance da *National Review* de William F. Buckley. Como corretor de ações fui treinado para *sentir* vibrações sorridentes na voz das pessoas para quem ligava sem aviso. Eu *senti* que esse advogado de Sacramento sorria de orelha a orelha. Parabenizei o trabalho dele e de pessoas como ele em todo o país que estavam pondo em plebiscito no estado propostas que atacavam a criminalidade juvenil. A Proposição 21, vibrei, era precursora. Eu tinha total confiança que a *National Review* aceitaria minha reportagem porque os editores estavam tão furiosos quanto ele e seus colegas com essa pandemia. Eu precisava ser um bom jornalista, no entanto, e fazer algumas perguntas difíceis. Ele disse que compreendia.

A lei, caso aprovada, lembrei a ele, também permitiria que promotores e juízes decidissem se uma criança de catorze anos podia ser julgada como adulta por um delito.

"Isso não é um problema para a maior parte do povo da Califórnia", continuei, "mas os liberais sensíveis da área da Baía de San Francisco dizem que as regras para mandar crianças para varas regulares e depois para San Quentin ou Folsom são só estratégias veladas para instruir procuradores e juízes sobre como separar os meninos negros dos outros."

O silêncio na outra ponta da linha foi longo demais. Por um momento pensei que ele sabia o que eu estava tramando — o que o poria dois passos à minha frente, porque eu não sabia, exatamente, o que estava tramando. Mas quando falou, ele perguntou se eu tinha filhos. Portanto a casa não tinha caído;

ainda estávamos falando de branco para branco. Minha filha tem treze anos, admiti, sem dizer que ela é uma bela menina sul-africana com pele cintilante de ônix, olhos amendoados e sorriso ligeiramente travesso.

Tenho dois meninos, ele disse. Depois ele disse que nós dois sabíamos de algo. Comecei a suar: eu não sabia o que ele e eu sabíamos. Nós sabemos que nossas crianças não são aquelas crianças. *Aquelas* crianças são "animais". Nós, ele me informou, categoricamente *não* estamos mandando crianças de catorze anos para San Quentin, estamos mandando "animais" para San Quentin. Eu estava tão perplexo que quando ele disse, "Foi um prazer, sr. Walljasper", eu não sabia do que ele estava falando. Um novo século havia começado, mas nada de essencial havia mudado.

Sentei no chão do meu apartamento em Berkeley sem vontade de me mexer. Um tumulto de memórias esquadrinhou meu cérebro: da pergunta de Celina Davenport ("Qual é a sensação de ser negro?") à divagação de Sameer Bishara ("A vergonha e a humilhação são ainda maiores se o soldado israelense for um judeu etíope."), para a pergunta de Riana ("Que espécie de americano é você?"), chegando ao homem que tinha acabado de falar comigo ao telefone, com quem eu tinha condenado minha própria filha ("Nossas crianças não são aquelas crianças.").

2

Mãe, uma vez você me disse que eu tinha sede de castigo; disse que eu preferia bater no punho de alguém com minha cara do que achar um jeito de viver em harmonia. Bom, aqui estou eu, minha carne dilacerada. Detonado por minha própria bomba. A parte fria de meu telefonema com o advogado é que o advogado não falava simplesmente dos "superpredadores" que Hillary Clinton mencionou. Ele estava falando das mulheres que os deram à luz; do esforço reprodutivo de negras que deram à luz seres que não são humanos. O que me derruba é o que ele disse sobre *você*. Será que ele não sabe como você cuidou das crianças de Kenwood enquanto as mães delas canibalizavam teus filhos?

Se você tivesse feito com o Elgar Davenport o que a mãe dele, Celina Davenport, fez comigo, aquelas mães não teriam tido a menor compaixão por você. Mãe, você não só *não* tratou os filhos delas como armas em uma guerra por procuração, como as memórias que essas crianças têm de você frequentemente são mais doces do que as memórias que elas têm das mulheres que as puseram no mundo. Mulheres que não têm metade da tua educação; e que não têm um vestígio sequer da tua compaixão. Ingênuas do tipo *A fonte dos desejos* cujos cérebros se afogavam em martinis. Mulheres que nunca fizeram palestras sobre desenvolvimento na primeira infância na China e na Alemanha, para depois voltar aos Estados Unidos e serem chamadas de "mocinha" na Macy's. Mulheres que nem sequer poderiam conceber as estradas que você percorreu, como quando você e meu pai se enfiaram nas selvas de Belize para pagar a fiança de estudantes intercambistas sendo mantidos em uma cadeia de lama-e-metal. Mulheres que, muito depois dos quarenta anos, continuavam livres, brancas e com vinte e um. Faziam palavras cruzadas com colares de pérola. Conseguiam te machucar usando teu filho. Mas todos os filhos delas amavam você.

Você mostrou para Elgar Davenport que o amor de uma mãe era mais do que Celina Davenport baforar fumaça de cigarro e ridicularizar os outros. As bolas extras de sorvete que ele não conseguia em casa; a garantia de que o peso dele, o estrabismo e os óculos de fundo de garrafa não faziam dele uma aberração; "Você é especial do seu jeito, Elgar, como toda criança", você disse a ele. Todos os meus amigos se sentiam em casa com você. Bem depois de virarem adultos eles ainda se lembravam de como você dobrava os jornais para fazer chapéus de marinheiros que pintava de vermelho, branco e azul no Quatro de Julho; e o jeito como você torcia para eles e acendia as velas especiais que eles carregavam enquanto marchavam colina acima passando por nossa casa. Você fazia com que eles se sentissem amados. *Você fazia com que eles se sentissem seguros*, enquanto as mães deles davam nós no teu estômago; enquanto um grupo de advogados punha os nomes dos teus filhos e dos teus netos no código criminal. Me dê um bom motivo, mãe, pra eu levantar e ir para a aula.

Combati na África do Sul sem saber se ia sair vivo. Mas caso tivesse morrido na África do Sul, pelo menos eu teria morrido com a ilusão de que morria uma morte humana, uma morte de trabalhador; uma morte de sentido universal. Quem me dera ter morrido lá, mãe. Como posso seguir adiante sem essa ilusão? Só tem um jeito; mas é preciso percorrer um milhão de quilômetros passando por um terreno acidentado desse lugar onde estou no chão ao lado da minha cama até chegar ao armário onde estão os comprimidos de que preciso para congelar minha dor.

Quando me sentia mal, na infância, você não me dava psicotrópicos. Em vez disso, me dizia, "Você é um menino de boa linhagem da Louisiana, e tem uma cabeça boa". Hoje sou imune a esse tônico. Quando tua sabedoria parou de ter efeito sobre mim? Quando você e eu nos tornamos tão distantes? Deve ter sido em 1968, quando tua mãe e eu torcemos para os saqueadores na TV nos dias seguintes ao assassinato de King. Deve ter sido naquele verão, quando os pássaros metralhavam o sol como um punho de pimenta no último olho bom de Deus, e você abriu caminho em meio a uma multidão de meninos bunda suja para impedir que Luke sangrasse Reg. Você se lembra do olhar de culpa que lancei para você o resto do verão por ter salvado a vida daquele branco? Claro que você lembra como me vinguei, embora eu tivesse só doze anos.

3

Minha mãe estava na cozinha fazendo cartões para estudar verbos franceses. Meu pai no fogão preparando molho para um gumbo. Com a reverência de um menino de coral entrei na cozinha.

"Mãe, quero ir para o Vietnã", eu disse com toda a devoção que sabia demonstrar aos doze anos.

"Pra quê?", ela perguntou.

Meu pai, que não tinha um grama de malícia, não sabia que vi o olhar de a-cavalo-dado-não-se-olham-os-dentes que ele trocou com minha mãe.

"Quero fazer a minha parte", eu disse.

Ela estava feliz e preocupada, ao mesmo tempo. Ela não gostava de guerra, mas era patriota e queria que eu também fosse.

Era bom demais para ser verdade. O queridinho dela tinha voltado sem a ajuda de um exorcista. Ela tocou no meu rosto do modo como costumava fazer quando eu me deitava no chão da sala de estar de Minneapolis absorvendo os cantos gregorianos dela. Ela disse que a guerra podia ter acabado quando eu completasse dezesseis anos. Mas você pode entrar para a Guarda Costeira, meu pai disse, enquanto o molho engrossava. Ou para o Corpo da Paz, ela acrescentou. Depois ela me contou como antes de eu nascer ela estava com as malas prontas e a passagem de avião comprada; ela ia para Guam para morar lá e ensinar inglês em um programa não muito diferente do Corpo da Paz, quando meu pai pediu a mão dela em casamento.

"O resto", minha mãe disse rindo, "é história — o resto é *você*, meu filho."

Deixei os dois se sentirem bem com nossa reconciliação.

Então eu disse, "Vocês não estão me entendendo. Eu não estou falando do exército dos brancos, estou falando dos *vietcongues*".

E ali começaram nossas décadas de ataque e contra-ataque, uma díade mãe-filho que não fazia prisioneiros.

"Você votou no Obama?", ela perguntou quarenta anos depois. "Você sabe, as urnas estão fechando na Califórnia."

"Votei no Mandela em 1994. Um negro insosso já basta."

"Como você vai explicar para a sua filha, a minha neta, se perder esse momento histórico?"

"'Teu pai não era nenhum bobo'."

"O sarcasmo é o último refúgio dos fracos, meu filho."

"Você bateria palmas para o primeiro negro a jogar uma bomba atômica?"

"O que você quer dizer com isso?"

"O que é um presidente dos Estados Unidos? É isso que eu quero dizer."

"Frank, quando você vai dizer alguma coisa boa sobre este país em vez de criticar?"

"Quando o país deixar de ser o que é."

"Onde está a tua capacidade de perdoar como um cristão?"

"Eu sou comunista, Jesus me manda e-mails desaforados."

Quando morei em Nova York e estudei na Columbia, quando morei na África do Sul e combati o apartheid, quando fui a Berkeley para fazer meu doutorado, e mesmo quando finalmente fui embora e me tornei professor no sul da Califórnia, sempre estive feliz por estar do outro lado do mundo ou do outro lado do continente onde podia me ver livre do teu patriotismo, dos teus bailes de debutante, de tuas Auxiliares dos Cavaleiros de Colombo, tuas convenções Jack and Jill,[7] teu Deus. Quando fiz quinze anos me mudei para o ático, onde podia fumar maconha sem ninguém perceber, ler Mao e Fanon, e fazer de conta que todos os cretinos dos andares de baixo não eram meus parentes.

Nem uma vez nos meus quarenta anos eu disse, eu te amo; nem ouvi isso de você.

Mas você salvou minha vida quando eu estava no quinto ano. A Escola Elementar Kenwood tinha esmagado minha determinação como se fosse uma bigorna caindo de uma grande altura. Meu único refúgio era a cama fria e úmida que eu molhava tantas noites. De início você me aconselhava do mesmo modo que aconselhava teus pacientes no consultório. Mas eu estava deprimido demais para palavras. Então, quando me disseram que eu ia repetir de ano, você me bateu com uma vara de marmelo. Mas eu estava entorpecido demais para sentir dor.

Por fim, uma manhã você entrou e me tirou da cama. Mas não tinha vara de marmelo na tua mão. Na tua camisola e no teu robe da Macy's e você se abaixou e fez flexões com as mãos e os joelhos. Eu ri e disse, "Você faz flexões igual uma menina".

Entre uma flexão e outra, você disse, "Pelo menos *eu* consigo fazer, sr. Que Está Sempre na Defensiva e que ainda está na cama. Você é um menino do time dente de leite de futebol americano que consegue fazer menos flexões do que a mãe. Espera eles ficarem sabendo...".

Isso era tudo que você precisava dizer. Eu estava no chão do teu lado, e não de joelhos. Nós fizemos flexões, juntos, você e eu. Depois fizemos abdominais.

"Mantenha a endorfina circulando", você disse ofegante. Depois você saiu para jogar meu lençol manchado de xixi na roupa suja antes que meus irmãos acordassem. Depois que me lavei e me vesti, você se abaixou e olhou nos meus olhos. "Você é de uma boa linhagem da Louisiana e a tua cabeça é boa." Na pausa da Páscoa, fiz seis meses de tarefas atrasadas de matemática e de leitura; e passei para o sexto ano.

Mesmo no verão do meu descontentamento em Seattle você me ensinou. Eu me tornei escritor vendo você concluir o doutorado e memorizando aqueles longos poemas épicos que você me fazia decorar. Você me fazia estudar aquelas epopeias com cartões do mesmo jeito que você absorvia francês e estatística. Quando você passou na qualificação e só faltava entregar a tese, perguntei se tinha terminado. Você sorriu para mim e disse, "Não, isso é só o começo. Agora tem que escrever". "E depois de escrever?", eu perguntei. "Depois de escrever tem que reescrever."

Eu me admirava com o modo como você se preparava para escrever a tese. Eu via você colocar cartões perfurados da IBM na boca de computadores do tamanho do Godzilla que mastigavam os dados brutos como se ruminassem — ideias que saíam da tua cabeça e que passavam para buracos nos cartões perfurados; mágica que ganhava significado; significados que eram moldados em uma tese; uma tese que era datilografada em páginas; páginas que se tornaram o teu livro de encadernação preta. Você transformou escória em ouro. No outro dia eles te chamaram de "doutora"; mas para mim você era uma maga.

Perguntei se algum dia eu ia escrever, e você me disse que sim, eu ia. Perguntei sobre o que eu deveria escrever, e você me disse para escrever sobre o que eu sei. Então eu escrevi histórias de terror em que alguns dos meus professores se davam mal. Mas essas histórias faziam você franzir a testa. E, no entanto, eu podia não ter chegado ao ponto em que elas te faziam franzir a testa se eu não tivesse me ajoelhado do teu lado no chão, com pernas ruças em pijamas manchados de urina.

Quando criança eu pensava que a vida seria muito melhor no ano 2000. Carros voadores, telefones com tela à la Dick Tracy, a fonte da juventude de Ponce de León transformada em comprimidos que todo mundo poderia comprar; e Kenwood estaria enterrada em um sítio arqueológico. Jamais sonhei que Kenwood estaria em toda parte; que você e eu ainda seríamos "animais" quando o novo século nascesse. Eu não era afropessimista na infância.

4

Minha aula sobre Lacan ia começar em dez minutos. Era uma viagem de meia hora de ônibus até o campus e eu não tinha saído do lugar. *Pra quê, mãe? Me dê um bom motivo para sair do chão.*

Eu virava de bruços e depois de costas. *Uma flexão, mãe,* eu dizia comigo mesmo. *Só vou fazer uma.* Não adiantava. Meus músculos não se importavam. Eu via silos de poeira debaixo da minha cama. Eu sabia o que você teria dito: como você pode alcançar o bom, o belo e o verdadeiro se teu quarto não está limpo?

Uma flexão se transformou em cem. Fiz até alguns abdominais. Fui ao banheiro. Banhado em endorfina o bastante para abrir o armarinho dos remédios. Eles estavam lá, Inibidores Seletivos de Recaptação de Serotonina e Clordiazepóxido, meus dois melhores amigos em frascos laranja-amarronzados. Joguei tudo no vaso e dei descarga.

Eu estava me comprometendo a tornar a loucura meu refúgio; a encarar o fato de que a minha morte torna o mundo um lugar decente para se viver; a abraçar a abjeção e o antagonismo que faziam de mim a derrota da humanidade. Eu ia transformar a minha casa no porão do navio e incendiá-lo a partir de dentro.

Lavei o rosto e vesti minhas roupas de ir para a faculdade e fui para a minha aula como num pesadelo.

5

Nove anos depois, em 2009, fui efetivado como professor na Universidade de Irvine, em Orange County, seiscentos quilômetros ao sul. Alice e eu morávamos em um apartamento amplo de pé-direito alto em frente ao campus. Eu tinha acabado de completar cinquenta e três anos. As idas e vindas aleatórias que caracterizavam a trajetória da minha vida me tornavam visivelmente mais velho do que a maior parte dos professores com status de associado. Em novembro, Alice completaria setenta e cinco. Ela tinha se aposentado como professora em Santa Cruz e se mudado para Orange County. Nós dois gostávamos de dizer que estávamos em Orange County, mas que Orange County não estava em nós. Até me mudar para a área da praia de Irvine-Newport eu só tinha visto dois Rolls-Royces na vida. Agora morávamos a seis quilômetros de uma concessionária da Rolls-Royce e víamos um (no shopping, nos bulevares, no posto de gasolina, na janela do drive-thru do Starbucks) três a quatro vezes por mês. Visões frequentes de meio milhão de dólares sobre rodas nos locais mais banais e cotidianos. A linha de pobreza no distrito era de 80 mil dólares anuais. Isso não era Berkeley. Alice e eu demoramos a fazer amigos.

Até a conferência Race Rave em 2001, na Universidade de Santa Cruz, quando os brancos do grupo dela a atacaram por insistir que eles falassem de si mesmos em termos de sua posição estrutural comum, e não em termos de suas identidades de gênero ou de sua herança cultural, Alice e eu não só personificávamos o antagonismo entre nós (a irrevogável divisão entre espécies), como também o encenávamos. Foram anos difíceis em que o amor andou de mãos dadas com o ódio. Durante os dez anos antes da aposentadoria dela, no entanto, ela também começou a dar aulas sobre as obras de pensadores negros radicais, em particular os pensadores que, em 2009, seriam associados ao afropessimismo. E o compromisso intelectual dela transbordou em ação. Essa disposição de arremessar seu corpo contra as instituições tinha sido a fundação de toda a vida dela, assim como a cola que sustentava suas relações mais caras, que eliminavam de nosso romance a maior parte de sua turbulência interna e de sua tensão.

Ao longo de dois anos, ela combateu os racistas em duas faculdades de Santa Cruz onde dávamos aulas; entre eles amigos que estiveram com ela a vida inteira e a filha dela que lecionava em uma das faculdades. Embora eu a ame, hesito em dar a ela crédito por fazer o que ela devia estar fazendo mesmo antes de nos conhecermos. Por que sou tão mesquinho com elogios ao escrever, quando sou muito mais pródigo e nem de perto tão avaro em casa? Por receio da sensação de alívio que o leitor branco possa absorver desse elogio; aquela gota de orvalho da esperança no coração de um progressista quando vê um casal negro-e-branco apaixonado. Existem, de fato, vínculos de afeto, em geral arraigados e profundos, entre uma senhora de escravos e seu escravo, mas nem por isso se trata de um relacionamento — estruturalmente. Estruturalmente, não existe relacionamento entre amantes negros e brancos. Mas também não existe um relacionamento *intra*negros, embora aqui encontrem-se frequentemente vínculos de afeto arraigados e profundos. Um cativo que se case com sua captora permanece cativo. Essa era a verdade brutal daquilo que, na ausência de outra palavra, nós chamávamos de nosso *amor*. Assim como dois cativos que compartilham a mesma cama sob o mesmo teto daquilo que, na ausência de uma palavra honesta, chamam de *casa*, seguem sendo cativos — não cativos um do outro, mas de uma rede de senhores, que vai desde os vizinhos brancos até o FBI. Em 1980, Stella e eu aprendemos isso da maneira difícil ao fugir, primeiro de nossa "casa", e depois do estado do Minnesota.

O ditado "O amor tudo vence" nos faz negar uma violência que sempre venceu o amor.

. . .

Não existe redenção inter-racial. Não existe redenção afrocêntrica. Redenção é a herança narrativa dos humanos. Não existe solução para a morte social.

Mas agora Barack Obama tinha tomado posse como presidente fazia três meses e parecia não haver muita gente disposta a dar ouvidos para uma lente tão inflexível de análise como o afropessimismo nos círculos acadêmicos que eu e Alice frequentávamos. No estúdio de ioga do campus, uma das amigas brancas de Alice, Henrietta, estava exultante por ver como o mundo estava novamente maravilhoso e cheio de esperança.

"Você e o Frank devem sentir isso", Henrietta disse com ar de quem sabe o que está falando.

"Sentir o quê?", Alice perguntou. Alice sabia exatamente o que Henrietta queria dizer; que muito embora ela, Alice, tivesse passado bastante da idade fértil e, portanto, não pudesse produzir um pequeno bebê Obama, ela e eu tínhamos sido avaliados como casal no personagem do homem mais poderoso do mundo. Henrietta foi quase reduzida à gagueira pelo tom de discórdia na voz de Alice.

"Bom... bom... você sabe o que eu quis dizer", Henrietta implorou.

"Não, o que você quis dizer?", Alice perguntou.

"Então por que você *votou* no Obama?"

A porta do estúdio de ioga se abriu. Alice levantou, pegou seu bloco e seu tapete.

"Eu não votei nele", ela respondeu.

Henrietta estava apoplética.

"Você votou no *McCain*?"

"Eu não voto, Henrietta. Parei de votar faz um tempo. Se soubesse mais sobre esse país, você também pararia. Tem outros jeitos de lutar por mudanças."

Em vez de perguntar quais eram esses outros jeitos, Henrietta se encolheu, como se Alice tivesse dito, Eu não tomo banho, Henrietta, parei de tomar banho faz um tempo. Se você soubesse mais sobre higiene pararia também. (Mais tarde, Alice me disse que ela jamais desdenharia do apreço de um negro pelo voto. O caso de Henrietta, porém, era completamente diferente.)

A eleição do primeiro presidente negro pareceu dar a meus pais um vigor renovado na guerra fria que travávamos desde meus doze anos. Meu pai estava com setenta e oito. Minha mãe, setenta e sete. Os dois estavam aposentados e, assim como Alice, que tinha setenta e cinco, tinham mais tempo livre. Isso significava (algo que exteriormente eu comemorava e internamente temia) que eles iam com mais frequência à Califórnia para visitar meu irmão em Los Angeles, e Alice e eu, oitenta quilômetros ao sul.

. . .

Jantamos ao ar livre num terraço de mármore com altas colunas de terracota em um penhasco com vista para o mar em Newport Beach. Os cabelos da minha mãe estavam bem tratados e eram encimados por um par de óculos escuros, o que dava a ela um ar bacana de acabo-de-voltar-do-Club-Med-Seniors. Meu pai estava mais bem-vestido do que eu me vestia mesmo na época em que trabalhava como corretor de ações. Alice e eu estávamos com roupas pretas lisas, como se não tivéssemos ido almoçar num penhasco de frente para o mar, mas sim carregar as malas deles. Havia poucos e preciosos clientes no terraço. Era primavera. As multidões de turistas de verão ainda não tinham chegado. Um esquadrão de cormorões de crista dupla sitiou uma pedra a um quilômetro da orla; e quando a conversa cessava dava para ouvir o som do suicídio sendo praticado pelas ondas nas pedras abaixo. Logo a conversa também ancorou.

Alice e eu tínhamos demonstrado um pouco de entusiasmo demais quando contamos a eles que às vezes alunos de ensino médio nos procuravam na hora do jantar para fazer perguntas sobre o afropessimismo. Acho que minha mãe ficou um pouco incrédula com a ideia de que alunos de ensino médio andavam lendo esse tipo de material. Mas explicamos que esses alunos eram do time de debate que lia teoria crítica como parte de seu treinamento. Técnicos de debate universitário também ligavam para nossa casa para fazer perguntas e pedir palestras sobre afropessimismo desde que uma equipe de debate da Universidade Towson de Maryland ganhou de Harvard em um torneio nacional de debates. Eles fizeram isso, expliquei, ao recusar a pergunta do torneio, em vez de argumentar a favor ou contra dentro da lógica da pergunta: é antiético insistir que escravizados argumentem *dentro* da lógica de um mundo que se define em oposição a eles. Por isso eles *interrogaram* a lógica contida na pergunta. Estudantes negros punham em movimento minha afirmação de que a sociedade civil era um rolo compressor assassino para o escravizado,[8] e não um terreno de consentimento equilibrado pela coerção; e punham em movimento o argumento de Saidiya Hartman de que "o escravo é o objeto ou o terreno que [...], por negação ou contradistinção, define a liberdade, a cidadania, e os limites do corpo social".[9]

Meus pais, especialmente a minha mãe, estavam impressionados pela narrativa de ascensão social de alunos negros derrotando alunos de Harvard em um jogo de inteligência. No entanto, eles ficaram desanimados ao saber da estratégia e, suspeito, por dentro estavam alarmados com a possibilidade de que isso estivesse se tornando uma tendência nacional.

Alice deu uma risadinha. "Chegou a ponto de pais brancos quererem contratar o Frank para dar aulas de afropessimismo a seus filhos brancos para que eles possam derrotar alunos negros em futuros torneios."

"Alguns professores e técnicos de debates", eu disse, "querem impor uma regra que desclassifique alunos que interroguem a pergunta. Estamos testemunhando o *enegrecimento* de um grande 'esporte' universitário."

Minha mãe suspirou. "Não vejo como o afropessimismo pode ajudar essas crianças negras a se tornarem bons cidadãos. O que isso pode fazer para levar os negros do ponto A para o ponto B?", ela opinou com sua lógica característica, nem um pouco embotada pela idade.

No mar, um grande bote de avistadores de baleias seguia pela água, alarmando os cormorões de crista dupla. Eles se espalhavam como munição de espingarda de chumbo saindo da pedra. Os pratos principais foram retirados e pedimos café e sobremesas. Minha mãe e eu voltamos a nosso ponto.

Ela disse, "Qual é o uso do afropessimismo? Qual é o uso *prático* que isso tem?".

Eu disse, "Não é um trator, algo que dê pra usar para cortar a grama de casa, se é disso que você está falando. Mas ele nos torna dignos do nosso sofrimento."

Ela disse, "Como o sofrimento vai fazer de mim uma boa cidadã?".

Eu disse, "Eu não acredito que você é uma psicóloga negra que leu Fanon".

Ela disse, "Eu leio as tiras em quadrinhos do jornal, mas não *cito* tirinhas".

Eu disse, "Não seja condescendente".

Meu pai tentou mudar de assunto dizendo como a península estava viçosa e verde. Alice disse que a Califórnia tinha sete estações de crescimento de plantas no ano. Eles ruminaram aquela curiosidade. Eu disse para minha mãe que era comum que a maior parte das pessoas sentisse que estava sendo roubada pelo afropessimismo. Foi um movimento astuto da minha parte, porque eu sabia que ela detestava se ver como vítima.

"É por isso que a maior parte das pessoas não para tempo suficiente para entender do que se trata", eu disse. "Excesso de medo."

Ela zombou. "Medo do quê?"

"Medo de um problema em que todos são cúmplices e para o qual não se pode escrever uma única frase que possa explicar como remediar isso. A maior parte das pessoas, mãe, mesmo intelectuais profundos como você e o pai e a Alice, e eu, se for franco, é emocionalmente incapaz de chafurdar num problema que não tem solução. O sofrimento negro é esse problema. E um sofrimento sem solução é algo difícil de suportar, especialmente se esse sofrimento é o combustível da saúde psíquica do resto do mundo. Mas é isso que significa ser um escravo, ser o hospedeiro daquele parasita chamado humano."

Minha mãe respondeu que ela não era escrava de ninguém, e que mesmo quando nossos ancestrais foram escravizados eles eram seres humanos.

"Ser humano não é algo a que você deva aspirar", eu disse. "Pergunte pra Alice."

Embora todos nós ríssemos, a risada foi desconfortável. Era o elefante na sala: meu casamento com a Alice; a presença dela e o lugar dela naquilo que a conversa implicava. Ninguém me pediu para defender a afirmação mal disfarçada de que Alice era ao mesmo tempo minha esposa e minha dona. Mas todos, incluindo eu, especialmente eu, trememos quando eu fiz aquela piada. Todos nós sabíamos o que aquilo significava. Todos nós éramos acadêmicos. E era assim que a conversa devia permanecer, *acadêmica*, se é que íamos continuar com a conversa. *Diga o que quiser, mas não leve para o pessoal.* Eu tinha violado essa regra tácita, mas isso fez com que eles prestassem atenção (e eles não tinham usado Obama como um tiro de alerta).

Toda vez que Alice falava eu testemunhava nos olhos da minha mãe que ela demorava um instante para compreender — como alguém parado num sinal verde —, como se as palavras da Alice perseguissem os rostos que as acompanhavam. Rostos que minha mãe vira anos antes em Kenwood. Os semblantes de mulheres brancas que Alice certamente evocava ao falar; uma explosão sônica de rostos do passado. *Todos os senhores de escravos do mundo*, minha mãe deve ter pensado, *resumidos na esposa do meu filho enquanto ele fala sobre nosso sofrimento.*

Martin Luther King foi assassinado um ano depois de Celina Davenport magoar minha mãe ao me magoar; e no mesmo ano as donas de casa brancas das oficinas que minha mãe e meu pai davam sobre habitação justa a isolaram e mandaram para o exílio no saguão de mármore de uma mansão. Seis dias depois do assassinato de King, minha mãe fez com que eu e minha irmã marchássemos pela lama de uma primavera com toques de inverno e enfiássemos na caixa de correio daquelas mulheres uma carta aberta que ela tinha escrito.

"Aqui em Kenwood, vem ocorrendo uma dura luta por melhores relações humanas para nossa comunidade e nossa cidade", minha mãe escreveu.

... nos últimos meses. Se você não ouviu falar sobre isso ou não foi chamado por alguém, seja contra ou a favor, pergunte a seus vizinhos.

O aspecto mais perverso dessa luta não é o fato de um ou outro plano ter ou não ter sido levado em conta, mas sim que as mentes de tantas pessoas estejam tão fechadas, se mostrem tão contrárias a qualquer coisa que desafie ou tenda a modificar a "singularidade" de Kenwood, seja lá o que isso quer dizer. (O fato de haver apenas dois proprietários de casa negros em Kenwood,[10] e de que essas aquisições ocorreram apesar de obstáculos e desnecessárias dificuldades é incontestável. Será essa a singularidade de Kenwood?)[11]

Pode ser que eu estivesse canalizando a memória daquele dia que "postamos" a carta dela, quando almoçamos à beira-mar. Aquilo parecia me ajudar a compreender por que minha mãe parecia ficar tensa e recuar quando Alice falava. Alice não era uma das mulheres do passado dela, mas, estruturalmente, era. Isso tornava minha mãe uma afropessimista por excelência. Mas para demonstrar isso, ela teria que *levar para o pessoal*.

. . .

Poucas semanas antes de meus pais virem para a Califórnia, uma moça negra foi à minha sala e disse que queria desistir da minha disciplina. Ela disse que estava tendo dificuldade com a leitura do material e que o esforço era demais para ela. Eu não conseguia entender, pois o primeiro exame dela e o artigo que escreveu demonstravam domínio (uma palavra infeliz!) do material. Ela compreendia a teoria crítica em níveis que eram típicos dos mais avançados alunos de pós-graduação, e ela ainda estava no último ano da graduação. Disse a ela que a coisa que mais impedia os alunos de compreender o afropessimismo era o fato de que ele descrevia um problema estrutural sem oferecer uma solução estrutural para aquele problema.

"Sofrer como uma mulher branca ou como os nativos americanos ou como sujeitos pós-coloniais seria o paraíso para nós, porque o sofrimento do escravizado teria significado humano. E esse significado humano se prestaria a respostas bastante humanas para a pergunta, O que se deve fazer? ou Qual é a aparência da liberdade? Poderíamos dar início a campanhas de liberação coerentes. No entanto, isso seria desastroso para a raça humana. É por isso que o afropessimismo não tem um gesto prescritivo: porque o fim de nosso sofrimento sinaliza o fim do humano, o fim do mundo. Mas você sabe de tudo isso", garanti a ela. "Você deveria atender os alunos no meu lugar!"

"Não é que eu não entenda", ela disse. "Essa aula virou minha cabeça. Me explicou coisas que antes só estavam na minha visão periférica."

"Então qual é o problema?", eu perguntei.

"Dói", ela disse. "Dói demais."

Ela começou a chorar, primeiro de leve, depois numa torrente incontrolável. Eu disse a ela que havia esquecido — não, eu me corrigi, eu tinha *reprimido* — o tamanho dessa dor. Isso a fez rir. Fiquei feliz de ver o sorriso dela, mas não achei engraçado o que eu disse.

"Eu não acredito em você", ela disse. "Você dá aulas com toda uma compostura e a sua voz nunca fica embargada. E aqui estou eu me acabando de chorar na sua sala."

"Você pode não acreditar", eu confidenciei, "mas faz só nove anos que eu tive um colapso nervoso quando estava na pós-graduação. Foi impressionante! Meleca escorrendo pelo rosto junto com as lágrimas. Não tenho dúvida que eu era um constrangimento pra raça!"

Ela ria tanto que a cabeça sacudia, como se estivesse vendo um show de comédia no Chitlin Circuit.

"Meu Senhor, misericórdia, tinha manhãs que eu saía da cama rolando, caía no chão, e comia bolas de poeira no café da manhã. Eu podia ficar horas ali. Só pra você ter uma ideia de como eu estava ferrado."

Ela riu de novo e disse que eu estava mentindo. Foi bom ver ela sair do pavor.

"Não estou brincando. Eu era um bobo babão. Um aluno de pós-graduação com quarenta e poucos anos, que lutou numa revolução quando estava com trinta e poucos. *O que estava em jogo*, as *implicações* do que aquilo significava para a tese que eu estava escrevendo. O que aquilo significava para a vida negra! Estou te dizendo, estimulantes e sedativos eram meus dois melhores amigos. E a minha mulher é branca, sacou? O afro-pessimismo não é exatamente um afrodisíaco em um romance inter-racial. 'Ei, gata, que tal a gente fumar um pouco de antagonismo estrutural antes de fazer amor?' Droga. Estranho que eu não seja vesgo."

Ela sorriu de orelha a orelha e disse que era estranho rir do próprio professor. Depois perguntou se podia *me* contar algo pessoal. Fiz que sim. Ela disse que o pai dela era negro e que a mãe era branca; e acrescentou que o namorado dela era asiático.

"Minha mãe era a senhora do meu pai e de mim; e o mesmo acontece com o meu namorado", ela continuou. "Agora eu vejo isso claramente, nos sintomas dos nossos relacionamentos. Professor, isso dói. Dói tanto porque eu também vejo coisas em mim que *eu* reprimi: o jeito como eu amo a minha mãe mas ao mesmo tempo odeio tanto, tanto. O jeito como eu amo o meu namorado mas também odeio. Eu não odeio eles por quem eles são, os dois são amorosos e doces. Eu odeio os dois pelo que eles *podem* fazer. E eles não querem falar sobre isso."

"Capacidade humana." Fiz que sim com a cabeça. "É a herança da tua mãe mas ela não pode passar isso nem para você nem para o teu pai. E se você ou o teu namorado asiático tiverem filhos, eles vão herdar a tua falta, não a plenitude dele. É bastante coisa para assimilar."

"Parece que eu sempre amei e odiei os dois", ela disse.

Falei que meu primeiro livro era exatamente sobre esse problema, um duelo no coração, para o qual não existe solução possível. Ela estava inflexível, no entanto, quanto a desistir da disciplina porque lhe era muito doloroso discutir a morte social e o sofrimento negro em uma sala de aula multirracial. Foi aí que percebi o que precisava ser ajustado no modo como eu apresentava o material em sala. O holofote estava voltado demais para nós, admiti, e não o suficiente para eles — o modo como eles são quem são porque nós somos as pessoas que eles nos *tornaram*; o modo como a antinegritude os reproduz como seres humanos. Então eu fiz um trato com ela. Pelo resto do trimestre eu me concentraria no modo como os humanos funcionam e são bem-sucedidos como parasitas do escravizado. Faríamos uma leitura final sobre como as capacidades humanas se manifestam em gêneros e culturas específicos. A disciplina precisava de equilíbrio. Eu ia *explicar*, em vez de meramente afirmar, como e por que o humano é antiético, seja ela comunista e feminista, seja ele um fascista e misógino. O humano é sempre uma personificação da capacidade, e a capacidade é uma ofensa. Perguntei se ela me daria duas semanas de aula para cumprir com minha promessa. Ela estava rindo de novo.

"O que é tão engraçado agora?"

"Os alunos não negros vão reclamar e a reitoria vai te demitir."

"Será que a reitoria ia demitir um professor não negro se a União de Estudantes Negros reclamasse?", eu perguntei. Ela fez que não com a cabeça. "Então dane-se a reitoria. Você está colocando sua sanidade em risco para ficar comigo por mais duas semanas. O mínimo que eu posso fazer é arriscar meu emprego."

6

Já eram quase três da tarde e meus pais precisavam seguir pela costa para chegar à casa do meu irmão em Los Angeles antes do tráfego vespertino. Paguei a conta e nós quatro, Alice, minha mãe, meu pai e eu, saímos do terraço ao ar livre e caminhamos para a parte fechada do restaurante onde o motorista deles estava à espera. Alice e meu pai foram na frente, falando amistosamente. Minha mãe e eu fomos atrás em silêncio. Então ela parou. Minha mãe deixou que os dois se afastassem de nós. Agora a mão dela estava no meu coração.

"Quero que você gerencie melhor o teu tempo", ela disse.

O modo defensivo correu por minhas veias. *Me deixa em paz.* Eu me preparei para uma das críticas dela. Quando meu primeiro livro saiu,[12] ela me escreveu para dizer: Com diplomas de Dartmouth, Columbia e Berkeley, você podia ter sido presidente, como o Obama, mas você tinha que fazer *isso.* Por que você não pode usar os seus talentos de um modo que contribua para a reforma dos EUA, em vez de criticar o país o tempo todo? Eu ouvia isso desde que eu tinha doze anos, aquilo ficava se repetindo no meu cérebro como música ambiente num elevador preso entre dois andares. *Vá para Los Angeles ver meu irmão, ele é um bom cidadão.*

"Pela nossa conversa na mesa", ela disse, "percebi que você tem mais dois livros em você. Não assuma responsabilidades administrativas indevidas, e nem toda disciplina que você dá precisa ser perfeita. Administre o tempo para poder escrever esses livros. Você tem uma bela cabeça em cima desse pescoço."

Eu ri, não dela, mas de alívio. De todas as coisas que ela podia ter dito, essa foi a mais inesperada.

"Por que você está rindo?"

"'Você é de uma boa linhagem da Louisiana e a tua cabeça é boa.'"

"Bom, isso também. Isso também."

"Eu ainda faço flexões."

"Flexões?"

"Deixa pra lá." Nós dois rimos. "O pai e a Alice estão esperando."

"Escreva esses livros, está me ouvindo?" Ela bateu de novo no meu peito. "Tenho orgulho de você, meu filho. Eu te amo."

Dizem que o bater de asas de uma borboleta pode disparar um furacão em algum outro lugar do mundo. Foi o que aconteceu quando ela tocou meu coração e disse o que disse. Quarenta anos de ataque e contra-ataque, uma guerra de atrito que combatíamos desde que ela salvou a vida do Reg naquele estacionamento de Seattle, tinham terminado. Eu disse que também tinha orgulho dela, e também disse "eu te amo".

Pelos dez anos seguintes nós dois fizemos um esforço para dizer essas coisas um para o outro. Eu elogiava o papel de liderança dela em sororidades e clubes sociais, mesmo o Jack and Jill, e em ordens religiosas de que até então eu tinha desdenhado. Elogiava pelas vidas de todas as pessoas que ela havia curado no consultório particular que ela e meu pai mantinham. Cheguei a dizer a ela que me orgulhava da boa cidadã que ela era. Pareci ser sincero, e fui mesmo. E ela, de sua parte, continuou me incentivando a escrever, sem criticar meus pontos de vista políticos. Sempre terminávamos nossas conversas, fossem pelo telefone ou nas raras vezes em que nos encontrávamos pessoalmente, com as palavras "Eu te amo". Tivemos dez bons anos antes do AVC dela, da parada cardíaca, da demência — ou seja, antes que ela esquecesse meu nome e morresse.

Da última vez que vi minha mãe ela estava sentada na unidade de memória, a ala de isolamento, de uma casa de repouso. Uma mulher de aparência germânica, educada, mas que parecia que não aceitaria burlar as regras, chamava minha mãe de senhora Ida enquanto arrumava a cama dela e regava uma planta que eu tinha mandado. Minha mãe ergueu uma sobrancelha de cautela na minha direção e sussurrou, "Nós chamamos ela de Il Duce". A mulher ouviu, e percebi pelo ar presunçoso da minha mãe que essa era a intenção. Pedi muitas desculpas em nome da minha mãe e descobri que o nome dela era Angela.

"Senhora Ida, a senhora é um barato."

"Barato é chuchu", minha mãe disse seca. E depois, "Você não devia usar tanto decote. De que país a tua família vem?".

Angela disse que não ia embora enquanto a minha mãe não comesse um pouco da comida que ela não tinha nem tocado.

"O fascismo está vivo e passa bem", minha mãe observou.

Os braços, pulsos e as mãos da minha mãe me faziam pensar em prisioneiros em um campo de concentração. A destreza dela não era páreo para a simples tarefa de segurar os talheres. Eu me ofereci para ajudar mas Angela disse que, por mais que fosse difícil, ela conseguia, e que tinha feito isso no dia anterior, e que ela precisava recuperar a força. O garfo caiu no chão. Minha mãe empurrou o prato. "Eu avisei ela", disse, como se falando para si mesma, "eu não estou interessada em comida." Então ela perguntou se eu estava vindo do Monumento a Washington. Quando eu disse que não, que estávamos em Minneapolis, não em D.C., ela disse que eu nunca tive senso de direção, não era de espantar que eu chegasse atrasado para o recital de piano da minha irmã.

"Qual recital", eu quis saber, "onde?"

Angela foi chamada pelo rádio para atender uma emergência, e saiu. Quando ela não podia mais ouvir, minha mãe disse que tinha certeza que Angela estava grampeando o telefone dela. Eu não discuti, mas perguntei onde era o recital.

"Como assim, onde é? Na convenção do *Jack and Jill*, no salão do outro lado do corredor, tolinho." Ela me perguntou quando meu pai e o dr. Johnson (um psicólogo amigo deles de longa data) iam voltar de seja lá para onde tinham ido. Quis lembrar a ela que o pai estava em uma casa de repouso do outro lado da cidade, mas ela ergueu o indicador. "Escute. Tua irmã toca lindamente."

A convenção do Jack and Jill deve ter sido em 1970, e minha irmã não tocava piano havia quase quarenta anos. Mas sentei com minha mãe e escutei o concerto até o final, ou seria um estudo? Então veio a era do gelo do silêncio em que ela não dizia nada e parecia não notar que eu estava ali. Máquinas de tirar neve gemiam na rua abaixo da janela. Os galhos de árvore estavam nus e pontilhados de gelo. Onde estava a mulher que dançava lentamente sem sapatos com meu pai na sala à noite, Johnny Hartman na vitrola e sem se preocupar com nada no mundo. A mulher que dizia que minha linhagem era boa e que eu tinha a cabeça boa. Onde estava ela, a mulher que me fez querer escrever?

O cabelo dela estava branco e fino como fiapos de um dente-de-leão. Mas havia uma beleza natural neles que eu não tinha visto na infância, quando ela alisava os cabelos. Rastros de lagarto marcavam o rosto agora magro como os pulsos, finos como um arame de jardim de esculturas. Ela estava murmurando agora. Não falava fazia um tempo. Então, como se viesse lendo minha correspondência, sentou ereta como uma tábua. As mãos esqueléticas agarraram os braços da cadeira de rodas. Como Harriet Tubman encarando um barril de pólvora, ela olhou para mim. "Eu não te falei, menino, que as pessoas precisam morrer? Tenho certeza que eu falei isso."

E então ela voltou a só olhar.

Fui para o corredor para que ela não me visse chorando. Quando voltei para o quarto, ela perguntou quem eu era.

· · ·

Ela morreu em um vórtice polar. Fazia quarenta e cinco graus abaixo de zero em Minneapolis. Pirâmides de neve cercavam a rodovia do aeroporto até a funerária. O vento soprava torrentes de neve para fora dos montes ao longo da estrada. Vi o que ia acontecer, mas era tarde demais. Eu estava dirigindo muito rápido. Um ciclone se formou e desceu, de repente: uma gigantesca parede branca sobre a pista. Era impossível ver qualquer coisa que estivesse a mais de trinta centímetros na estrada. O carro alugado mergulhou nessa parede branca a cem quilômetros por hora. O carro patinou e aquaplanou enquanto eu pisava freneticamente nos freios. Será que eu ia matar ou morrer acertando a traseira de outro carro?, eu me perguntava. *Não existem ateus nas trincheiras*, minha mãe dizia. Por um instante ela teve razão.

Então, o tornado subiu sem aviso; havia quilômetros de estrada visível e eu continuava vivo. Eram quatro e meia da tarde e o sol tinha se posto. Eu tinha quinze minutos para chegar à funerária, mas precisava diminuir a velocidade.

As salas de velório estavam fechadas e só reabririam no outro dia, mas o agente funerário foi gentil e levou o corpo dela a uma despensa. Os corredores eram enfeitados com retratos de Martin Luther King e Malcolm X. Era a Estes Funeral Chapel no norte da cidade. Ela não quis ser enterrada em Kenwood.

Por um bom tempo meus joelhos se recusaram a me levar para o lado da sala onde ela estava. Fiquei só ali dentro, chorando, implorando que ela acordasse.

Você não pode morrer, eu disse. Perguntei como ela podia ir embora sem se despedir de mim; por que ela não me esperou? O agente funerário era um irmão trinta anos mais novo do que eu, mas ele me levou até o corpo dela como se eu fosse um bebê aprendendo a andar. Beijei a bochecha dura e fria dela. Implorei que acordasse até ficar rouco. Disse que eu seria o bom cidadão que ela sempre quis que eu fosse. Eu ia fazer tudo que ela sempre quis que eu fizesse.

Em uma reunião de parentes e amigos depois do funeral contei a história do que ela fez quando saímos do restaurante no precipício na Califórnia, como ela colocou a mão no meu coração e disse que tinha orgulho de mim; como aquilo mudou nosso relacionamento de uma maneira que jamais imaginei ser possível. Como dissemos "eu te amo" um para o outro pela primeira vez em quarenta anos. E então li um poema que tinha escrito para ela.

Direitos Civis

Minha mãe nunca falou de escravidão
Nada sobre médicos de New Orleans que cortam sem analgésico
as partes íntimas de escravizadas em sua tentativa de Chapeleiro
   Maluco
de curar a incontinência
Nada sobre a chibata rio acima

Mas quando mataram o dr. Martin Luther King ela escreveu
   a todos
os cabelos azuis olhos loiros
uma carta
Como qualquer primavera sem resposta
o inverno demorava a partir e nós éramos
o único serviço postal dela
minha irmã e eu andando de uma ponta a outra

em meio à lama que infiltra e a força
do vento
ninguém secou um olho cristalizado
pois ela não chorou

A caminho do aeroporto para meu voo de volta para casa, não sei por que, mas comprei um cartão em branco. Ele ficou aberto sobre minha mesinha durante todo o voo. Eu não sabia o que escrever. Quem compra um cartão para os mortos? A costa de Newport Beach, onde almoçamos ao ar livre, estava entrando no campo de visão. Olhei para o cartão. Estava

380

molhado de lágrimas. Agora a comissária de bordo me disse, mais uma vez, para fechar minha mesinha. Enquanto o avião se rendia à atração da Terra, escrevi o que o tempo permitiu.

Querida mãe,

Não sei se você está no paraíso com teu Jesus, ou navegando pelo cosmos com Xangô, ou se tua alma foi descansar nas mãos hábeis de músicos talentosos. Mas onde quer que você esteja, por favor me espere, para que a gente possa passar a eternidade como passou os últimos dez anos. Sinto muita saudade.

Com todo o meu amor,

Seu filho, Frank

Bremen, Hudson, Irvine, 2014-2019

Agradecimentos

Em 2013/2014 passei onze meses na Universidade de Bremen, na Alemanha, como bolsista do programa Alexander von Humboldt para Pesquisadores Experientes. Na Alemanha, comecei a escrever uma monografia acadêmica que explicava como e por que a capacidade humana (o poder de ser um sujeito de relações) é violentamente parasitária da carne negra; por que o brilhante delineamento da escravidão feito por Orlando Patterson precisava ser abstraído de um modo que mostrasse como o humano não é uma entidade orgânica, e sim um construto; um construto que exige seu *Outro* para ser legível; e por que o Outro Humano é o negro. Tinha, e tenho, uma imensa dívida com as obras de pensadores-chaves que também trabalharam com essa afirmação altamente controversa: Saidiya Hartman, Zakiyyah Iman Jackson, Joy James, David Marriott, Jared Sexton, Hortense Spillers e Sylvia Wynter. Levei-os para a Alemanha como um beato leva sua Bíblia para o exterior. A ideia de um livro que se tornaria um cruzamento entre não ficção criativa e teoria crítica me ocorreu perto do fim de minha temporada em Bremen. Por oito meses meu trabalho se dividiu entre um romance que eu estava escrevendo e a monografia que eu escrevia com o financiamento da bolsa. Sem estar livre das tarefas letivas e administrativas, e o acesso aos recursos de biblioteca que estavam à minha disposição, além do contato com intelectuais, ativistas e artistas, talvez eu jamais cogitasse embarcar em um livro que entremeia o pensamento abstrato da teoria crítica com histórias viscerais da vida como ela é: a semente híbrida que você tem em suas mãos. Além disso, a Humanities Commons da Universidade de Irvine me ofereceu uma bolsa de apoio para publicação que me ajudou no período em que estive nos EUA.

Bob Weil, editor-responsável e diretor editorial da Liveright, tem vasto conhecimento da tradição literária negra, em função de ter editado alguns dos mais influentes escritores negros dos séculos XX e XXI. Ele não apenas trouxe risos e amizade para nossos encontros, como uma visão literária de improviso sem igual e que foi necessária para me ajudar a reconciliar características divergentes da teoria e da narração, um projeto que muitos outros editores poderiam ter considerado assustador demais. Gabriel S. Kachuck, assistente editorial de Bob, é pau para toda obra e ainda não se deparou com um problema que não consiga resolver. Meus agradecimentos também a Amy Medeiros e a Dave Cole, pelo belo trabalho de edição de projeto e de edição de texto. Peter Miller, diretor de marketing da Liveright, e Cordelia Calvert, gerente de marketing, trabalharam incansavelmente com Liz Cole da Evil Twin Booking e com Gretchen Crary da February Media para lançar uma campanha notável de mídia e eventos.

Minha agente, Charlotte Gusay, e seus estagiários, Sophie Gu, Julia Murray e Richie Stone foram inestimáveis na ajuda que me deram durante a produção da proposta do livro e na venda do livro para editores.

Agradecimentos especiais a Jocelyn Burrell, Adam Fitzgerald, Fred Moten, Claudia Rankine e Alexei Setian, cuja amizade, apoio, conselhos e críticas vão bem além do que posso mencionar aqui. Além disso, há muitos ativistas, estudiosos, artistas e pessoas que trabalham com curas tradicionais que também me apoiaram e me incentivaram ao longo do processo de escrita deste livro:

Alexis Hernandez Abreu, Babalawo Raudemar Hernandez Abreu, Babalawo Noël Amherd, Sampada Aranke, Franco Barchiesi, Jed Bickman, James Bliss, Heinrich Böhmke, Wellington Bowler, Sebastiaan Boersma, Nicholas Brady, Sabine Broek, Gregory L. Caldwell, LaShonda Carter, Christopher Chamberlin, Matthieu Chapman, Bridget Cooks, Cecilio M. Cooper, Huey Copeland, Ben Crossan, Jerome Dent, Patrice Douglass, Paula von Gleich, Che Gossett, Venus Green, Sora Han, Zakia Henderson-Brown, Athi Mongezeleli Joja, Carsten Junker, Peter Kent-Stoll, Ellen Louis, Prathna Lor, Marronage da Dinamarca (especialmente Mikas Lang e Yannick Nehemiah), Danae Martinez, Kerstin Mertens, Andile Mngxitama, Jalil Abdul Muntaqim, David Mura, John Murillo, Athinangamso Esther Nkopo, Linette Park, Rajagopalan Radhakrishnan, Omar Ricks, Myriam Sauer, Hannibal Shakur, Sara-Maria Sorentino, Samira Spatzek, Kai Thomas, Selamawit D. Terrefe, João Costa Vargas, Parisa Vaziri, Carol Vaubel, Kassian Vaubel, Sebastian Weier, Jaye Austin Williams, Wind Dell Woods e Mlondi Zondi.

Por fim, com amor e gratidão estendo meus agradecimentos à minha esposa, Anita Wilkins, que me aconselhou a "tornar o problema teu tema" durante aqueles momentos frustrantes em que problemas aparentemente insuperáveis de escrita assombravam o avanço do trabalho. Mais do que isso, ela compartilhou comigo essa jornada intelectual em discussões tarde da noite sobre os desafios do afropessimismo presentes na narração quando quem narra é um escravizado.

Notas

I

1. Frantz Fanon, *Pele negra, máscaras brancas*. Trad. de Sebastião Nascimento. São Paulo: Ubu, 2019.
2. Cecilio M. Cooper e Frank B. Wilderson III, "Incommensurabilities: The Limits of Redress, Intramural Indemnity, and Extramural Auditorship". In: Hunter et al. (Orgs.), "Co-presence with the Camera", edição especial, *Performance Matters*, abr. 2020.

Capítulo um: Para o Halloween lavei meu rosto [pp. 11-27]

1. David Marriott, *Haunted Life: Visual Culture and Black Modernity*. New Brunswick: Rutgers University Press, 2007.
2. Ibid., *On Black Men*. Nova York: Columbia University Press, 2000.
3. Frantz Fanon, *Pele negra, máscaras brancas,* op. cit.
4. Jared Sexton descreve a economia libidinal como sendo "a economia, ou distribuição e arranjo, do desejo e da identificação (sua condenação e deslocamento), e a complexa relação entre sexualidade e o inconsciente". Desnecessário dizer, a economia libidinal funciona de diversas maneiras e é tão "objetiva" quanto a economia política. Importante observar que ela está ligada não apenas a formas de atração, afeto e aliança, mas também à agressão, à destruição e à violência do consumo letal. Ele enfatiza que se trata da "estrutura como um todo da vida psíquica e emocional", algo que, embora possa incluir ou ser atravessado por aquilo que Gramsci e outros marxistas chamam de uma "estrutura do sentimento", vai além disso; é uma "dispensação de energias, preocupações, pontos de atenção, ansiedades, prazeres, apetites, aversões e fobias capaz tanto de grande mobilidade quanto de tenaz fixação".
5. Saidiya Hartman, *Scenes of Subject: Terror, Slavery, and Self-Making in Nineteenth-Century America*. Nova York: Oxford University Press, 1997, p. 65.

6. William Harmon, *A Handbook to Literature*. 12. ed. Upper Saddle River: Pearson, 2011, p. 65.
7. Jared Sexton, "Unbearable Blackness". *Cultural Critique*, v. 90, n. 1, 2015, p. 168.
8. Orlando Patterson, *Slavery and Social Death: A Comparative Study*. Cambridge: Harvard University Press, 1982.
9. James Baldwin, *Nobody Knows My Name: More Notes of a Native Son*. Nova York: Vintage, 1993, p. 172.

Capítulo dois: Sugando ossos de vértebras [pp. 29-66]

1. David Marriot, *Whither Fanon? Studies in the Blackness of Being*. Stanford: Stanford University Press, 2018, p. 63.
2. Jared Sexton, "Afro-Pessimism: The Unclear Word". *Rhizomes: Cultural Studies in Emerging Knowledge*, n. 29, 2016. Disponível em: <https://doi.org/10.20415/rhiz/029.e02>. Acesso em: 4 abr. 2021.
3. David Marriott, *On Black Men*, op. cit., pp. 11-2.
4. Hortense Spillers, "Mama's Baby, Papa's Maybe: An American Grammar Book". In: *Black, White, and in Color: Essays on American Literature and Culture*. Chicago: University of Chicago Press, 2003, p. 203.
5. Esse relatório era conhecido mais simplesmente como "Relatório Moynihan", de autoria de Daniel Patrick Moynihan. "The Negro Family: The Case For National Action" [1965].

Capítulo três: Hattie McDaniel está morta [pp. 67-167]

1. Federal Bureau of Investigation, NW#: 60158/DocId: 34295707, 12 jul. 1976.
2. Ver no site do FBI a página "International Operations". Disponível em: <https://www.fbi.gov/about/leadership-and-structure/international-operations>. Acesso em: 20 mar. 2019.
3. Em março de 1971, ativistas contra a guerra invadiram uma sede do FBI em Media, na Pensilvânia. "Em meio a uma quantidade imensa de documentos confidenciais que o grupo recuperou estavam segredos sobre a vigilância que o FBI fazia dos movimentos pacifista e dos direitos civis, as táticas de desinformação e engodo que o FBI usava para silenciar manifestantes e até mesmo uma tentativa dos agentes de fazer com que Martin Luther King cometesse suicídio." Ver Ed Pilkington, "Burglars in 1971 FBI Office Break-In Come Forward After 43 Years", *Guardian*, 7 de janeiro de 2014. Disponível em: <https://www.theguardian.com/world/2014/jan/07/fbi-office-break-in-1971-come-forward-documents>.

Acesso em: 30 abr. 2021. Nas palavras do próprio FBI, "O FBI deu início ao Cointelpro — abreviação de Programa de Contrainteligência — em 1956 para atrapalhar as atividades do Partido Comunista dos Estados Unidos. Na década de 1960, o programa foi expandido para incluir vários outros grupos domésticos, como o [...] Partido dos Panteras Negras". Ver "The Vault". Disponível em: <http://vault.fbi.gov/cointel-pro>. Acesso em: 11 abr. 2021.

4. A terapia Gerson é um regime complexo que tem sido usado para tratar pessoas com câncer e outras enfermidades. Partes essenciais do Método Gerson são uma dieta rigorosa, suplementos dietéticos e lavagens intestinais.

5. Ira Berlin, *Remembering Slavery: African Americans Talk About Their Personal Experiences of Slavery and Emancipation*. Nova York: New Press, 2000, p. xxv.

6. Solomon Northup, *12 Years a Slave: And Plantation Life in the Antebellum South* [1853], Sue Eakin (Org.). Lafayette: Lafayette Center for Louisiana Studies, Universidade da Louisiana em Lafayette, 2007, 1996, grifo meu. [Ed. bras.: Doze anos de escravidão. Trad. de Caroline Chang. São Paulo: Penguin/ Companhia das Letras, 2014.]

7. Comer Vann Woodward (Org.), *Mary Chestnut's Civil War*. New Haven: Yale University Press, 1981. A obra de Hortense Spillers e Thavolia Glymph oferece insights do desejo e da violência sexual de donas de escravas brancas e de escravas negras. Um agradecimento especial a Ellen Louis por seus insights.

8. Solomon Northup, op. cit., p. 201.

9. Ibid., p. 201.

10. Ibid., p. 135.

11. David Marriott, op. cit, 2000, p. 11.

12. Para saber mais sobre o "escravo" como "essência da imobilidade ou de um estado humano não dinâmico", ver novamente Hortense Spillers, "Mama's Baby, Papa's Maybe: An American Grammar Book", *Diacritics*, 17, n. 2, verão de 1987, p. 78.

13. Howell Meadows Henry, "The Police Control of the Slave in South Carolina" (tese de doutorado, Universidade Vanderbilt, 1914), e Frank B. Wilderson III, *Red, White & Black: Cinema and the Structure of U.S. Antagonisms*. Durham: Duke University Press, 2010, pp. 79-85, pp. 109-16.

14. Joy James (Org.), *Imprisoned Intellectuals: America's Political Prisoners Write on Life, Liberation and Rebellion*. Lanham: Rowman & Littlefield, 2003, p. 109.

15. Jared Sexton, "Racial Profiling and the Societies of Control". In: Joy James (Org.), *Warfare in the American Homeland: Policing and Prison in a Penal Democracy*. Durham: Duke University Press, 2007, p. 201.

Capítulo quatro: *Parque da Punição* [pp. 169-215]

1. *Punishment Park*, dirigido por Peter Watkins (1971).
2. Martin Gruberg, "McCarran Internal Security Act of 1950" [1950], *The First Amendment Encyclopedia* (Middle Tennessee State University). Disponível em: <https://mtsu.edu/first-amendment/article/1047/mccarran--act-of-1950>. Acesso em: 12 abr. 2021.
3. "Em 26 de julho de 1967, o terceiro dia de um dos piores tumultos do século XX, a polícia de Detroit determinou que cinco adolescentes negros e duas mulheres brancas entrassem num corredor do motel Algiers, onde foram forçados a ficar de frente para a parede, com braços e pernas abertas. [...] Eles tiraram as roupas das mulheres e depois levaram os homens um a um a um quarto do motel, onde eles foram interrogados. Houve uma série de disparos. Quando o incidente terminou, Pollard, Temple e Cooper [três dos adolescentes negros] tinham sido assassinados." DeNeen L. Brown, "Detroit and the Police Brutality That Left Three Black Teens Dead at the Algiers Motel", *Washington Post*, 4 ago. de 2017. Disponível em: <https://www.washingtonpost.com/news/retropolis/wp/2017/08/04/detroit-and-the-police-brutality-that-left-three-black-teens-dead-at-the-algiers-motel/ >. Acesso em: 21 jun. 2019.
4. "Fred Hampton era vice-presidente da seção de Illinois do Partido dos Panteras Negras. Durante uma invasão feita pela polícia de manhã cedo no número 2337 da rua W. Monroe em 4 de dezembro de 1969, doze policiais abriram fogo, matando Hampton, aos 21 anos, e Mark Clark, líder dos Panteras Negras em Peoria, Illinois." Dwayne Mack, "Fred Hampton (1948-1969)", *Black Past*, 16 abr. 2008. Disponível em: <https://www.blackpast.org/african-american-history/hampton-fred-1948-1969/ >. Acesso em: 21 jun. 2019.
5. Os assassinatos na Jackson State aconteceram na Jackson State College (hoje Jackson State University) em 15 de maio de 1970, em Jackson, no Mississippi. Perto da meia-noite de 14 de maio, policiais do município e do estado entraram em confronto com um grupo de estudantes e abriram fogo contra eles, matando dois e ferindo doze. Os Assassinatos da Jackson State ocorreram onze dias depois dos massacres mais conhecidos na Kent State University, em Kent, Ohio. Samuel Momodu, "The Jackson State Killing, 1970", *Black Past*, 9 set. 2017. Disponível em: <https://www.blackpast.org/african-american-history/events-african-american-history/jackson-state-killings-1970/>. Acesso em: 12 abr. 2021.
6. Estudantes para uma Sociedade Democrática era uma organização estudantil americana que floresceu em meados dos anos 1960 e que era conhecida por seu ativismo contra a Guerra do Vietnã. Suas táticas incluíam a ocupação da reitoria de universidades e faculdades em campi de todo o país.

7. *Filial*: qualquer comunidade em que a pessoa nasça: nação, religião, etnia, família. *Afilial*: uma associação voluntária, uma comunidade em que a pessoa decide entrar. Em *The Word, the Text and the Critic*, Edward Said descreve a afiliação como "a transição de uma ideia ou possibilidade falida de filiação para um tipo de ordem compensatória que, seja um partido, uma instituição, uma cultura, um conjunto de crenças ou mesmo uma visão do mundo, oferece a homens e mulheres uma nova forma de relacionamento, que venho chamando de afiliação mas que é também um novo sistema. [...] Portanto, caso uma relação filial seja mantida por vínculos naturais e formas naturais de autoridade — o que envolve obediência, medo, amor, respeito e conflito instintivo — o novo relacionamento afiliativo muda esses vínculos transformando-os naquilo que parecem ser formas transpessoais — como consciência de culpa, consenso, colegialidade, respeito profissional, de classe e a hegemonia de uma cultura dominante. O esquema filiativo pertence ao domínio da natureza e da 'vida', ao passo que a afiliação pertence exclusivamente ao domínio da cultura e da sociedade." Ver Edward Said, *The World, the Text and the Critic*. Cambridge: Harvard University Press, 1983, pp. 19-20.

8. Frantz Fanon, *Pele negra, máscaras brancas*, op. cit.

9. Peter Miller e Nikolas Rose, "On Therapeutic Authority: Psychoanalytic Expertise Under Advanced Liberalism". In: *History of the Human Sciences 7*, n. 3, 1994, p. 31.

10. Frantz Fanon, *Pele negra, máscaras brancas*, op. cit.

11. Hortense Spillers, "Mama's Papa's, Maybe: An American Grammar Book". *Diacritics* 17, n. 2, verão 1087, p. 67.

12. David Marriott, *On Black Men*, op. cit.

13. Jonathan Lee, *Jacques Lacan*. Amherst: University of Massachussets Press, 1990, p. 92.

14. Orlando Patterson, *Slavery and Social Death*, op. cit., p. 98.

15. Jared Sexton, "Race, Sexuality and Political Struggle: Reading *Soul on Ice*", op. cit., p. 36.

16. Frank B. Wilderson III, "Gramsci's Black Marx: Whither the Slave in Civil Society?". *Social Identities: Journal for the Study of Race, Nation and Culture*, v. 9, n. 2, 2003.

17. James Baldwin, "Black Boy Looks at the White Boy". In: *Nobody Knows My Name*, op. cit., p. 174.

18. Ibid., p. 175.

19. Ibid., p. 172.

20. A teoria do afeto explora modos não verbais de transmissão de sentimentos e influência. O "pai" da teoria do afeto é o psicólogo e teórico da personalidade Silvan Tomkins. Ele afirmou que os afetos formam um sistema

biológico que está por trás das emoções, mas que não são o mesmo que as emoções. "Os afetos são os protocolos inatos que, quando acionados, trazem coisas a nossa atenção e nos motivam a agir." Disponível em: <http://www. tomkins.org/what-tomkins-said/introduction/nine-affects-present-at-birth- -combine-to-form-emotion-mood-and-personality/>. Acesso em: 13 abr. 2021.

21. Jared Sexton, "Afro-Pessimism: The Unclear Word", op. cit.

II

1. Saidiya Hartman, *Scenes of Subjection: Terror, Slavery, and Self-Making in Nineteenth-Century America*. Nova York: Oxford University Press, 1997, p. 62.

Capítulo cinco: O problema com os humanos [pp. 219-60]

1. Saidiya Hartman, "The Position of the Unthought: An Interview with Saidiya V. Hartman Conducted by Frank B. Wilderson III". *Qui Parle,* v. 13, n. 2, primavera/verão, p. 188.

2. Temporada 4, Episódio 5, "About a Boy", dirigido por Charlotte Sieling, exibido em 26 de outubro de 2014.

3. *Sobredeterminado*: ser responsável por ou causar (algo) em mais de um modo ou com mais condições do que são necessárias, por exemplo, "todo gesto é sobredeterminado por formas culturais, biografia pessoal, contingência histórica, e assim por diante".

4. A paráfrase vem de *Pele negra, máscaras brancas*, do capítulo intitulado "O negro e a psicopatologia". Em linguagem de espionagem, um veículo é um intermediário, método ou canal de comunicação em que ambas as partes confiam e que facilita a troca de informações entre os agentes.

5. Jared Sexton, "Race, Sexuality, and Political Struggle: Reading *Soul on Ice*". *Social Justice,* v. 30, n. 2, 2003, p. 35, grifo meu.

6. Saidiya Hartman, *Scenes of Subjection*, op. cit., p. 81.

7. David Mariott, *On Black Men*, op. cit., p. 11.

8. De uma oficina que Sexton e eu conduzimos para alunos negros de graduação que trabalhavam como organizadores em Berkeley.

9. George L. Jackson, *Blood in My Eye* [1971]. Baltimore: Black Classic, 1990, p. 72.

10. Da resenha de Lee Ballinger para *The American Slave Coast*: Lee Ballinger, "Slavery is the Root of all Evil", *CounterPunch*, v. 22, n. 10, 2015.

11. Os detalhes que envolvem meu divórcio de Khanya e meu relacionamento com Alice não são tão simples quanto essa frase indica, e os detalhes não são muito favoráveis à minha imagem. Explorei esses eventos e suas implicações raciais em minhas memórias *Incognegro: A Memoir of*

Exile and Apartheid. Boston: South End Press, 2008; Durham: Duke University Press, 2015.

12. A Universidade da Califórnia em Berkeley.
13. David Eltis, "Europeans and the Rise and Fall of African Slavery in the Americas: An Interpretation". *The American Historical Review*, v. 98, n. 5, dezembro de 1993, p. 1423.
14. Allen Feldman, *Formations of Violence: The Narrative of the Body and Political Terror in Northern Ireland*. Chicago: University of Chicago Press, 1991.
15. Saidiya Hartman, "The Position of the Unthought: An Interview with Saidiya V. Hartman Conducted by Frank B. Wilderson III", op. cit., p. 188.
16. Orlando Patterson, *Slavery and Social Death*, op. cit, p. 3.
17. Ver Achille Mbembe, *On the Postcolony*. Berkeley: University of California Press, 2001; S.S. Anderson, *The Black Holocaust for Begginers*. Danbury: For Begginers LLC, 1995; Bernard Lewis, *Race and Slavery in the Middle East: An Historical Enquiry*. Nova York: Oxford University Press, 1990; Orlando Patterson, *Slavery and Social Death*, op. cit.
18. Frantz Fanon, *Pele negra, máscaras brancas*, op. cit.
19. Hortense Spillers, "Mama's Baby, Papa's Maybe: An American Grammar Book". In: *Black, White and in Color*, op. cit.
20. Frank B. Wilderson III, *Red, White & Black*, op. cit., p. 339.
21. H. Porter Abbott, *The Cambridge Introduction to Narrative*. Nova York: Cambridge University Press, 2008.

Capítulo seis: Cuidado com as portas [pp. 261-85]

1. Frantz Fanon, *The Wretched of the World*. Trad. de Constance Farrington. Nova York: Grove, 1963, pp. 41-4. [Ed. bras.: Os condenados da Terra. Trad. de José Laurênio de Melo. Rio de Janeiro: Civilização Brasileira, 1968.]
2. O filósofo e filólogo francês Michel Foucault (1926-1984) usava o termo *episteme* para indicar o conjunto total de relações que dão unidade a um determinado período. Richard Norquist, "Episteme in Rhetoric", 28 dez. 2017. Disponível em: https://www.thoughtco.com/episteme-rhetoric-term-1690665. Acesso em: 27 jun. 2019.
3. Frantz Fanon, *The Wretched of the World*, op. cit., p. 32.
4. Departamento de Justiça — Um relatório da força-tarefa LEAA sobre a atividade do BLA registra sessenta ações do grupo entre 1970 e 1976. No passado, esse relatório foi reproduzido em sites autorizados pelo BLA e, mais recentemente, em um livro de ensaios de Jalil Muntaqim, um prisioneiro de guerra do Exército de Libertação Negra. O Global Terrorism Database (GTD) da Universidade do Maryland identifica sessenta e três casos. Embora o GTD inclua expropriações bancárias feitas pelo

BLA, ao contrário do relatório do Departamento de Justiça reproduzido pelo BLA, ele não inclui fugas da prisão (bem ou malsucedidas). Ver Jalil Muntaqim, *On the Black Liberation Army*. Montreal e Toronto: Abraham Guillen Press e Arm The Spirit, 2002.

5. Entrevista na TV para Bill Moyers, reproduzida em Toni Morrison. In: Danielle Taylor Guthrie (Org.), *Conversations with Toni Morrison*. Jackson, MS: University Press of Mississippi, 1994, p. 272.

6. Akinyele Umoja, "Repression Breeds Resistance: The Black Liberation Army and the Radical Legacy of the Black Panther Party". *New Political Science*, v. 21, n. 2, 1999.

7. Esse é o número de operações reconhecido pelos membros do BLA, presumivelmente porque esse número é uma questão de registro público. Ver Jalil Abdul Muntaqim, "On the Black Liberation Army", op. cit.

8. As Fuerzas Armadas de Liberación Nacional eram uma organização paramilitar clandestina portorriquenha que, por meio de ação direta, defendia a completa independência de Porto Rico. A organização realizou mais de 130 ataques a bomba nos Estados Unidos entre 1974 e 1983. "FALN". In: Gus Martin (Org.), *The SAGE Encyclopedia of Terrorism, Second Edition*. Thousand Oaks: SAGE, 2011, pp. 193-4.

9. Ver Frank B. Wilderson III, *Red, White & Black*, op. cit.; "Gramsci's Black Marx: Whiter the Slave in Civil Society?", op. cit.; e "Biko and the Problematic of Presence". In: Andile Mngxitama, Amanda Alexander e Nigel C. Gibson (Orgs.), *Biko Lives!* Nova York: Palgrave MacMillan, 2008.

10. David Marriott, *Haunted Life*, op. cit., p. 219.

11. Ibid.

12. Ibid., p. 211.

13. Ibid., *On Black Men*, op. cit., p. 11.

14. Ibid., *Haunted Life*, op. cit., p. 212.

15. Frantz Fanon, *Pele negra, máscaras brancas*, op. cit.

16. Jared Sexton, *Amalgamation Schemes: Antiblackness and the Critique of Multiracialism*. Minneapolis: University of Minnesota Press, 2008.

17. David Marriott, *Haunted Life*, op. cit., p. 426.

Capítulo sete: Mario's [pp. 287-345]

1. uMkhonto we Sizwe, o braço armado do CNA.

2. O Partido da Liberdade Inkatha, um partido nacionalista zulu que trabalhava com o regime do apartheid para suprimir o CNA.

3. Huntley estava escrevendo um romance sobre sua infância na Inglaterra quando ele foi viver no campo enquanto a Luftwaffe bombardeava Londres.

4. O original *china* significa "bom amigo", como em: "Tudo o.k., meu *china*". Também pode significar "brô" ou "cara".

5. Uma panga é uma faca grande de lâmina larga usada como arma.
6. O nome popular do Conselho Mundial para Assistência Econômica Mútua, criado em janeiro de 1949 para facilitar e coordenar o desenvolvimento econômico dos países do Leste Europeu pertencentes ao Bloco Soviético. Ver "Comecon", *Encyclopedia Britannica*. Disponível em: <https://britannica.com/topic/Comecon>. Acesso em: 12 maio 2019.
7. *Klein dorpie*: uma cidade pequena. *Karoo*: uma região semidesértica mil quilômetros a sudoeste de Johannesburgo.
8. Saidiya Hartman, "The Position of the Unthought: An Interview with Saidiya V. Hartman Conducted by Frank B. Wilderson III", op., cit.
9. As Forças Armadas da África do Sul.
10. Ver Achille Mbembe, *On the Postcolony*, op. cit.

Epílogo: O novo século [pp. 347-81]

1. "Nervous Breakdown: What does it mean?". *Mayo Clinic Patient Care and Health Info* (26 de outubro de 2016). Disponível em: <https://www.mayoclinic.org/diseases-conditions/depression/expert-answers/nervous-breakdown/faq-20057830>. Acesso em: 15 ago. 2019.
2. David Marriott, *Haunted Life*, op. cit.; e *On Black Men*, op. cit.
3. Frank B. Wilderson III, *Incognegro*, op. cit.
4. David Marriott, *On Black Men*, op. cit.
5. Cecilio M. Cooper e Frank B. Wilderson III, "Incommensurabilities: The Limits if Redress, Intramural Indemnity, and Extramural Auditorship", op. cit.
6. Ver "Lynching and Photography" e "Frantz Fanon's War". In: David Marriott, *On Black Men*, op. cit.
7. Jack and Jill of America, Inc., é uma associação de mães com filhos entre dois e dezenove anos dedicada a fomentar futuros líderes afroamericanos por meio do fortalecimento das crianças, do desenvolvimento de liderança, serviço voluntário, doações filantrópicas e atividades cívicas. Disponível em: <https://www.jackandjillinc.org/about/ >. Acesso em: 19 abr. 2021.
8. Frank B. Wilderson III, *Red, White & Black*, op. cit.
9. Saidiya Hartman, *Scenes of Subjection*, op. cit., p. 62.
10. Depois de alguns anos de bajulação, meus pais convenceram outra família de negros a comprar uma casa em Kenwood. Eles compraram uma casa que ficava em frente à nossa em 1968. Não foi fácil.
11. "Open Letter: Closed Minds in Kenwood?". *Minneapolis StarTribune*, 10 de abril de 1968.
12. Frank B. Wilderson III, *Incognegro*, op. cit.

Afropessimism
© Frank B. Wilderson III, 2020. Publicado originalmente por Liveright
Publishing Corporation, uma divisão da W. W. Norton & Company.

Todos os direitos desta edição reservados à Todavia.

Grafia atualizada segundo o Acordo Ortográfico da Língua
Portuguesa de 1990, que entrou em vigor no Brasil em 2009.

capa
Estúdio Daó
preparação
Manoela Sawitzki
revisão
Eloah Pina
Erika Nogueira Vieira

Dados Internacionais de Catalogação na Publicação (CIP)
— —

Wilderson III, Frank B. (1956-)
Afropessimismo: Frank B. Wilderson III
Título original: *Afropessimism*
Tradução: Rogerio W. Galindo e Rosiane Correia de Freitas
São Paulo: Todavia, 1ª ed., 2021
400 páginas

ISBN 978-65-5692-145-7

1. Sociologia 2. Racismo 3. Relações raciais I. Galindo, Rogerio W.
II. Freitas, Rosiane Correia de III. Título

CDD 305.8
— —

Índice para catálogo sistemático:
1. Sociologia: Racismo 305.8

todavia
Rua Luís Anhaia, 44
05433.020 São Paulo SP
T. 55 11. 3094 0500
www.todavialivros.com.br

fonte
Register*
papel
Munken print cream
80 g/m²
impressão
Geográfica